A pedagogia, a democracia, a escola

Coleção
Educação: Experiência e Sentido

Jan Masschelein
Maarten Simons

A pedagogia, a democracia, a escola

Tradução
Alain François
Anadelhi Figueiredo
Carolina Seidel
Cristina Antunes
Marcelly Custodio de Souza
Nathalia Campos
Román Goldenzweig
Walter Kohan

autêntica

COORDENADORES DA COLEÇÃO
EDUCAÇÃO: EXPERIÊNCIA E SENTIDO
Jorge Larrosa
Walter Kohan

EDITORA RESPONSÁVEL
Rejane Dias

PREPARAÇÃO DE TEXTOS EM INGLÊS
Lúcia Assumpção

PREPARAÇÃO DE TEXTOS EM ESPANHOL
Fabiana Amorim

CAPA
Alberto Bittencourt (sobre imagem de François Schuiten, Paul Otlet et le Mundaneum, *1998)*

DIAGRAMAÇÃO
Jairo Alvarenga Fonseca

REVISÃO
Roberta Martins

Dados Internacionais de Catalogação na Publicação (CIP)
(Câmara Brasileira do Livro, SP, Brasil)

Masschelein, Jan
A pedagogia, a democracia, a escola / Jan Masschelein, Maarten Simons. -- 1. ed. -- Belo Horizonte : Autêntica Editora, 2014. -- (Coleção Educação : Experiência e Sentido)

ISBN 978-85-8217-210-0

1. Educação - Filosofia 2. Educação - Finalidades e objetivos I. Simons, Maarten. II. Título. III. Série.

14-06640 CDD-370.1

Índices para catálogo sistemático:
1. Educação : Filosofia 370.1

GRUPO AUTÊNTICA 

Belo Horizonte
Rua Aimorés, 981, 8º andar . Funcionários
30140-071 . Belo Horizonte . MG
Tel.: (55 31) 3214-5700

Televendas: 0800 283 13 22
www.grupoautentica.com.br

São Paulo
Av. Paulista, 2.073, Conjunto Nacional, Horsa I . 23º andar, Conj. 2301 . Cerqueira César . 01311-940 . São Paulo . SP
Tel.: (55 11) 3034-4468

APRESENTAÇÃO DA COLEÇÃO

A experiência, e não a verdade, é o que dá sentido à escritura. Digamos, com Foucault, que escrevemos para transformar o que sabemos e não para transmitir o já sabido. Se alguma coisa nos anima a escrever é a possibilidade de que esse ato de escritura, essa experiência em palavras, nos permita liberar-nos de certas verdades, de modo a deixarmos de ser o que somos para ser outra coisa, diferentes do que vimos sendo.

Também a experiência, e não a verdade, é o que dá sentido à educação. Educamos para transformar o que sabemos, não para transmitir o já sabido. Se alguma coisa nos anima a educar é a possibilidade de que esse ato de educação, essa experiência em gestos, nos permita liberar-nos de certas verdades, de modo a deixarmos de ser o que somos, para ser outra coisa para além do que vimos sendo.

A coleção *Educação: Experiência e Sentido* propõe-se a testemunhar experiências de escrever na educação, de educar na escritura. Essa coleção não é animada por nenhum propósito revelador, convertedor ou doutrinário: definitivamente, nada a revelar, ninguém a converter, nenhuma doutrina a transmitir. Trata-se de apresentar uma escritura que permita que enfim nos livremos das verdades pelas quais educamos, nas quais nos educamos. Quem sabe assim possamos ampliar nossa liberdade de pensar a educação e de nos pensarmos a nós próprios, como educadores. O leitor poderá concluir que, se a filosofia é um gesto que afirma sem concessões a liberdade do pensar, então esta é uma coleção de filosofia da educação. Quiçá os sentidos que povoam os textos de *Educação: Experiência e Sentido* possam testemunhá-lo.

*Jorge Larrosa e Walter Kohan**
Coordenadores da Coleção

* Jorge Larrosa é Professor de Teoria e História da Educação da Universidade de Barcelona e Walter Kohan é Professor Titular de Filosofia da Educação da Universidade do Estado do Rio de Janeiro (UERJ).

SUMÁRIO

Filosofia como *(auto)educação: para fazer a voz do pedagogo ser ouvida*

Jan Masschelein

Tradução de Cristina Antunes

Talvez seja incomum, mas é necessário começar mencionando que, embora alguns dos textos que estão aqui reunidos tivessem apenas um autor no momento de sua publicação, muitos deles têm, na verdade, dois autores; além disso, alguns dos textos produzidos por apenas uma pessoa não poderiam ter sido escritos sem a existência desse outro autor. De fato, Maarten Simons e eu passamos a sentir que é impossível falar, pensar e escrever sozinhos sobre a maioria das coisas que são abordadas nos textos. Outro nome para essa experiência, talvez o único, é amizade. A amizade não se resume a intimidade ou privacidade. É uma experiência mundana; para os amigos o mundo se torna objeto de preocupação, algo para se pensar, algo que provoca a experimentação e a escrita. Uma filosofia da educação – na medida em que encara o mundo – é possível sem a amizade? Evidentemente, de modo institucional, ela nunca foi firmemente obrigatória para indicar e reivindicar a contribuição pessoal de alguém ou, pelo menos, para indicar uma ordem de nomes. Isso reduz o tempo e o espaço para a amizade, constitui a sua banalização. Para este livro, decidimos, juntamente com Walter Kohan (com quem escrevemos a Co-rrespondência), que Maarten e eu fôssemos autores. Achamos que esta seria a coisa certa a fazer, mesmo que, como mencionado anteriormente, alguns dos textos, inclusive estas notas introdutórias, sejam ou tenham sido publicados antes sob apenas um autor.

Os textos aqui reunidos foram escritos em um período de tempo bem longo: são fragmentos do que poderia ser chamado de uma filosofia da educação que tenta lidar com os desafios da educação no presente. Seria artificial e ilusório reivindicar alguma unidade que os conectasse em um projeto intelectual global ou em uma teoria elaborada. No entanto, eles realmente compartilham uma compreensão particular dos desafios, e são tentativas de lidar com eles de uma maneira específica. Por isso, o que os textos de fato revelam é uma maneira de conceber a "filosofia da educação", antes de tudo, como uma tentativa de dar forma a uma determinada postura e a um certo *ethos*. Eles a abordam como trabalho educativo, em primeiro lugar: a filosofia como educação. Tal filosofia é, em certo sentido, *crítica* e *pública* ao mesmo tempo. Tenta se situar dentro de uma tradição "ascética" da filosofia, que precisa ser distinguida do que poderia ser chamada de uma tradição crítica (a qual tem, como vou indicar, uma ideia diferente de "crítica"). Essa tradição crítica dominante e consagrada concebe a prática da filosofia (da educação) como uma espécie de investigação (suplementar) que tenta compreender, julgar e criticar a coerência, os valores, as observações, as reivindicações de conhecimento, a racionalidade, os objetivos, os princípios, as razões e os argumentos que estão presentes nos discursos e práticas educacionais. Essa tradição crítica concebe o trabalho da filosofia, principalmente, como um trabalho de julgamento, ordenação, justificação, seleção, esclarecimento de conceito, interpretação ou explicação, trabalho que é "crítico" no sentido de que, de uma forma ou de outra, tem pretensões de validade (seja ética, normativa ou epistemológica). Isso significa que *ela coloca a realidade* (por exemplo, pesquisa e teoria educacional, políticas e práticas de ensino) *à prova* de seu próprio pensamento (teoria, conceitos, conhecimento): o teste de lógica argumentativa, de critérios/ procedimentos interpretativos, de normas ou princípios (por exemplo, da razão teórica, prática, comunicativa), de sistemas teóricos ou filosofias (tanto dedutiva quanto analiticamente construídos). Por esse motivo, seus discursos e escritos, sua "revelação da verdade", reivindicam para pesquisadores e estudiosos (educacionais) um papel crítico-julgador que se baseia em tomar distância e se desapegar da realidade que está sob minucioso exame, uma realidade que é, antes de tudo, considerada e vivida como um *objeto de conhecimento*. Consequentemente, sua revelação da verdade aspira ser tanto uma demonstração (ensinar algo), ou um julgamento (distinguir entre válido/não válido; certo/errado, etc.), ou uma desmistificação (revelar o que está subjacente ou suposto, isto é, denunciar ilusões). De certa maneira, os seus escritos e discursos são disciplinados e dados em uma linguagem "dirigida": definindo o público como pessoas que carecem de esclarecimento, ou seja, o conhecimento adequado (ou a consciência adequada, critérios, virtudes...). Nesse sentido, dá continuidade ao gesto inaugural que se encontra na base da alegoria da caverna de Platão: fazer uma diferença entre aqueles que estão na escuridão da caverna e aqueles na luz brilhante do sol, afirmando que os que estão na caverna precisam do filósofo para liderá-los em direção à luz.

No entanto, a obra que é apresentada neste volume é inspirada por outra tradição em filosofia, reconhecidamente mais marginal, que podemos chamar de tradição *ascética* (ou existencialmente orientada), que compreende a crítica não em termos de julgamento, mas em termos de uma experiência e de uma exposição. Nessa tradição, o trabalho da filosofia é, em primeiro lugar, um trabalho sobre si, isto é, *submeter alguém à "prova da realidade contemporânea"* (Foucault), o que implica um entendimento não dos outros, mas de si mesmo – porém de si mesmo não como sujeito do conhecimento, mas como *sujeito da ação*. Essa submissão de alguém à prova é, portanto, um exercício no contexto da autoformação e autoeducação: ela procura transformar ou modificar o modo de ser de alguém e como esse alguém vive no presente. Essa transformação é, então, a condição para percepção e conhecimento (Foucault, 2007/1984, p. 114). Esse exercício implica não tanto um *ethos* crítico e uma distância crítica, mas sim um relacionamento "íntimo" e proximidade relacionados a um *ethos* atento e experimental que inclui o uso público da razão, e que, portanto, deve ser concebido como um gesto público. Para esclarecer isso, deixe-me primeiro lembrar como Hannah Arendt, no prefácio de seu livro *Entre o passado e o futuro*, intitulado "A lacuna entre o passado e o futuro", descreve o seu próprio trabalho filosófico como "exercícios em/de pensamento", implicando um gesto e postura especiais em relação ao que acontece. Depois, irei esclarecer o uso público da razão que está envolvido nesses exercícios, trazendo à tona o famoso ensaio de Kant sobre o Iluminismo. Terminarei a introdução com uma proposta e um exemplo.

Hannah Arendt: submeter alguém à prova da realidade contemporânea, ou um "exercício em/do pensamento"

Arendt considera o trabalho que ela oferece em *Entre o passado e o futuro* como sendo "exercícios em pensamento", contendo críticas, mas sendo principalmente "experimentos decorrentes da realidade dos incidentes", e tendo a forma de "ensaios" (ARENDT, 1983/1968). O mais interessante a considerar aqui é a forma como ela elabora sobre o espaço/tempo desses exercícios, e afirma que a "região adequada do pensamento" não é a região com que "a metafísica ocidental sonhou desde Parmênides até Hegel": um "reino atemporal, sem espaço, suprassensível" (p. 11). É, antes, o que ela chama de a lacuna entre o passado e o futuro. Mas essa lacuna, outro nome para o presente, como "um intervalo no tempo que é completamente determinado por coisas que não são mais e por coisas que ainda não são" (p. 9), "não é o presente, como normalmente o compreendemos", como um ponto em um contínuo "fluxo de sucessão ininterrupta" (p. 11) ou em um "fluxo de absoluta mudança – que podemos conceber ciclicamente, bem como na forma de movimento retilíneo" (ARENDT, 1978, p. 203). Em vez disso, o presente é "devido exclusivamente à presença do homem" (ARENDT, 1983/1968, p. 10), ou seja, a inserção no tempo de um "início" (o homem como ser atuante). Os exercícios de pensamento estão preocupados com o presente, mas o presente não é o que aparece como tal e antes de nós (como um *objeto de conhecimento*). Pelo contrário, é o que é experimentado quando estamos atentos, quando estamos presentes no presente (atendendo ao presente, tocados por ele e tocando-o – onde a relação entre objeto-sujeito do conhecimento é suspensa), quando "nós" estamos "lá", isto é, nos inserimos e, assim, também nos expomos ao que está acontecendo. Isso quer dizer que o presente, como a lacuna onde esses exercícios acontecem, só existe na medida em que o homem reconhece ou experimenta a si mesmo como um *iniciante*, como um sujeito da ação, e se insere no tempo, "dividindo o tempo em *forças* que atuam sobre si mesmo" (p 11, grifo meu), mas que desse modo são, de certa forma, quebradas ou interrompidas nele/nela (como início – onde ele/ela permanece).

Assim, o espaço/tempo do exercício do pensamento – um espaço/tempo que é distinto do "sempre mutante tempo-espaço que é criado e limitado pelas *forças* do passado e do futuro" – é a lacuna ou presente que "passa a existir apenas com a sua própria, autoinserida aparência" (p. 12, grifo meu). A lacuna só existe quando o indivíduo é ele mesmo ali, estando atento ao presente, cuidando dele, preocupando-se com ele (o que não é o mesmo que conhecê-lo). Isso significa que o "exercício do pensamento" (ou seja, filosofia nesse sentido) é um exercício que não é orientado para (ou baseado em, ou sobre) o conhecimento em primeiro lugar, mas diz respeito à questão de como agir e se relacionar com o presente, pelo qual "apenas na medida [em que] pensa... o homem, *na plena realidade de seu ser concreto,* vive nessa lacuna de tempo entre o passado e o futuro" (p. 13, grifo meu). Nesse sentido, o exercício do pensamento não é um salto para fora desse presente, mas, pelo contrário, "permanece ligado ao presente e está enraizado nele" (p. 12). Apesar de Arendt afirmar que aquele que pensa é intemporal (não faz parte – isto é, de maneira nenhuma é determinado por uma história ou uma biografia),[1] o tempo de pensar não é o momento onde se

[1] Ela afirma que, no tempo histórico e biográfico, não há lacunas: "Aplicada ao tempo histórico ou biográfico, nenhuma dessas metáforas pode, eventualmente, fazer sentido, porque as lacunas não ocorrem ali" (ARENDT, 1968, p. 13). Para aquele que pensa que é intemporal, não

deu um salto para fora dos assuntos humano e se está "acima do tumulto" (p. 12). Não é "um reino atemporal, sem espaço, suprassensível" (p. 11). É justamente o presente que é a lacuna, e a maneira de viver nessa lacuna é pensar. Ou melhor, o pensamento é uma atividade imediatamente relacionada com uma questão existencial de como viver no presente (Arendt escreve que é sobre "como se mover na lacuna") (p. 14). Isso tem a ver comigo como um sujeito da ação (correta), ou seja, um sujeito que cuida do presente e da presença de alguém nesse presente. O "exercício do pensamento" (que não pode ser aprendido, de acordo com Arendt, mas tem de ser realizado repetidas vezes) é um trabalho sobre si mesmo, não em primeiro lugar como um tema do conhecimento (conhecimento é importante, mas em relação ao cuidado do eu), mas como alguém que se sente como um principiante – alguém que é "capaz de" agir e falar, e, para usar as palavras de Jacques Rancière (Rancière, 2009a), alguém que não esquece a si mesmo – "*se souvient de soi*" –, suspendendo o tempo histórico (e a necessidade histórica), suspendendo o tempo biográfico (e a necessidade psicológica), suspendendo o tempo social (e a necessidade sociológica) – isto é, sem idade, como diz Arendt, mas ao mesmo tempo ligado ao presente, presente no presente. Assim, pensar significa: não se esquecer de si mesmo. Não se esquecer de si mesmo como sujeito da ação, como sendo uma inserção no tempo, um início através do qual as forças (histórica, psicológica, social...) atuam.

Segundo Arendt, a lacuna entre o passado e o futuro (que tem existido desde a presença dos "homens") foi previamente resolvida pela tradição. Mas, agora, a tradição se perdeu e já não lança luz sobre o futuro. Há ainda um passado e até mesmo uma herança, mas sem testamento, sem qualquer força de autoridade ou diretiva, não é mais operante como tradição – mas, em vez disso, se tornou um recurso disponível. O presente, então, passou a ser "uma realidade e perplexidade tangíveis para todos", exigindo

quer dizer que ele/ela não tem passado ou futuro, mas que, no pensamento, essas forças estão suspensas, isto é, elas não estão ausentes, mas *temporariamente* impedidas de estarem em vigor ou terem efeito.

exercícios de pensamento para ver "como se mover nessa lacuna" (p. 14). Mas também solicitou todos os tipos de estratégias para diminuir a lacuna, para ignorá-la, para evitar pensar na medida em que se expõe ao presente, isto é, estratégias para se imunizar contra o fato de que, depois que a tradição se perdeu, a pessoa tem que assumir o desafio para viver uma vida verdadeiramente "humana" e tentar novamente as palavras (autoridade, liberdade, educação...) e os verbos (viver, amar, falar...). Se recusarmos nos expor ao presente, sendo, como diz Arendt, um campo de batalha de forças ao invés de uma casa (p. 13), e nos reconhecermos como atuantes, então resta apenas a experiência de "mudança contínua do mundo e do ciclo biológico das criaturas que vivem nele" – as coisas seguindo seu curso[2] e nós apenas tentando nos proteger ou nos adaptar.

Em *Homens em tempos sombrios*, Arendt escreve: "O que começa agora, após o fim da história do mundo, é a história da humanidade" (Arendt, 1955, p. 90). E ela escreve no final de seu ensaio "O que é autoridade?" (e repete no final de "A crise na educação"[3]) que isso significa "ser confrontado novamente, sem a confiança religiosa em um começo sagrado e sem a proteção dos tradicionais e, portanto, autoevidentes padrões de comportamento, pelos problemas elementares da convivência humana" (p. 141). Supor a história da humanidade, isto é, aceitar que existimos sem começo sagrado e sem destino e assumir o confronto significa perguntar e investigar como dar sentido novamente a palavras como "liberdade" ou "autoridade", como conceber a educação, a cultura, etc. Esses são os exercícios de pensamento que Arendt oferece em seus escritos. É um tipo de pensamento que, como ela escreve, "é diferente

---

[2] Isso é fortemente inspirado no belo ensaio de Jorge Larrosa (LARROSA, J. *Endgame: Reading, Writing, Talking (and perhaps Thinking*, 2010) em uma Faculdade de Educação, que está citando *Fim de partida*, de Beckett: "*Hamm (angustiado)*: O que está acontecendo, o que está acontecendo? *Clov*: Algo está tomando seu rumo".

[3] Ver sua repetida declaração de que a educação "deve continuar em um mundo que não é nem estruturado pela autoridade nem mantido em conjunto pela tradição" (ARENDT, 1983/1968, p. 195).

de processos mentais semelhantes, como deduzir, induzir e estabelecer conclusões, cujas regras lógicas de não contradição e consistência interna podem ser aprendidas de uma vez por todas e, em seguida, só precisam ser aplicadas" (1983/1968, p. 14). Pensar também não é interpretar ou explicar.[4] São exercícios no pensamento, e "seu único objetivo é ganhar experiência em *como* pensar; não contém prescrições sobre o que pensar ou que verdades sustentar. Menos que tudo, eles pretendem reatar o fio rompido da tradição ou inventar alguns substitutos ultramodernos com que preencher a lacuna entre o passado e o futuro... A questão é... sobre "*como se mover* nessa lacuna" (p. 14). Como estar presente no/para o presente, como ver o presente outra vez, como lidar com ele, o que pensar sobre ele, como se relacionar com ele e como continuar? Esses exercícios são críticas de conceitos tradicionais, mas essa crítica não se destina a "ridicularizá-los" (p. 14), ou seja, a desmascará-los ou desmistificá-los. Partindo de um reconhecimento de que, em sentido forte, esses conceitos já não significam nada, que o seu significado foi "evaporado", deixando para trás "conchas vazias", o desafio que apresentam é, preferivelmente, para novamente destilar deles seu espírito original" (p. 15).[5] Esses exercícios são, em grande medida, experiências que "não tentam projetar algum tipo de futuro utópico" (p. 14) ou fornecer soluções definitivas, mas são *tentativas* de esclarecer alguns assuntos e "ganhar certa garantia no confronto com questões específicas" (p. 15). Esses exercícios não são parte de uma disciplina acadêmica, mas sim expressões de indisciplina. Eles surgem da realidade de incidentes, incidentes de experiência vivida. A sua forma literária é a do ensaio, e o trabalho é o de

[4] Arendt observa que a filosofia é "incapaz de realizar a tarefa que lhe é atribuída por Hegel e a filosofia da história, ou seja, entender e compreender conceitualmente a realidade histórica e os eventos que fizeram do mundo moderno o que ele é" (1983/1968, p. 8).

[5] Com essa ideia de "espírito original", Arendt não se refere às origens do tempo ou a ideias suprasensuais, mas quer tentar relacionar esses conceitos com experiências ligadas à sua invenção. Ela não está voltando para alguma forma clássica do essencialismo.

um pesquisador. A experiência de pensar só pode ser ganha "em se fazer alguma coisa" (p. 14), ainda que, como Arendt escreve, "pareçamos não estar *equipados* nem *preparados* para essa atividade de pensar, de nos estabelecermos na lacuna entre o passado e o futuro" (p. 13, grifo meu). Assim, nós temos que procurar por equipamento e preparação a fim de elaborar a nossa atitude experimental e de atenção para com o presente (educacional), do qual nós mesmos somos parte, enquanto assumimos a nossa inserção no tempo, isto é, enquanto cuidamos de nós mesmos (como sujeitos de ação).

Então, vimos como Hannah Arendt concebe seu próprio trabalho como "exercícios de pensamento", consistindo principalmente em "experiências decorrentes da realidade dos incidentes" e que têm a forma de "ensaios", em que a presença de uma pessoa no presente está em jogo, em vista de, literalmente, elucidar e esclarecer aquele presente, de se mover naquele presente, e de inspirar palavras com um sentido renovado (inspirar a vida naquele presente). A filosofia (da educação), entendida assim como exercício, pode ser educativa em três sentidos. Em primeiro lugar, como uma espécie de investigação ou de pesquisa que insinua colocar em jogo (por à prova) a própria pesquisadora, ou seja, sugerir um autodidatismo como "trabalho sobre si". Esse trabalho é a condição necessária para obter *insights* dentro do "campo de batalha das forças". Em segundo lugar, essa filosofia pode ser educacional, no sentido de que o presente que está em jogo (e é investigado) é o presente educacional, o presente dos discursos educacionais, instituições e práticas. E, em terceiro lugar – e mais importante –, a filosofia como um ensaio também é um gesto público. Portanto, também é educacional no sentido de que ela pode ter um significado para os outros que são convidados a compartilhar a experiência e constituir um público pensante (isto é, eles são convidados a se colocarem à prova, e não a serem ensinados). A filosofia como "exercício do pensamento" não é "disciplina", logo ela exige e implica o uso público da razão. Permitam-me recordar brevemente neste contexto como Kant abriu um caminho muito interessante para conceber esse uso público da razão (embora, como veremos, no final, dominasse esse uso novamente).

Kant: o uso público da razão

Em seu famoso ensaio "O que é Iluminismo?" Kant relaciona o Iluminismo à liberdade na "forma mais inócua de todas – liberdade para fazer uso público da razão de alguém em todos os assuntos" (Kant, 1977/1784, p. 55). Kant continua a esclarecer o que ele quer dizer com uso público da própria razão de alguém, o "uso que qualquer um pode fazer dela como um *homem erudito* (*Gelehrte*) abordando todo o *público leitor*" (p. 55). Como um homem [sic] erudito que está se dirigindo a um "público no verdadeiro sentido da palavra", a pessoa considera a si mesma "como um membro de uma comunidade completa, ou mesmo uma sociedade cosmopolita (*der Weltbürgergesellschaft*)" (p. 56). Assim, como um homem erudito o indivíduo é um cidadão do mundo, que, como diz Kant, não está *instruindo* alunos, mas "expressa publicamente seus pensamentos", "partilha-os com o público" (p. 56). Um homem erudito (um estudioso, na tradução em inglês do seu texto) está "se dirigindo ao público real (isto é, o mundo em geral, '*der Welt*')" e fala "em sua própria pessoa" (p. 57). Na verdade, indivíduos eruditos estão colocando "os seus pensamentos perante o público", "sem medo de fantasmas" (p. 59).

Kant contrasta esse uso público da razão do próprio indivíduo com o seu uso privado. Esse é o uso que se faz dela quando se age "em um cargo civil especial ou escritório" (p. 55) que é "usado pelo governo para fins públicos" (p. 56). Nesse caso, o indivíduo "atua como parte da máquina" (p. 56). E, como parte de uma instituição pública (uma máquina com fins públicos), fala-se "em nome de outra pessoa" (p. 56), e falar se torna um tipo de ensino ou instrução. De acordo com Kant, o uso que se faz da razão de um indivíduo como parte de uma máquina social ou instituição (e o principal exemplo que ele dá, além do exército e do Estado, é o da Igreja) é puramente privado, uma vez que esses, por maiores que possam ser, "nunca são mais do que um encontro doméstico (*häuslicheVersammlung*)" (p. 57).

Vamos tentar reformular o que Kant está dizendo aqui. Antes de tudo, Kant não está apenas fazendo uma distinção entre o uso privado e público da razão de alguém, mas também entre o uso público e o uso feito para fins públicos. De fato, o caráter público não está relacionado a uma instituição e seus fins (isto é, a localização ou esfera da utilização e/ou seus fins declarados, o serviço para uma determinada comunidade, nação), mas a uma figura e ao *ethos* que caracteriza essa figura. É a figura do indivíduo erudito ou estudioso e, como Kant afirma, *qualquer* um pode ser essa figura. Essa figura é um cidadão do mundo (*Weltbürger*), mas não porque ela é parte de uma determinada comunidade ou partilha um território restrito (por exemplo, todos os seres humanos que vivem no globo). Ela é uma cidadã do mundo, porque e na medida em que se concebe como um membro do mundo, ela chama à existência *através* e *no uso* de seu próprio raciocínio, por meio e na forma como fala. O caráter público desse discurso não se refere a um determinado domínio ou esfera, ou seja, um domínio ou esfera com limites claros e leis de operação (que, portanto, pode ser concebido como uma máquina). Poderíamos pensar aqui não só no Estado como máquina, mas também numa disciplina científica ou numa comunidade cultural. O caráter público, ao contrário, se refere a certo uso da capacidade de raciocínio de alguém, uma capacidade que, como Kant explica no início de seu ensaio, todo mundo tem, sendo seus *únicos limites* a preguiça e a covardia. O caráter público, portanto, tem a ver com o próprio uso particular. Esse uso particular é o uso quando não estamos nos submetendo às regras de uma "máquina" ou "instituição" e quando não estamos falando para uma audiência que é definida por aquela instituição e seu tribunal. As instituições, apesar de suas grandes audiências, permanecem como reuniões domésticas que exigem um uso privado da razão. O uso público, no entanto, refere-se ao uso quando estamos nos dirigindo ao público no seu verdadeiro sentido, isto é, um público que não tem de ser ensinado, mas está sendo constituído por qualquer pessoa que tenha a capacidade de raciocínio, isto é, "o público" para além de qualquer máquina ou instituição.

Como resultado, a figura do estudioso é caracterizada por um *ethos* equalizador, dirigindo-se ao outro sob a suposição de igualdade, falando em seu próprio nome e, portanto, demonstrando um *ethos* para a própria pessoa se arriscar. Esse é um *ethos experimental* porque o estudioso se expõe aos limites (da instituição ou da máquina) e está transformando a questão da qual se está falando em uma questão pública, isto é, tornando-a pública.[6] Kant distingue muito claramente esse *ethos* do *ethos da obediência* daquele que está agindo como parte de uma máquina, ou seja, a figura que obedece as regras e se submete ao tribunal de uma "reunião doméstica" em cujo nome a máquina opera (mesmo que ela seja uma máquina com fins públicos). Kant, por esse meio, abre a possibilidade de pensar sobre reuniões públicas habitadas por "indivíduos eruditos" que são ou se tornam cidadãos do mundo em vista de seu *ethos* e de seu uso da razão.[7] Eles são convidados para se colocarem à prova.

Deixe-me tentar agora: (1) aguçar e aprofundar a compreensão do que podia parecer um "exercício de pensamento" (isto é, o trabalho filosófico como trabalho educacional, experimental), especialmente hoje, à luz das transformações das instituições de ensino, relacionadas com mudanças profundas em nossas condições sociais, tecnológicas e culturais; (2) indicar com mais precisão que tipo de *ethos* de trabalho e que tipo de requisitos (em termos de "equipamentos e preparação") tal exercício

[6] É interessante notar que Kant dá como exemplos dessas questões não apenas "erros no serviço...", mas também "pensamentos sobre a impropriedade ou até mesmo a injustiça de... medidas" ou "aspectos equivocados de doutrinas" (KANT, 1977/1784, p. 56).

[7] No entanto, o próprio Kant também fechou imediatamente a abertura que ele criou na medida em que o raciocínio está, finalmente, sugerindo a ele um *ethos* de julgamento da obediência muito particular. Em seu "trabalho crítico" (KANT, 1997/1781), e concentrando-se nos princípios universais da razão, ele realmente transforma o público (definido como o mundo além de qualquer reunião doméstica) em um novo reino (um novo encontro doméstico, uma nova máquina), o reino da razão, com as suas próprias leis imutáveis e seu próprio tribunal.

implica; e (3), e mais importante, esclarecer o que está em jogo em tal exercício, que tipo de relação está implícita em direção ao presente e em direção a nós mesmos nesse presente, quer dizer, como esse presente é abordado e como ele aparece para nós.

Instalando laboratórios, experimentos e trabalhos de campo

Poder-se-ia dizer que a filosofia *como* a educação é uma espécie de "pesquisa educacional", não só como pesquisa sobre educação, revelando algo ou oferecendo conhecimento sobre o nosso presente educacional, mas como um exercício de pensamento, fazendo um gesto público, convidando-nos a pensar, isto é, nos colocando à prova. Tal filosofia da/como educação não é uma disciplina acadêmica, mas sim um tipo de indisciplina. Trata-se de (1) assumir as perguntas: O que *significa* hoje ser um adulto, uma criança, um pai, um filho, um professor, um estudante, etc.?; O que *significa* viver uma vida *humana* hoje?; O que é educação?; O que é uma escola?; O que é uma universidade?; O que é o ensino?, etc. Trata-se de (2) tentar transformar essas perguntas em "nossas" perguntas, perguntas que colocam a mim e a nós à prova, perguntas comuns, ou seja, torná-las públicas e reunir um público em torno delas. A filosofia da/como educação, então, é tentar mais uma vez as palavras e os verbos, a fim de expô-los para que eles possam começar de novo a significar algo ou falar de algo. Portanto, acho que é útil conceber o local de tal filosofia da educação como um laboratório ou oficina (em vez de um "centro" ou "instituto") e de conceber a sua prática em termos de experimentação,[8] exercícios, trabalho de campo[9] ou tentativas

[8] Ver, por exemplo, DELIGNY (2007/1976). Para uma análise fascinante e inspiradora do sentido da experiência de repensar "Bildung" e da filosofia e teoria educacionais, baseando-se em parte no trabalho de HJ Rheinberger, ver AHRENS (2011).

[9] O termo "trabalho de campo" na filosofia é um termo usado também por P. Rabinow e N. Rose em sua introdução a *Foucault essencial*, para

(ensaios).[10] Derivado do latim *laborare*, o termo laboratório foi usado, de acordo com o Dicionário Larousse, para indicar o lugar em que eram produzidos compostos químicos e também o local de *estudo* e, até o século XVIII, para a oficina de pintores e escultores. Ele pode ser concebido, então, como um espaço organizado e operando como um sistema experimental que deveria permitir que as coisas (novas) aconteçam, para aparecerem como tal, para torná-las "públicas", ou torná-las presentes, enfatizando a prática de *fazer* como uma *tentativa* de chamá-las à presença (ou, como Robert Bresson sugere: fazer aparecer o que não apareceria sem essa prática). Nessa linha, e usando as palavras de Arendt, poderíamos dizer que, a fim de assumir as perguntas e tentar as palavras e verbos novamente, precisamos de "equipamentos" (dispositivos e protocolos) e "preparações". Estes devem nos ajudar a nos tornarmos atentos (a estarmos presentes no presente), a nos expormos, a desenvolvermos (com base em uma relação íntima) uma postura experimental e a fazermos as coisas aparecerem e se tornarem públicas. Um laboratório, então, é o *habitat* ou espaço (incluindo equipamentos, aparelhos, produtos, formas de vida ou de trabalho, etc.) que oferece as condições para o desenvolvimento de um *ethos* filosófico como um ethos atento e experimental e, em certo sentido, para a captura do que está acontecendo hoje.

---

distinguir o uso que Foucault faz de "exercício" daquele que é encontrado na filosofia ou teoria social do tipo tradicional. Eles falam sobre certo *ethos* de investigação (e não sobre uma metodologia) que implica trabalho detalhado e meticuloso, um movimento de pensamento que inventa, faz uso de, e modifica ferramentas conceituais na medida em que são colocados em uma relação com as práticas e os problemas específicos, que eles próprios ajudam a formar em novas maneiras. De acordo com eles, a questão para Foucault era se seria "possível desenvolver um tipo de pensamento crítico que não julgaria – tantas críticas têm a forma de um tribunal quase judicial passando vereditos de culpa ou inocência em pessoas ou eventos – mas iria criar, produzir, intensificar as possibilidades dentro da existência. E isso, talvez, seja o desafio que seu trabalho formula hoje para nós" (RABINOW; ROSE, 2003, p. 18). É uma forma de trabalho que também está articulada como "*filosofia empírica*" (MOL, 2000).

[10] Ver, por exemplo, THOMPSON (2009).

É nesse contexto que gostaria de situar as experiências de caminhada que realizei junto com meu amigo e arquiteto Wim Cuyvers que aparecem como parte dos equipamentos e preparações. Foi uma oficina de caminhada, criada muito recentemente no Rio de Janeiro, envolvendo estudantes belgas e brasileiros e nossos amigos Jorge Larrosa, Maximiliano Lopez e Walter Kohan, a qual também forneceu a ocasião para levar em consideração este conjunto de textos; mais adiante, o leitor encontrará nesta coleção dois textos que referem, explicitamente, essa prática educacional e filosófica. O que, dessa forma, é concebido como uma prática para estabelecer um *ethos* atento e experimental: a arte de tornar algo capaz de aparecer e se transformar em alguma "coisa" (algo que nos preocupa, e que começa a significar ou exprimir) que não apareceria sem esse trabalho. As caminhadas são caminhadas ao longo de linhas arbitrárias e não têm objetivo claro ou destino que vise nenhuma mensagem que queiram transmitir, mas tentam criar as condições para pensar o presente (educacional). Estabelecem uma condição (laboratório) experimental partindo de um *ethos* de investigação e questionamento que combina um protocolo estrito com certa pobreza ou limitação de meios autoexercida a fim de desalojar aqueles que participam do exercício para torná-los estranhos. O protocolo é uma orientação clara, que o indivíduo segue repetidas vezes, mas que não tem "fim" claro, nenhum destino. É uma espécie de "caminho" que não leva a nada, é como um corte que se abre para um mundo. Seguir esse caminho não significa realizar as intenções de alguém ou responder às expectativas de alguém, mas é um caminho que implica a repetição e a regularidade mecânicas, sem "sentido", justamente para descentralizar nossas intenções, para tirar o sujeito do caminho, por assim dizer, ou, pelo menos, para expô-lo. O protocolo ajuda a suspender histórias por demais familiares; ajuda a instalar uma determinada disciplina do corpo e da mente, tentando abrir um espaço que permite experiências, um espaço para estudar e para o indivíduo *se expor,* a fim de, como dizia Bergson, não ver o que pensamos, mas para pensar no que vemos, para expor o nosso pensamento para o que está acontecendo (ao presente) e para superar nossas próprias reflexões, para quebrá-las. Isso pede uma arte de estar "lá", que transforma um lá em um "aqui". (Isso é o que está envolvido no que poderia ser chamado de trabalho de campo). Dizer que isso é um espaço de exposição significa que esse trabalho representa uma maneira de fazer que se abstém de atividades de julgamento e de pautação (as perguntas têm que ser realmente perguntas abertas), que adia ou suspende definições (e disciplinamento), explicações, interpretações, contextualizações, desconstruções ou historicizações. Nesse sentido, podemos pensar tal prática de caminhada como uma forma de tornar públicas as coisas (para, literalmente, articular as questões) e de reunir um público em torno das questões do nosso presente educacional. Tornar as coisas públicas (como questões de interesse público) é, portanto, o resultado do trabalho sobre o eu que rompe o horizonte comum de nossa autocompreensão ("coisas tomando o seu curso") e as práticas tomadas como certas (quer dizer, o que "nós" consideramos como "uma questão de fato") e, consequentemente, as transforma em matérias de interesse. Esse tipo de filosofia como pesquisa educacional é uma tentativa de ir além da distinção entre empírico e conceitual, em que o próprio ato de investigar o presente de alguém coloca, ao mesmo tempo, a posição (ética-existencial) do pesquisador em jogo (ver mais adiante neste volume).

Para resumir: o trabalho da filosofia da/como educação, então, é nos fazer pensar por tornar as coisas públicas; é trabalho de exercícios de pensamento. Significa ver, esclarecer, trazer à baila, penetrar, convidar, inspirar, experimentar; é sobre expor alguém e experimentar novamente as palavras e os verbos. Acho que o que é importante hoje é tornar as perguntas – "O que é educação?"; "O que é maturidade?"; "O que é uma criança?"; "O que é uma universidade?"; "O que é uma escola?"; "O que é uma família?", "O que é um asilo?"; "O que é um professor?"; "O que é um estudante?", etc. – mais uma vez em questões *reais*, isto é, em matérias de interesse (assuntos que nos fazem pensar), e em coisas "comuns" ou coisas públicas, *res publica*. Isso implica que essas perguntas do tipo "o que" não são perguntas que buscam definições ou essências atemporais, mas são abertas, questões existenciais perguntando o que isso poderia significar para educar, para ser um adulto, etc., que reinventam o seu significado, para reinventar uma vida verdadeiramente humana.

As coisas seguem o seu curso, as transformações estão acontecendo, e todos os tipos de forças estão em ação. Talvez seja importante não se esquecer de si mesmo como o ponto onde e através do qual as forças atuam, e onde e através do qual os "insights no jogo de forças que constituem a nossa existência" (Foucault) podem ser adquiridos, mas também onde e através do qual elas são divididas e rompidas, e onde e através do qual elas são cortadas. É por isso que a filosofia como educação (como "trabalho de campo") poderia ser útil: colocar-nos à prova da realidade contemporânea e convidar outras pessoas para se reunirem no teste. De uma forma ou de outra os textos que estão reunidos aqui são tentativas de articular tal filosofia como educação. Se eles forem bem-sucedidos o leitor pode fazer uso deles. Isso não significa pedir ao leitor para ser um juiz, ou para aceitar o que eu tento dizer, mas sim pedir que ele ou ela realmente os recebam como uma tentativa ou ensaio e considerem participar do risco de ensaiar as palavras e os verbos novamente.

Referências

AHRENS, S. *Experiment and Exploration. Forms of World-Disclosure.* Amsterdam: Springer, 2014.

ARENDT, H. *Men in Dark Times*. New York: Harcourt Brace, 1955.

ARENDT, H. The Gap between Past and Future. In: *Between Past and Future: Eight Exercises in Political Thought*. New York: Penguin, 1983/1968. p. 3-15.

ARENDT, H. *The Life of the Mind*. New York: Harcourt Brace, 1978. (One-volume Edition).

BRESSON, R. *Notes sur le cinématographe.* Paris: Gallimard, 1988/1975.

DELIGNY, F. Innovations, initiatives, tentatives - cahiers de l'immuable 3. In: TOLEDO, S. A. de. (Ed.). *Fernand Deligny, oeuvres*. Paris: Editions l'Arachnéen, 2007/1976. p. 1000-1008.

FOUCAULT, M. What is Enlightenment? In: RABINOW, P. (Ed.). *The Foucault Reader.* New York: Pantheon, 2007/1984. p. 32-50.

FOUCAULT, M. *The Use of Pleasure. Volume 2 of the History of Sexuality.* Trans. R. Hurley. New York: Viking, 1986.

FOUCAULT, M. *The Hermeneutics of the Subject. Lectures at the Collège de France. 1981-1982.* Ed. F. Gros; Trans. G. Burchell. New York: Palgrave Macmillan, 2005.

KANT, I. An Answer to the Question: "What is Enlightenment?". In: REISS, H. (Ed.). *Kant's Political Writings.* Trans. H. B. Nisbet. Cambridge: Cambridge University Press, 1977/1784. p. 54-60.

KANT, I. *Critique of Pure Reason.* Cambridge: Cambridge University Press, 1997/1781.

LARROSA, J. Endgame: Reading, Writing, Talking (and Perhaps Thinking) in a Faculty of Education. In: SIMONS, M.; MASSCHELEIN, J. (Eds.). Hatred of Democracy... and of the Public Role of Education? On Rancière, Democracy and Education. *Educational Philosophy and Theory,* v. 4, n. 5-6, p. 683-703, 2010. (Special Issue).

MOL, A. Dit is geen Programma: Over Empirische Filosofie [This is not a Program: On Empirical Philosophy]. In: *Krisis: Tijdschrift voor Empirische Filosofie,* n. 1, p. 6-26, 2000.

RABINOW, P.; ROSE, N. Foucault Today. In: RABINOW, P.; ROSE, N. (Eds.). *The Essential Foucault: Selections from the Essential Works of Foucault, 1954-1958.* New York: New Press, 2003. p. VII-XXXV.

THOMPSON, C. *Bildung und die Grenze der Erfahrung. Randgänge der Bildungsphilosophie.* Paderborn: Schöningh, 2009.

Por que ler Jan Masschelein

Walter Omar Kohan

É conhecida a recusa reiterada de M. Foucault a se encaixar em alguma forma que enquadrasse seu trabalho, seja sob o nome de filósofo, historiador ou de qualquer outra identificação disciplinar semelhante. Contudo, no seu último curso, *A coragem da verdade*, ao falar de Sócrates, Foucault não tem problema algum em se perceber, implicitamente, como um professor de filosofia. Com efeito, depois de anunciar algumas vezes que terminaria a exposição de Sócrates e vencer uma evidente dificuldade para de fato deixar Sócrates nesse que fora seu derradeiro curso, Foucault afirma: "Pois é. Esta vez, então, prometido, terminei com Sócrates. É necessário, como professor de filosofia, ter dado pelo menos uma vez na vida um curso sobre Sócrates e a morte de Sócrates. Está feito. *Salvate animam meam*. A próxima vez, prometo, falamos dos cínicos" (Foucault, 2009, p. 143; 2011, p. 134).

O tom é marcadamente afetivo, espiritual. Duas vezes Foucault promete deixar Sócrates antes de passar aos cínicos. Certamente, Foucault tem um enorme interesse nos cínicos: a vida deles é escandalosamente filosófica, eles são um escândalo para a filosofia não apenas porque dizem a verdade, mas a vivem, a expõem exemplarmente, através da maneira em que vivem. Sua própria vida é seu dizer a verdade. Afinal, eles são uma radicalização da *parresía* socrática. Contudo, não é fácil para Foucault deixar Sócrates, agora que o tem finalmente encontrado. A expressão latina utilizada por Foucault parece invenção sua, inspirada provavelmente nos *Salmos*. Todo professor de filosofia não pode não fazer pelo menos um curso sobre Sócrates alguma vez na vida. O professor de filosofia Foucault o tem feito. Sua alma está salva.

Dessa maneira, Foucault se concebe a si mesmo, com emoção e algo de fina ironia, como um professor de filosofia. Salvou sua alma fazendo o que todo professor de filosofia deve fazer alguma vez na vida. Disse a sua verdade sobre Sócrates. Um pouco tarde, é verdade, apenas alguns meses antes de morrer, no seu último curso. Mas em tempo de lavar a própria alma. Como testemunho. E pode dizê-lo com indissimulada alegria e satisfação. É que na leitura que Foucault faz de Sócrates não se joga apenas o que todo e qualquer professor de filosofia faz quando dá um curso sobre Sócrates. Para compreender esse algo mais que tanto afeta Foucault, é preciso antes explicitar a concepção de filosofia que afirma nessa mesma última etapa de sua vida.

Nós, professores de filosofia, estamos habituados a ver a disciplina como um conjunto de ideias, doutrinas e posições teóricas sobre determinados assuntos ou problemas (éticos, políticos, lógicos, epistemológicos, estéticos, etc.). Sócrates seria um momento inicial na trajetória histórica da filosofia a ser transmitida. Antes estão os pré-socráticos, é verdade. Mas seguindo um pouco Aristóteles, os professores de filosofia têm situado Sócrates como aquele que leva a filosofia da natureza à *pólis*, da ontologia e metafísica à ética e à política. O valor central de Sócrates seria o de inaugurar um campo para a filosofia que a coloca no cerne da vida cidadã.

Contudo, Michel Foucault mostra que, com Sócrates, algo de mais radical está em jogo em relação à filosofia. O que Sócrates de fato inaugura é outra tradição de pensamento, na qual a filosofia não é doutrina, teoria ou sistema, mas um cuidado com a própria vida, um fazer da própria vida um problema para a filosofia, seu problema crucial: o problema de dar conta da própria vida, do porquê se vive da maneira que se vive e não de outra. O que de fato Sócrates inaugura é a filosofia como uma autoeducação, como educação de si mesmo no encontro com outros.

Foucault ilustra essa fundação socrática em dois *diálogos* de Platão – o *Alcibíades* I e o *Laques* – em que essa autoeducação manifesta-se em duas possibilidades de se entender a si próprio: no *Alcibíades* I, a educação comporta o conhecimento da própria alma, o que faz da filosofia uma tarefa cognitiva, intelectual, de autoconhecimento; se a própria vida for um problema para a filosofia, então o *Alcibíades* I ilustra a necessidade de se conhecer e cuidar de si mesmo, em particular, o que governa a si mesmo, a alma, para quem pretende governar os outros; já no *Laques,* o que se educa é a própria vida, e a filosofia se torna uma tarefa estética de dar brilho à própria existência (Foucault, 2009, p. 145 ss; 2011, p. 137 ss). Eis o caminho que Foucault quer trilhar como professor de filosofia, eis sua verdade sobre Sócrates, seu verdadeiro Sócrates em relação à filosofia, à educação e à vida: Sócrates faz nascer a filosofia como o exercício de colocar em problema a própria vida; como *ascesis*, prática de cuidar da própria vida no encontro com outras vidas.

Eis por que a filosofia, nessa segunda abertura socrática, não pode não ser educativa: ela precisa dos outros, da vida dos outros, das outras vidas. Nessa linha, o professor de filosofia ocupa uma posição paradoxal: ele cuida de sua vida cuidando das outras vidas, cuidando que essas outras vidas cuidem do que não parecem cuidar na vida na *pólis*, de si mesmas. Eis o que significa educar através de uma vida filosófica: ensinar a cuidar da própria vida. Eis também o enigma de Sócrates, da filosofia: não há teoria, saber ou forma a ser transmitida sobre esse cuidado: há apenas a própria vida a ser ensinada. A própria vida de Sócrates ensina se ensinando e também, ou sobretudo, ensina sua morte: para um professor de filosofia só faz sentido viver essa vida, não há vida fora dessa forma de vida, não há vida fora da educação através da filosofia.

Jan Masschelein e Maarten Simons são professores de filosofia que se inscrevem nessa tradição inventada por Foucault a partir de Sócrates.[1] Concebem a filosofia não como saber

---

[1] Estou ciente que Masschelein e Simons prefeririam situar sua raiz mais perto de Isócrates do que de Sócrates, porque consideram que o segundo, à maneira do prisioneiro da caverna platônica, pressuporia – a diferença do primeiro – que o outro necessita dele para sair do mundo das sombras. Na correspondência que fecha o presente livro tenho conversado sobre a questão com Jan Masschelein.

ou sistema, mas como um exercício de pensamento, como uma prática educativa, como um exercício de questionar e questionar-se. Esse exercício de pensamento se pratica sobre questões comuns que nos afetam e nos situam no cerne da experiência educacional, que, a partir de uma leitura de autores como H. Arendt e J. Rancière, Masschelein e Simons, entendem como uma experiência que coloca alguém na posição de ser um "iniciador" ou "querer ser capaz de", uma experiência que põe em cena uma "potência entusiasmada", um "amor público ou mundano" que se aproxima, assim, da experiência da amizade.

Os textos aqui publicados desbravam as suas obsessões: a natureza e sentido do ato pedagógico; o caminho a ser percorrido e as formas de andar na pesquisa e na prática educativas; o caráter público da educação; a escola como *skholé*, tempo livre: experimento, exercício, experiência de encontro com o mundo; arquitetura de acolhida e atenção para o que mundo oferece de interesse; matéria de suspensão e profanação dos usos e dos valores sociais, a democracia como forma política da escola.

Em tempos em que a filosofia praticada na academia tem se afastado tanto da vida, talvez seja um exercício ao mesmo tempo filosófico e pedagógico ler Jan Masschelein e Maarten Simons. Uma filosofia na vida educativa. Uma educação da própria filosofia, ou dos que a praticamos. Um encontro que nos ajude a nos colocar em questão. Um exercício de pensamento. Uma experiência de filosofia e educação. Uma filosofia na educação. Uma educação da filosofia.

Rio de Janeiro, junho de 2013.

Referências

FOUCAULT, M. *Le courage de la vérité. Le gouvernement de soi et des autres II*. Cours au Collège de France, 1983-1984. Paris: Gallimard; Seuil, 2009. (Tradução brasileira de Eduardo Brandão. São Paulo:WMF Martins Fontes, 2011.)

PARTE I: A PEDAGOGIA

O aluno e a infância: a propósito do pedagógico[1]

Tradução de Alain François

Jacques Rancière fez conhecer a diferença entre "polícia" e "política" (ver, por exemplo: RANCIÈRE, 1998). Essa diferença implica outra, entre "população" e "povo". Segundo ele, o povo, o *dêmos* da democracia, é "o suplemento que separa a população de si mesma" (p. 172). O povo supera o conjunto de sujeitos de um governo, estado ou comunidade e, com seu surgimento, abre-se o espaço político que inscreve a igualdade na ordem do dia. A existência do povo – e, portanto, da igualdade – não é um fato, mas antes se constitui no próprio objeto da política (p. 175), que é a manifestação da "diferença entre a sociedade e si mesma" (p. 184) e a efetivação do pressuposto igualitário; em compensação, a polícia é a arte de gerir as comunidades e as populações que coincidem consigo mesmas, nas quais todo "mundo" encontra seu lugar.

Não quero me delongar muito nessa diferença entre polícia e política – que, ademais, é bem mais complexa do que sugiro aqui. Gostaria apenas de estabelecer, a partir de alguns textos de Rancière e por uma espécie de analogia, uma diferença entre, por um lado, o *regime pedagógico* ou a *pedagogia* e, por outro, o *pedagógico* – diferença que condiciona uma outra, entre o aluno e a infância. Para a empreitada, pretendo apoiar-me essencialmente em dois textos de Rancière: *O mestre ignorante* (MI), é claro, e outro, curto, intitulado *Un enfant se*

[1] Originalmente publicado em: *Educ. Soc.*, Campinas, v. 24, n. 82, p. 281-288, abr. 2003. Disponível em: <http://www.cedes.unicamp.br>. Acesso em: 28 mar. 2014. (Revisão técnica de Lílian do Valle.)

tue (ET – Uma criança se mata), em que ele comenta o filme de Rossellini, *Europa 51*. Vale notar que minha leitura não tem a pretensão de espelhar simplesmente a posição de Rancière. Antes, quero levar a sério algumas pistas desses textos e tentar mostrar como elas podem inspirar um pensamento educativo de emancipação que não vise libertar o aluno, mas se libertar do aluno (ver também, Masschelein; Simons, 2003).

Nesse sentido, gostaria de propor a infância como nome para o suplemento, ou o vácuo, que separa o aluno de si mesmo. A infância remeteria, assim, ao vácuo que afasta o aluno de tudo aquilo que, como inteligibilidade, a ele se integra (isto é, de tudo que o representa na ordem da realidade e da compreensão). Acrescentaria ainda que o aluno ou, melhor dizendo, os alunos constituem a população do regime pedagógico, ou da pedagogia – aqui entendida como conjunto de saberes e de estratégias que se concentram nos alunos como seus sujeitos/objetos e os tornam visíveis e tangíveis em termos de necessidades, talentos, interesses, caráter, etc. Trata-se, para a pedagogia, de conduzir os alunos ao saber, ao conhecimento e à competência (isto é, para onde tudo encontra lugar, explicação e resposta apropriados). A pedagogia coloca, em primeira e última instância, a identidade do aluno consigo mesmo. Ora, o surgimento da infância rompe e supera essa identidade do aluno consigo mesmo, abrindo espaço para o pedagógico, cujo desafio é a indeterminação e o futuro. Tentarei a seguir elucidar essas breves afirmações.

Como interpretar esse vácuo, ou suplemento, que faz com que o aluno não coincida consigo mesmo? Como compreender a infância, se nos recusamos a vê-la como um estado temporário, ou uma idade determinada? Creio ser possível entendê-la, por um lado, como potencialidade, ou potência; e, por outro, como exposição. No que concerne à potência, poder-se-ia, de fato, subdividi-la em três. Primeiramente, a potência de movimento, isto é, o deslocamento para fora de si, ou vontade – posto que, para Rancière, antes de ser instância de escolha, a vontade é potência de se mover (MI, p. 86), de se pôr a caminho, de ir ver e de falar por si próprio. Por vontade "compreendemos essa volta sobre si do ser racional que se conhece como capaz de agir" (MI, p. 97). Em segundo lugar, a potência da palavra, isto é, potência de tradução, ou inteligência – pois é preciso entender a inteligência como potência de tradução. A inteligência tem a ver com compreender, mas é preciso saber o que isso significa: "É preciso entender *compreender* em seu verdadeiro sentido: não o derrisório poder de suspender os véus das coisas, mas a potência de tradução que confronta um falante a outro falante. [...] Vontade de adivinhar [...] o que tem a lhe dizer um animal racional." (MI, p. 95). E, em terceiro lugar, potência de pensamento, ou de reminiscência: "recordar a um sujeito pensante seu destino" (ET, p. 142), recordá-lo da palavra que lhe foi dirigida, isto é, potência de recordação de si mesmo, ou "de se recordar de si, tornando-se estrangeiro a si próprio" (ET, p. 164). Essa tríplice potência se desdobra em uma ex-posição (ou em um *ser-entregue* aos outros, uma dependência, ou vulnerabilidade). A ex-posição remete ao surgimento das crianças como "seres de palavra" (MI, p. 29). Mas o que significa "seres de palavra"? Significa dizer que são seres falantes, mas, sobretudo e antes de qualquer outra coisa, que "uma palavra humana lhes foi endereçada, a qual querem reconhecer e à qual querem responder – não na qualidade de alunos, ou de sábios, mas na condição de homens; como se responde a alguém que vos fala, e não a quem vos examina: sob o signo da igualdade" (MI, p. 29). Um ser de palavra está, pois, sempre na posição de alguém a quem outro se endereça, uma carga lhe é imposta: ele tem a carga da resposta. Assim, pode-se dizer que a infância como vácuo implica uma carga (ou uma dívida) de resposta. Ademais, um ser de palavra está exposto aos outros e às palavras dos outros, já que falar é sempre falar (e exprimir-se) com as palavras de outrem (MI, p. 28) e que só é possível falar *de* alguma coisa falando *a* alguém. O que implica, também, que "o homem é condenado a [...] se calar ou, se quer falar, a falar indefinidamente, pois sempre tem o que retificar [...] naquilo que acaba de dizer" (MI, p. 96). Isso se deve ao fato de que cada palavra "se fecunda pela vontade do ouvinte" (MI, p. 94), assim como ao fato de que, o que alguém tem a nos dizer, "suas expressões se completam apenas pela nossa contratradução" (MI, p. 103). Assim, o ser de palavra é um ser exposto aos outros (e às suas palavras), que nos exigem algo e nos conduzem para fora de nós mesmos, nos instalando não numa posição de domínio ou de independência (numa posição de adulto), mas numa posição de dependência indeterminável, de vulnerabilidade irrecuperável, numa exposição (na infância). Naturalmente, "o aluno" também se encontra numa situação de dependência, embora sua posição não seja uma ex-posição, mas uma posição bem definida e determinada (ou a determinar) pela pedagogia: na posição deficitária daquele que não sabe, não tem a competência.

Como interpretar, então, o pedagógico? O que pensamos pode ser elucidado a partir do fascinante comentário de Rancière sobre *Europa 51*, de Rossellini. O filme conta a história de Irene, uma rica burguesa totalmente ocupada e absorvida em sua vida mundana que, depois do suicídio de seu jovem filho, se embrenha "numa viagem ao coração da miséria e da caridade que escandaliza seus próximos e os leva a pedir sua internação" (ET, p. 140). Num certo sentido, Rancière nos faz entender esse filme como um romance de formação. Num certo sentido, pois, em sua leitura, esse filme de formação nos fala de algo inteiramente diferente do que conhecemos dos romances de formação tradicionais. E não se trata, efetivamente, para Irene, de se (re)encontrar, de tornar-se si mesma, ou mesmo de atingir a consciência do que ocorre ou ocorreu, a autoconsciência. O filme nos mostra, ao contrário, como uma mulher é conduzida para fora de si, como ela se perde, e como essa perdição não leva à perda do mundo, mas ao mundo. Não que essa viagem vá de uma representação a uma outra. O filme nos mostra, de fato, o surgimento da infância como potência e exposição, levando a "uma caminhada interminável, na qual o sujeito supera tudo aquilo que, como inteligibilidade, a ele se integra" (ET, p. 152). E o que põe Irene a caminho são as palavras "que seu filho teria proferido no hospital, com as quais ele lhe teria significado seu ato" (ET, p. 145) e que ela, não tendo ouvido, quer compreender. Por essas palavras, Rancière nos faz ver que o filme de Rossellini não é apenas um filme de formação, mas também um filme que nos mostra o que é a pedagogia. A pedagogia se constitui, com efeito, na neutralização da potência (da infância) e na imunização da exposição. Ela começa com a produção, ou o surgimento, de Irene como "aluna", isto é, como alguém que não sabe e não tem consciência – e, portanto, com a imposição da ordem da realidade e do saber. Relembro que são as palavras do filho que conduzem Irene à sua caminhada e põem em ato a infância. Não foi ela que as ouviu, mas Andrea – um parente jornalista. Ele que nos faz conhecer o trabalho da pedagogia e nos oferece, também, uma ilustração precisa do mestre explicador e sábio, que se constitui no oposto do mestre ignorante. O trabalho da pedagogia consiste, essencialmente, em oferecer um programa, em propor uma "visita guiada" até o saber (ET, p. 145), um percurso a ser seguido, para se atingir a compreensão das palavras. Essa compreensão já é dada – mas, dela, Irene ainda deve tomar consciência. É o trajeto do desvelamento, das razões e das explicações. Para além das palavras, ele leva às coisas que explicam, às explicações de por que a criança se matou: "por trás das palavras, fatos que as desmentem; por trás dos fatos, outras palavras que os explicam. A resposta à pergunta 'O que está acontecendo?' já está sempre dada" (ET, p. 148). Essas explicações e interpretações, que determinam os locais e os lugares, que atribuem a tudo e a cada um seu lugar, definindo suas relações, levam, segundo Rancière, à perda da potência do pensamento. Elas funcionam como sistemas de descarga de *stimuli* que cativam a atenção e a busca. Elas imunizam, no sentido literal de uma des-carga, de uma dissimulação ou esquecimento da carga de fornecer sua resposta (a carga do vácuo), da carga de se recordar de si, de implicar-se a si próprio existencialmente.

Mas, como diz Rancière, Irene não quer saber de explicações ou razões. Ela quer saber "O que ele disse?", não "Por que ele se matou?" (ET, p. 144). Ela toma as palavras como apelo, e não como representação. É a este apelo que quer responder, e ela vai tentá-lo. Ela não vai tentar levantar o véu das coisas, mas adivinhar o que *lhe* foi dito. Isso desencadeia sua caminhada, põe Irene em seu caminho, aquele onde ela "está só a buscar e não para de fazê-lo" (MI, p. 58). Trata-se, com efeito, de seguir caminho e de ir ver pessoalmente, de tornar-se estrangeira ao sistema dos lugares, ao sistema da realidade, de ir procurar mais adiante. Mas esse caminho não está programado, a viagem não tem meta, não é um projeto. A caminhada não leva ao saber ou ao conhecimento. Seguir seu caminho é outra coisa: "O problema não está em saber o que se faz [...]. O problema está em pensar no que se faz, em se recordar de si" (ET, p. 158). Isto é, recordar que se está, a si mesmo, implicado no que se faz, indagar-se sobre o que fazer com o que foi dito. "Ora, a questão não é desvelar, mas circunscrever... Trabalho da singularização de si e do outro" (ET, p. 159). A meta, portanto, não é uma compreensão que levante véus, mostrando a realidade que escondem. Não se trata de encontrar uma explicação ou uma resposta à pergunta: por quê? O pensamento não pergunta o que é uma coisa, se ela existe e por quê. Ele sempre toma sua existência como dada, e pergunta o que significa que ela exista. Ele pergunta o que nos foi dito e como responder a isso. O pensamento concerne ao que vem de outro lugar, circunscreve o que passa, o que se passa nos pedindo para lhe fornecer uma resposta. Essa resposta engaja a inteligência (a busca) e exige atenção. A atenção é "o ato que faz agir essa inteligência sob a coerção absoluta de uma vontade" (MI, p. 46).

Mas, então, aonde se vai? Em seu comentário sobre *Europa 51*, Rancière sugere duas respostas que estão ligadas. Ele nos diz, primeiramente, que se vai "pouco a pouco, em direção ao que se definirá, precisamente, como o próximo" (ET, p. 156). Isto é, nem a separação da ordem da realidade, nem a caminhada em direção a esse ponto em que já não se sabe mais onde se está – em que se está "fora de quadro", em que nos tornamos "estrangeiros ao sistema dos lugares" – acarretam o isolamento: na realidade, elas nos abrem aos outros. Em seguida, o que talvez seja ainda mais importante, a caminhada leva à "soberania que é ato, que determina o gesto justo" (ET, p. 162). Ao caminhar, ganha-se ou descobre-se a potência do gesto e da palavra justa. Os gestos e as palavras justos são os que se carregam de vácuo, que aceitam a carga do vácuo, que apaziguam e *tornam atento*, isto é, que possibilitam que algo (novo) ocorra, e indicam que há abertura e porvir.

Seguindo, assim, algumas indicações de Rancière, poder-se-ia retomar uma concepção de educação que, voltando à etimologia, a entenda como um "conduzir para fora", como uma atividade relacionada com essa "caminhada interminável, na qual o sujeito supera tudo aquilo que, como inteligibilidade, a ele se integra" (ET, p. 152), que está associada ao caminho sem programa e sem projeto, ainda que com uma carga. Desenvolvendo a ideia, poder-se-ia dizer que a educação, como relação pedagógica, torna-se possível pela infância, ou, melhor, aparece com a infância como potência e exposição. É porque, ou quando, a infância se manifesta como potência e exposição, que a posição do mestre se torna possível (pode se evidenciar) e que um espaço pedagógico se abre. O espaço pedagógico não é, pois, uma infraestrutura ou uma instituição preexistente, em que mestre e criança se introduzem para produzir o aprendizado. O espaço pedagógico abre-se com a interrupção da pedagogia e da instituição, com a separação do "aluno" em relação a si mesmo. Apenas nesse espaço pode o mestre aparecer como aquele "que mantém o que busca em *seu* caminho, onde está sozinho a pesquisar e o faz incessantemente" (MI, p. 57) – não como aquele que transmite o saber, mas como aquele que sustenta a vontade. Portanto, em certo sentido, o mestre é aquele que mantém o homem na infância. Mais ainda, ninguém pode se afirmar como mestre, se sua própria infância, sua própria potência e exposição não são postas em jogo. De acordo com Rancière, o mestre faz essencialmente duas coisas – e aqui é preciso recordar o que inteligência e atenção significam: "ele interroga, comanda uma palavra, isto é, a manifestação de uma inteligência que se ignorava a si própria, ou se descuidava. Ele verifica que o trabalho dessa inteligência se faz com *atenção*, que essa palavra não diz *qualquer coisa* para se subtrair à coerção" (MI, p. 51). O mestre não interroga no intuito de instruir, mas de ser instruído (MI, p. 52). Ele comanda uma palavra, não a de quem não sabe, mas a de outro homem na condição de ser de palavra. O mestre fala aos outros "como a homens e, por esse mesmo gesto, faz deles homens" (MI, p. 138). É que ele se coloca a si próprio como ser de palavra e, portanto, se expõe, espera a contrapalavra. De resto, como vimos, para que o mestre chegue ao gesto justo, àquele que o torna atento, ele precisa, ele mesmo, caminhar. Eis porque a relação pedagógica não pode ser vista nem como uma relação hierárquica (como a relação entre sábios e não sábios) nem como uma relação simétrica (relação entre sujeitos principalmente idênticos a si mesmos e entre si), mas como uma relação de diálogo entre seres de palavra, uma "pura relação de vontade a vontade" (MI, p. 31). Uma relação, portanto, também de exposição às palavras dos outros, relação de dívida, ou de carga recíproca, pela qual nos tornamos devedores de uma resposta, um gesto, uma palavra a cada vez singulares.

Referências

MASSCHELEIN, J.; SIMONS, M. The Strategy of the Inclusive Education Apparatus. Inclusive Education for Exclusive Pupils. *Educ. Soc.*, Campinas, v. 24, n. 82, p. 281-288, abr. 2003. Disponível em: <http://www.cedes.unicamp.br>. Acesso em: 2 jun. 2014.

RANCIÈRE, J. *Aux bords du politique*. 2. ed. Paris: La Fabrique, 1998.

RANCIÈRE, J. *Le maître ignorant*. Paris: Fayard, 1987 [Trad. brasileira: *O mestre ignorante*. Belo Horizonte: Autêntica, 2002].

RANCIÈRE, J. *Un enfant se tue. Courts voyages au pays du peuple*. Paris: Seuil, 1990. p. 139-171.

Ponhamo-nos a caminho

Tradução de Marcelly Custodio de Souza

A atenção deveria ser o único objetivo da educação.
Simone Weil

Não caminhamos para chegar à terra prometida, mas porque caminhar é, em si mesmo, revolucionário.
Subcomandante Marcos

[Para Foucault] pensar sempre significou pensar sobre os limites de uma situação. Mas também significava ver.
Gilles Deleuze

Caminhar, no sentido de dar passos, de estar em marcha, imediatamente nos faz pensar em viagens, que, por sua vez, evocam a imagem de um espírito criativo que explora novas formas de ver ou abre novos horizontes. Um espírito com essas características, andarilho e viajante, é um espírito crítico, que, ao mover-se com um determinado conjunto de pressupostos e valores, os problematiza. Em outras palavras, não é estranho que, em um convite a caminhar, reconheçamos um famoso tópico do pensamento crítico ocidental. Mas, talvez, valha a pena reavaliar o convite literalmente, para ver se podemos encontrar algo de seu poder revolucionário e, portanto, seu poder e-ducativo. Nisso centra-se este pequeno reconhecimento do território da investigação e-ducativa. Não pretendemos delimitá-lo, descrevê-lo ou guiá-lo. Isto é simplesmente uma tentativa de encontrar um caminho e ver aonde ele nos leva.

Talvez, assim, o convite a caminhar se torne mais atraente. Nossa exploração resulta de duas citações: uma pequena observação de Michel Foucault e um fragmento breve, mas muito bonito, de *Rua de mão única,* de Walter Benjamin. Vejamos primeiro este último.

Caminhar: experimentar o domínio[1] do caminho:

> A força da estrada do campo é uma se alguém anda por ela, outra se a sobrevoa de aeroplano. Assim é também a força de um texto, uma se alguém o lê, outra se o transcreve. Quem voa vê apenas como a estrada se insinua através da paisagem, e, para ele, ela se desenrola segundo as mesmas leis que o terreno em torno. Somente quem anda pela estrada experimenta algo de seu domínio e de como, daquela mesma região que, para o que voa, é apenas a planície desenrolada, ela faz sair, a seu comando, a cada uma das voltas, distâncias, belvederes, clareiras, perspectivas, assim como o chamado do comandante faz sair soldados de uma fila. Assim comanda unicamente o texto copiado a alma daquele que está ocupado nele, enquanto o mero leitor nunca fica conhecendo as novas perspectivas de seu interior, tais como as abre o texto, essa estrada através da floresta virgem interior que sempre volta a adensar-se: porque o leitor obedece ao movimento de seu eu no livre reino aéreo do devaneio, enquanto o copiador o faz ser comandado. A arte chinesa de copiar livros foi, portanto, a incomparável garantia de cultura literária, e a cópia, uma chave para os enigmas da China (Benjamin, 1995, p. 16).

Aqui, Benjamin indica muito claramente o que poderia ser a investigação e-ducativa e, ao mesmo tempo, deixa bem claro por que o caminhar é revolucionário (o fato de que caminhar não significa dirigir-se a uma terra prometida). Benjamin também indica que a caminhada está associada com o olhar, com abrir os olhos para criar uma nova visão, o que não é

[1] No texto original de Masschelein lê-se "autoridade" o que nesta tradução ao português aparece como "domínio". (N.T.)

sinônimo de aquisição de uma única e determinada perspectiva ou visão, mas sim deslocar nosso olhar para que sejamos nós os que estejamos "lá", e que esse "lá" se apresente para nós em toda a sua glória, nos dê ordens e nos assuma. Caminhar significa deslocar o olhar para que possamos ver de uma maneira diferente, para que possamos ver o visível (as coisas distantes, mirantes, espaços abertos, perspectivas que se abrem no caminho são visíveis, não estão escondidos, não estão além daqui), e de maneira que possamos ser transformados. Nisso consiste o caminhar: um deslocamento do olhar permitido pela experiência, uma submissão passiva (receber ordens do caminho) e, ao mesmo tempo, um esboço (ativo) do caminho.

Não que o caminhar nos ofereça uma perspectiva (ou uma leitura) melhor, ou uma compreensão mais verdadeira e completa, nem que nos permita superar os limites de nossa perspectiva. O que dá sentido ao caminhar é a possibilidade de olhar para além de qualquer perspectiva, uma visão ou um olhar que nos transforma (e, portanto, é uma experiência) enquanto estamos sujeitos ao que vemos. Caminhar nos permite ver além de qualquer perspectiva, uma vez que "uma perspectiva" está ligada a um ponto de vista, isto é, a uma "posição subjetiva", à posição de um sujeito em relação a um objeto ou um alvo. O importante, ao caminhar, é pôr em movimento esse sujeito e essa posição. Caminhar é uma ex-posição, um estar fora da posição.

Benjamin deixa claro que há uma diferença entre percorrer um caminho a pé ou sobrevoá-lo. Ela é comparável à diferença entre a cópia de um texto à mão e a leitura (compreensão) de um texto. E a diferença reside no fato de que eles funcionam de uma maneira diferente, que seu poder (sua realidade) é diferente. Caminhar significa que o caminho nos é imposto com certa autoridade, que o caminho comanda nosso olhar e nos apresenta a realidade em suas diferenças. A realidade que se abre no ato de caminhar é uma evidência que submete e conduz o olhar. Benjamin não diz que a visão que temos do caminho é diferente porque há uma perspectiva ou um ponto de vista distinto (a perspectiva dos de baixo, rente ao solo, em comparação com a perspectiva aérea). Isso significaria que não só deveríamos ser capazes de assumir a perspectiva de cima, mas que deveríamos ter em conta todas as perspectivas, também a perspectiva de baixo (e talvez, também, poderia significar que a perspectiva de baixo tem mais valor, ou é mais humana, ou mais real, ou mais verdadeira). Mas não se trata disso. Não se trata das diferentes perspectivas ou visões que resultam das diferentes posições do sujeito (subjetivas). Benjamin não se refere à diferença entre uma "visão a partir de um determinado lugar" ou um ponto de vista objetivo por um lado, e um ponto de vista subjetivo, mais vivo e comprometido por outro lado. A diferença está na atividade em si, é uma diferença entre caminhar e voar, entre cópia e leitura, na medida em que são maneiras diferentes de relacionar-se com o mundo (o texto, a paisagem) e de relacionar-se com o presente, com o que está presente. Essa diferença se expressa como uma diferença de poder, como uma diferença no efeito que a atividade tem sobre nós mesmos e sobre aquilo que nos revela. Quem voa, diz Benjamin, apenas "vê" o caminho, mas quem o percorre a pé experimenta a sua autoridade, isto é, experimenta como algo lhe é mostrado, como lhe aparece, como se faz presente, claro e, ao mesmo tempo, submete ou dirige sua alma.

Sobrevoar o caminho (e ler é como voar) relega o caminho a ser parte de uma superfície extensa, uma área que aparece na perspectiva de quem voa e que situa o caminho como um recorte do horizonte. O caminho parece um objeto submetido às mesmas leis que todos os outros objetos que aparecem no horizonte diante do sujeito, ou seja, como objetos que podem compreender, explicar, determinar, ordenar e identificar (em relação com um sujeito), do mesmo modo que a realidade à nossa volta. Os objetos se submetem às leis (ou causas, ou motivos) impostas, estabelecidas ou pressupostas pelo sujeito (sua intenção). Assim, o caminho está sujeito às leis da perspectiva de quem o sobrevoa, e não tem nenhum poder sobre ele (não é mais do que uma superfície estendida); o caminho não pode tocar quem o sobrevoa, ou melhor, não pode atravessá-lo nem determinar sua rota. Quem voa tem ou adquire certo saber:

o saber de um objeto que aparece ante um sujeito. Um objeto (objetivo) é algo que aparece desde uma perspectiva determinada, algo que é lido (ou visto) de uma posição que depende da intenção do sujeito.

Mas caminhar não significa atingir, adotar ou mudar uma perspectiva (por exemplo, a perspectiva da terra prometida), nem tampouco adquirir ou modificar um conhecimento determinado. Tanto no caminhar, como na cópia à mão, existe uma relação diferente com o presente, uma relação em que alguém entrega seu corpo e se aventura a seguir uma linha arbitrária, expondo-se à sua autoridade. Essa "autoridade do caminho" abre um novo olhar sobre nós mesmos e, ao mesmo tempo, sobre longas distâncias, mirantes, espaços abertos, paisagens, etc. Em suma, a autoridade do caminho nos dá uma evidência que transcende as perspectivas e os pontos de vista.

Benjamin sugere que a caminhada, como a cópia, nos liberta o olhar, abre os nossos olhos (o que, é claro, é um tema muito antigo e bem conhecido do pensamento pedagógico e filosófico) e desloca nosso olhar, o que não é o mesmo que nos oferecer um olhar (novo) ou perspectiva (diferente). Tampouco nos revela uma verdade situada por trás ou além do que vemos. Abrir os olhos é olhar o óbvio; é, eu diria, o que acontece quando ficamos atentos ou nos expomos. Assim, tanto percorrer um caminho até o fim como copiar um texto inteiro são modos e-ducativos de relacionar-se com o presente e de vincular-se com ele. São formas de investigação e-ducativa na medida em que constituem uma espécie de prática de investigação centrada na atenção, ou seja, estarmos abertos para o mundo, expormo-nos (ao texto, ao caminho), para que ele se apresente de uma forma que possa nos dar ordens. Mas essas ordens não vêm de nenhum tribunal, não são leis ou princípios definidos (que supostamente deveríamos conhecer ou aplicar), mas, sim, a manifestação (experiência) de uma força que nos coloca em movimento e que nos traça o caminho. A autoridade do caminho não nos conduz à terra prometida, mas podemos dizer que nos empurra. Não nos diz aonde deveríamos ir, mas puxa-nos, fazendo-nos sair de onde estamos (nos afasta de quem somos e do que pensamos). Então, copiar o texto não é compreendê-lo ou re-apresentá-lo, mas traçar um caminho através dele. É uma atividade paradoxal: estar sob o comando de algo que não nos foi dado, mas está prestes a sê-lo, algo que será apresentado apenas no decorrer do caminho. Copiar um texto é repeti-lo, chegar ao final do caminho. Copiar não consiste em re-apresentar o texto, mas deixar que se faça presente. Da mesma forma, poderíamos considerar que a caminhada é o estudo detalhado do presente, porém um estudo que não nos oferece uma visão geral (uma representação de um todo), mas que traça um caminho. Caminhar é, ao mesmo tempo, percorrer um caminho e permitir que o caminho submeta a alma. Poderíamos dizer que a caminhada é uma atividade física que move ou desloca o olhar (ou seja, faz com que ele abandone a sua posição, a ex-põe) ao longo de uma linha arbitrária, ao longo de um caminho que já existe e que, ao mesmo tempo, traça-se novamente; um caminho em direção a um novo olhar (mas sem orientação ou destino).

Caminhar não significa adotar um "meta (literalmente: 'para além do') ponto de vista", mas estabelecer uma distância a partir da qual a nossa própria alma se decomponha, se dissolva, por dentro. É uma prática em que arriscamos nossa própria "subjetivação", nossa própria alma, através de uma relação diferente com o presente. Por isso, Foucault afirmava que a crítica é uma questão de atitude. Trata-se de uma atitude a respeito do presente, que não o julga, não o leva ante um tribunal (como, por exemplo, o tribunal da razão), nem o compreende ou o interpreta desde uma perspectiva particular. A crítica não avalia o presente a partir do horizonte da terra prometida. É, antes, uma atitude, uma ex-posição ao presente, que implica tanto a suspensão do julgamento como um embarcar fisicamente em algo que possa nos des-atar, e também possa nos liberar no sentido de permitir-nos outras experiências.

Neste sentido, a investigação e-ducativa não aspira a ter ideias ou conhecimentos, nem a tornar-nos mais conscientes através de certa tomada de consciência, mas é, antes, um modo de investigação que abre um espaço existencial e-ducativo: um espaço concreto de liberdade prática. Em outras palavras, a investigação e-ducativa cria um espaço de possível transformação do eu que implica uma liberação (uma "e-ducação") do olhar, e que, nesse sentido, é também esclarecedora. Nessa investigação, o saber não está dirigido a compreender (melhor), mas a esculpir, isto é, a fazer uma incisão ou uma inscrição concreta no corpo que transforme o que somos e como vivemos. Essa investigação diferencia-se por sua preocupação com o presente, e com a nossa relação com ele; uma preocupação em estar presente no presente, que é outra maneira de dizer que sua principal preocupação é prestar atenção. Estar atento é uma atitude-limite cujo objetivo não é delimitar o presente (mediante o julgamento), mas expor as próprias limitações e expor-se a elas. Assim, caminhar é um exercício que envolve uma atitude-limite que pode nos mudar, não aumentando, porém, a conscientização, mas sim a atenção. E isso nos leva a uma breve citação de Foucault sobre o exercício da crítica.

Caminhar e tornar-se atento

Em uma breve resposta a uma carta de leitores publicada no jornal francês *Le Matin*, Michel Foucault escreveu que está de acordo com Maurice Blanchot "em que a crítica começa com a atenção, a presença e a generosidade" (Foucault, 1979, p. 15). Tal como a observação de Benjamin sobre caminhar, esta nota de Foucault também fornece uma base frutífera para a ideia da investigação e-ducativa. Como já foi mencionado, a investigação e-ducativa pode ser descrita como a arte de abrir os olhos (para liberar e mobilizar o olhar), como a arte da apresentação, do fazer presente. Isso significa que não se trata da arte da representação, da tomada de consciência ou da reflexão crítica que, afinal, sempre gera conhecimentos, ideias, formas de compreensão e perspectivas. Trata-se de deixar para trás a soberania do julgamento (levar o presente ao tribunal com suas leis e relacioná-lo com uma visão determinada, projetando-o contra um horizonte) e de recuperar a soberania de um olhar que apresenta algo, que o mostra, que, por assim dizer, faz com que algo seja "evidente". Assim, a investigação e-ducativa e-duca o olhar e o torna atento: é um exercício sobre a atenção e sobre estar atento. Estar atento é, em certo sentido, estar aberto ao mundo. Significa estar presente no presente, estar ali de modo que o presente possa ser apresentado a mim (tornar-se visível, vir a mim e fazer com que eu o veja) e, ao mesmo tempo, estar (lá) de modo que eu fique ex-posto diante do presente e possa me transformar, contagiar, ou e-ducar-me, e que, de alguma forma, o meu olhar seja libertado (pela autoridade do presente). Essa é a atenção que permite a experiência.

Estar atento é o contrário de estar ausente. Em inglês, o verbo *to attend* é uma palavra com muitos usos. Tem a ver com o cuidar (cuidar de um paciente, consertar uma lâmpada, atender às visitas), com assistir (ir à missa, a uma reunião), com estar lá, com o escutar, com respeitar o outro. Estar ausente significa "não estar"; significa estar preso ao horizonte de expectativas, projeções, perspectivas, visões, opiniões, imagens e sonhos que nos pertencem, que compõem a nossa intenção, e que nos constituem como sujeitos perante nossos objetos (objetivos). Poderíamos dizer que a atitude de um sujeito (também de um sujeito do conhecimento) é a atitude de alguém que tem um objeto (ou um objetivo). Contudo, estar atento, prestar atenção significa não estar preso a uma intenção, um projeto, uma perspectiva, uma visão ou uma imagem (que sempre nos dão um objeto e encerram o presente em uma representação). A atenção não nos oferece qualquer perspectiva, mas se abre ao que lhe é apresentado como evidência. Atenção é a ausência de intenção. Trata-se de suprimir o julgamento e implica também uma espécie de espera. Se a crítica, para Foucault, é a atenção, também é, de alguma forma, uma arte da espera. Em francês *attendre* é também esperar. E, de acordo com Rossellini, para que o cinema possa capturar algo do real é essencial saber esperar, ter paciência.

Estar atento implica a neutralização da vontade de submeter-se a um regime de verdade (e seus tribunais) e implica também o esgotamento da energia com a qual o sujeito (também o sujeito do conhecimento) se projeta no objeto. Essa forma de atenção implica uma maneira de estar presente, na qual o sujeito se coloca em movimento e adia qualquer expectativa de benefício. Nesse sentido, a atenção é sempre generosa. Como escreveu Simone Weil (1999), a atenção é a forma mais escassa e, ao mesmo tempo, a mais pura de generosidade.

A necessidade de uma pedagogia pobre

> *"A fome aguça meus olhos"*
> Rocinante, em *Dom Quixote de La Mancha*,
> de M. de Cervantes Saavedra,

A investigação e-ducativa, essa que nos faz abrir nossos olhos e nos separa de nós mesmos, abrindo-nos um espaço possível de transformação, não se sujeita a um método nem obedece às regras e procedimentos compartilhados por uma determinada comunidade (comunidade científica, ou comunidade de seres racionais, ou daqueles que se submetem aos acordos da fala comunicativa). Não requer uma metodologia rica, mas implica uma pedagogia pobre que possa nos ajudar a estar atentos e nos proporcione a prática de um *ethos* ou atitude, em vez das normas de uma profissão, os padrões de códigos de uma instituição, as leis de um reino, as histórias e ideais de uma mente "no livre espaço aéreo do sonho" (Benjamin). Por isso, o convite a caminhar não é a mesma coisa que exigir obediência a certas normas, procedimentos ou leis como, por exemplo, as de um método que funciona como um tribunal, como garantia para alcançar respostas válidas, ou, também, aquilo que Habermas chama recorrentemente de as condições da razão comunicativa ou as condições do diálogo.

A investigação e-ducativa requer uma pedagogia pobre, uma arte pobre: a arte da espera, do movimento, do "estar presente". Uma arte tão pobre é, em certo sentido, cega (não tem nenhum destino, nenhum objetivo, não vai a lugar nenhum, nem se preocupa com nada "mais além", não aspira a nenhuma terra prometida). Em certo sentido, também é surda (não pode ouvir interpelações, nem serve às leis) e muda (não tem lições a dar, ensinamentos a oferecer). Tampouco oferece nenhuma possibilidade de identificação (pode-se dizer que a posição do sujeito – de educador ou aprendiz, professor ou aluno – está vazia), nem qualquer conforto.

Uma pedagogia pobre convida a sair pelo mundo, a se expor, ou seja, a colocar-se em uma "posição" débil e incômoda, e fornece recursos e apoio para fazê-lo. Em minha opinião, oferece meios para a experiência (em vez de explicações, interpretações, justificativas, representações, histórias, critérios, etc.), meios para tornar-se atento. A atenção, segundo Weil, é o que mais importa na educação. Mas trata-se de meios pobres, insuficientes, defeituosos, carentes de significação (como caminhar ou copiar), meios que não remetem a qualquer finalidade. Portanto, são meios puros, pistas que não levam a lugar nenhum e que, portanto, podem nos levar a qualquer lugar: uma espécie de *passe-partout*.

Uma pedagogia pobre oferece meios que nos tornam atentos, que suprimem ou desabilitam (mesmo que temporariamente) a nossa vontade de nos submeter a um regime de verdade ou procurar uma vantagem ou benefício. Uma pedagogia pobre não promete benefícios. Não há nada a ganhar, nenhuma lição a aprender. Mas, em certo sentido, uma pedagogia pobre é generosa: dá tempo e espaço, o tempo e o espaço da experiência.

Uma pedagogia pobre não vigia, nem supervisiona ou controla. Não guarda nenhum reino (o reino da ciência, da racionalidade, da moral, da humanidade, etc.). Não impõe condições de acesso. Simplesmente convida a caminhar, a sair pelo mundo, a copiar o texto, ou seja, a se ex-por. Caminhar significa literalmente deixar para trás o conforto de casa e entrar no mundo entendido como um lugar que não pertence a ninguém, que não tem porta de acesso que necessite ser vigiada. Para entrar no mundo basta se esforçar (caminhar, copiar). O que é necessário é a vontade de se mover e de esgotar a energia da projeção e da apropriação (que cria continuamente sua própria ordem ou o seu próprio "lar"). Mas é um esforço concreto que disciplina o corpo e o espírito, não para a normalização e o posicionamento, mas, justamente, para o enfraquecimento de qualquer posição. Caminhar e copiar são atividades que exigem grande disciplina física, são práticas e-ducativas que resultam na experiência e na exposição. Mas envolvem depor o conforto de uma posição (essa posição que nos dá uma orientação, uma boa intenção, uma consciência, um saber, uma explicação, uma história).

Uma pedagogia pobre é uma pedagogia que diz: "Olhe! Não deixarei sua atenção vacilar, não deixarei que se distraia. Olhe! Não busque ou espere emoções, histórias, explicações. Olhe!". Uma pedagogia pobre força o olhar, mas para fazê-lo não impõe nenhuma perspectiva, nem a "motiva" ou lhe dá razões, mas simplesmente oferece trajetos como linhas arbitrárias (caminhos, as linhas de um texto). Uma pedagogia pobre oferece as incisões, as linhas que atraem, prendem, mobilizam e desviam o olhar. Mas essas linhas não fixam o olhar nem o determinam oferecendo-lhe uma perspectiva. Essa pedagogia não apresenta nenhum horizonte, não oferece tradições nem representações, mas desenha uma linha como um corte, como a abertura de uma incisão. Essa linha não tem a intenção de mostrar nenhuma cena nem qualquer representação, mas faz uma incisão através da qual o visível se mostra por si mesmo, como um *passe-partout*: algo que pode ser utilizado em todas as circunstâncias e, ao mesmo tempo, é uma moldura (de cartão, madeira, etc.) para demarcar um retrato ou uma imagem. Por conseguinte, a incisão não é nem uma representação nem uma reflexão. O que aparece, ou é revelado, ao longo dessa linha arbitrária, não é um mundo desfigurado e caótico que precise de uma perspectiva certa, uma visão correta, uma descrição fiel ou uma explicação convincente. A linha é uma abertura praticada no mundo e se abre sobre este. Então, percorrer uma linha arbitrária não requer um destino ou uma orientação que poderiam dar-lhe um sentido. Atravessar uma linha arbitrária é, simplesmente, uma abertura ao mundo. Caminhar ao longo dessa linha é caminhar sem um programa, sem objetivo, mas, sim, com uma carga, com uma responsabilidade: o que há para ver, ouvir, pensar?

Uma pedagogia pobre fornece meios para atingir o estado vulnerável e desconfortável da ex-posição. Quando sai dessa ex-posição, o olhar muda novamente, volta a se relacionar com objetos (e metas), e obtém conhecimento no lugar da experiência. (Não duvido do valor do conhecimento, mas a investigação e-ducativa não busca conhecimentos que levem à compreensão, senão um corte, uma abertura, que traga a possibilidade de autotransformação). Uma pedagogia pobre fornece os meios para perder a posição, de modo que a alma possa submeter-se ao caminho percorrido a pé ou ao texto que se copia. Copiar, como caminhar, é seguir um trajeto sem mapas, sem a orientação de ideias ou (hipó)teses que dirigem quem lê ou voa.

Uma pedagogia com essas características apresenta o mundo, oferece a "evidência" do mundo:

> Não o evidente como aquilo que simplesmente existe (absoluta ou empiricamente...), mas o que é evidente porque aparece quando alguém olha. [...] [Isto] está longe de uma visão que somente visa (que só olha "para ver"): o evidente se impõe potenciando o olhar. [...] A evidência tem sempre um ponto cego no centro de sua própria obviedade: assim se impõe ao olho. O ponto cego não rouba a visão do olho; ao contrário, abre o olhar e a força, obriga-o a olhar (Nancy; Kiarostam, 2001, p. 18).

Essa pressão sobre o olhar é a que exerce a pedagogia pobre, que empurra e puxa. E o ponto cego seria a linha (arbitrária) que se abre para o olhar. Uma pedagogia pobre refere-se à necessidade de olhar e usar os olhos; à evidência que se dá a um olhar mobilizado, um olhar que presta atenção ao mundo e a sua verdade. Porém se trata de uma verdade que não trata da realidade, nem do mundo, mas que provém dela. Portanto, não é uma verdade que se encontra nas ideias, nas teses, nas representações ou nos conhecimentos, mas na experiência. Uma pedagogia pobre tenta recriar a realidade (que não é óbvia), trata de fazê-la real, de fazê-la presente, para que possamos olhá-la e prestar atenção a ela. Uma pedagogia pobre não captura nem dirige o olhar, mas requer sua atenção, o mobiliza e estimula, tirando-o, arrastando-o para que possa ser seduzido e tocado pelo evidente. E o evidente não é o que simplesmente existe, mas o que "aparece" quando o olhar presta atenção no presente em vez de julgá-lo.

Caminhar implica a possibilidade de uma transformação. Portanto, o sujeito do caminhar é o sujeito da experiência e, assim, em certo sentido, não é nenhum sujeito (com objetos e objetivos). Em outras palavras, o sujeito da experiência e da atenção é um sujeito de um tipo especial, extraordinário. Não só não se submete ao tribunal da investigação científica, da fala comunicativa, e do diálogo com vista a um acordo, mas é coagido pelo presente, e se deixa conduzir por ele. Benjamin disse que quem caminha, como quem copia, não se submete "aos movimentos de seu eu no livre espaço aéreo do devaneio" (isso é o que faz o leitor que compreende e interpreta: ouvir as ordens de seu eu). Nesse sentido, o olhar daquele que caminha é libertado do "eu", não é mais subjetivo ou privado, mesmo que seja, sem dúvida, pessoal (e ligado a um corpo), e, portanto, implique ou envolva "a nossa alma". Isso é precisamente o que está em jogo na investigação e-ducativa: a abertura de um espaço existencial, de um espaço de liberdade prática: a nossa alma.

Referências

BENJAMIN, W. Rua de mão única. In: *Rua de mão única*. Tradução de Rubens Rodrigues Torres Filho. 5. ed. São Paulo: Brasiliense, 1995. p. 9-69. (*Obras escolhidas, v. II*)

FOUCAULT, M. Michel Foucault et l'Iran. *Le Matin*, n. 647, 26 mar. 1979, p. 15. (Réponse à C. et J. Broyelle, "À quoi rêvent les philosophes?". *Le Matin*, n. 646, 24 mar. 1979, p. 13.). In: FOUCAULT, M. *Dits et Écrits*.Vol. III. Paris: Gallimard, 1994. p. 762.

NANCY, J. L.; KIAROSTAMI, A. *L'évidence du film / The Evidence of Film*. Brussels: Yves Gevaert, 2001.

WEIL, S. Correspondance avec Joe Bousquet, L'âge d'homme, Lausanne, 1982. In: *Œuvres*, sous la direction de Florence de Lussy. Paris: Gallimard, 1999.

Sobre o preço da pesquisa pedagógica[1]

Tradução de Román Goldenzweig
e Anadelhi Figueiredo

1.

O seminário de La Bâtie reuniu pesquisadores que estavam dispostos a aceitar uma certa falta de conforto e a pagar um certo preço. Esses pesquisadores não compartilhavam uma mesma metodologia nem um mesmo marco referencial, embora todos eles estivessem inspirados por alguns textos comuns. Também não formavam uma comunidade científica determinada, nem se identificavam com uma mesma tradição ou escola de pesquisa. Não se reuniram como "pares" que se submetem aos mesmos requisitos de cientificidade, que se reconhecem como representantes da mesma razão (ou do mesmo tribunal da razão), que compartilham a mesma linguagem ou o mesmo código (racional) no interior do qual podem falar e contestar. Não pretendiam argumentar ou demonstrar propostas ou posições, senão expressar pensamentos e falar a partir de experiências (e não sobre elas). O que os reunia era uma espécie de curiosidade (palavra derivada do latim *cura*, cuidado) cuja prioridade não são os novos conhecimentos, mas que se refere, antes bem, a uma preocupação ou um interesse comum pelo presente de que fazem parte como pesquisadores. Trata-se de uma preocupação cuja pretensão não é acumular conhecimentos acerca

[1] Sobre el precio de la investigación pedagógica. In: MASSCHELEIN, J.; SIMONS, M. (Eds.). *Mensajes educativos en tierra de nadie*. Barcelona: Laertes, 2008. p. 129-146.

do presente, nem criar uma ordem explicativa e determinar sua validade e seus limites. Essa preocupação está vinculada propriamente a uma disponibilidade para não saberem quem são, o que pensam, e o que fazem; a uma disponibilidade para abandonar a comodidade intelectual e existencial (ou sua busca); e, portanto, de certo modo, a uma disponibilidade para colocar a si próprio em questão (seu pensamento e os limites de seu pensamento), ou seja, uma disponibilidade para pagar um preço determinado. Dito de outro modo, tratava-se de uma espécie de problematização do que significa "nós hoje", neste preciso momento, e do pertencimento a esse "nós" e a esse "presente". Em nossa opinião, justamente por isso gerou-se um tipo determinado de pesquisa pedagógica: uma pesquisa com um sentido educativo ou formativo. Tentemos esclarecer esta ideia de "pesquisa formativa". A pesquisa formativa é um tipo de pesquisa pedagógica e dá um certo conteúdo ao termo "pedagógico". No entanto, é importante destacar que esse termo possui dois significados. Por um lado, "pedagógico" é genitivo do objeto e remete a um campo de pesquisa: a uma pesquisa acerca do campo educativo (a escola, a criança, a aprendizagem, o currículo, os professores, a educação fora da escola, etc.). Por outro lado, como genitivo de sujeito, o termo "pedagógico" remete à natureza da pesquisa em si: à dimensão educativa ou formativa da própria atividade de pesquisa. Aqui, tratamos deste segundo significado, da dimensão formativa ou educativa da pesquisa pedagógica. Neste segundo significado, além do mais, o termo "pedagógico", no sentido de "educativo" ou "formativo", volta a ter uma dupla vertente: por um lado pode se referir ao sentido formativo ou educativo da pesquisa para o próprio pesquisador (e, se for o caso, para os estudantes ou educadores que participam da pesquisa) e, por outro lado, o termo "pedagógico" também pode se referir ao sentido formativo ou educativo da pesquisa para os demais (como estudantes ou educadores). Todos esses sentidos estarão presentes em nossa exploração daquilo que é a pesquisa pedagógica formativa.

Mas nossa exploração parte de outra hipótese de trabalho: queremos distinguir entre duas tradições de pesquisa.

Esta distinção não se baseia na metodologia, como no caso de pesquisa quantitativa *versus* qualitativa, ou empírico analítica *versus* interpretativa. Como hipótese de trabalho, e inspirados por Foucault, propomos que a distinção entre essas duas tradições de pesquisa se dê no lugar e no significado que tem, em cada uma delas, o que poderíamos chamar de "acesso à verdade": Baseado em quê pode-se obter o acesso à verdade? O que significa "verdade"? Baseado em qual significado da palavra "verdade" o pesquisador pode ser capaz de falar com propriedade? Segundo uma certa tradição, a qual nos interessa aqui, o acesso à verdade requer a transformação do eu. Então, a transformação do pesquisador é imprescindível para poder se obter a verdade, um certo tipo de verdade. A outra tradição, mais conhecida, propõe que é o conhecimento o que nos permite obter a verdade, que se há de cumprir determinadas condições para adquirir conhecimentos verdadeiros, mas que a transformação do pesquisador não é uma delas. Enquanto a primeira tradição defende que para poder falar com propriedade o pesquisador deve ter vivido um processo de transformação, a segunda concede mais importância às condições que configuram o campo do conhecimento. Ambas as tradições propõem, portanto, que o "acesso à verdade" requer que se pague um preço. Mas este preço se situa em lugares distintos: ou bem em uma transformação do eu, ou bem na apropriação de um conhecimento ou de um saber sujeito a determinadas condições.

A partir dessas hipóteses de trabalho podemos reformular nossa pergunta deste modo: que preço pagamos pela pesquisa formativa ou pela capacidade de falar com propriedade? Que preço, ou melhor, que tipo de preço nós estamos dispostos a pagar? Naturalmente, ao dizer "nós" não nos referimos somente a "nós enquanto pesquisadores", mas também a "nós enquanto educadores ou estudantes" e, inclusive, a "nós enquanto sociedade, governo ou universidade".

2.

Em nossa sociedade, definida como sociedade do conhecimento, já conhecemos a concepção da pesquisa como "produção de conhecimento". O pesquisador é um produtor de conhecimentos e a pesquisa científica é uma produção de conhecimentos científicos. Com o termo "científico" qualifica-se, aqui, a produção de conhecimentos baseados na qualidade do produto de conhecimento suposto: conhecimento válido. Para que um conhecimento seja válido, devem ter-se cumprido determinadas condições durante sua produção. Tradicionalmente, e em nível abstrato, podemos estabelecer uma diferença entre as condições internas e as externas para a produção do conhecimento científico (válido).

As condições internas referem-se à metodologia (às normas formais de um método) e à estrutura do objeto de conhecimento que se pesquisa. Trata-se de condições relativas à "validade" do conhecimento. No entanto, as condições externas são regras sociais, normas e valores que o pesquisador deve cumprir para poder gerar conhecimento de um modo que resulte "fiável". Por exemplo, podemos citar condições culturais, como haver estudado um curso superior e adscrever-se ao consenso científico; ou normas morais, como o esforço, tratar de não confundir nem enganar os outros, trabalhar segundo uma combinação aceitável entre interesses financeiros e interesses de *status* e carreira, por um lado, e normas ideais da pesquisa desinteressada por outro.

Essas condições não são exaustivas, têm evoluído e, além disso, também pode haver combinações entre elas. Assim, por exemplo, pode-se combinar condições internas e culturais e afirmar-se que (a produção de) conhecimento válido depende daquilo sobre o qual está de acordo a comunidade científica em um momento determinado. O que queremos dizer com tudo isso é que são essas as condições que determinam que preço será pago para produzir conhecimento científico. Em princípio, qualquer um que esteja disposto a pagar esse preço e que cumpra tanto as normas internas da pesquisa quanto as condições externas da atividade pesquisadora pode produzir conhecimento.

Partindo desta base podemos descrever uma determinada tradição de pesquisa pedagógica, a que hoje é dominante.

Nessa tradição, o objetivo da pesquisa pedagógica é produzir conhecimentos científicos sobre aspectos concretos da realidade educativa. O interesse da pesquisa pedagógica na realidade educativa centra-se em campos e objetos de conhecimento: aqueles campos e objetos sobre os quais se produz conhecimento verdadeiro. A partir daí, essa pesquisa pode ser qualitativa ou quantitativa, empírico-analítica ou interpretativa, ter finalidade prática ou ser teórica ou fundamental.

Como ciência prática, este interesse pelo conhecimento está ligado a um interesse de otimização. O que se pretende é a otimização da prática educativa a partir do conhecimento válido. Essa otimização pode assumir distintos aspectos: formar pedagogos com uma base de conhecimentos científicos ou proporcionar conhecimentos científicos relevantes para a prática educativa. Além disso, o conhecimento pode ser relativo a distintos aspectos da prática educativa, da fixação de seus objetivos até a determinação de seus meios e suas técnicas. Em ambos os casos, a otimização da prática educativa a partir da produção científica de conhecimentos desempenha um papel principal. E a sociedade está disposta a pagar um preço para essa otimização da prática educativa a partir de conhecimentos procedentes da pesquisa.

Segundo essa tradição, o pesquisador é quem gera e acumula esses conhecimentos. Para ele, o significado formativo ou educativo da pesquisa pedagógica é justamente enriquecer-se em conhecimentos. Esse enriquecimento se faz sobre a base de um progresso infinito ou de uma transformação constante do conhecimento. Além deste benefício, o pesquisador também é responsável por pagar o preço da produção de conhecimento de um ponto de vista social ou psicológico: o status adquirido ou a satisfação obtida por gerar conhecimento ou por otimizar com êxito a prática educativa a partir desse conhecimento.

Como professor, o pesquisador é aquele que transmite aos estudantes esse conhecimento (assim como as condições internas e externas de sua produção), quem faz com que os estudantes participem da pesquisa, e quem oferece maneiras de trabalhar nas quais se simula e estimula a produção de conhecimento. Nessa tradição, podemos situar o significado formativo que a pesquisa pedagógica tem para o estudante: apropriar-se das condições internas e externas da produção de conhecimento válido e verdadeiro é o preço que se paga para poder falar com propriedade sobre a realidade (educativa). Em outras palavras: o estudante é aquele a quem, em princípio, pode-se permitir o acesso à verdade, aquele que mostra uma boa disposição para aprender as condições internas e conformar-se com as externas, aquele a quem se pede que faça um determinado esforço e que, ao fim de um período de tempo, será avaliado segundo os critérios derivados das condições internas e externas da pesquisa.

Finalmente, o pesquisador é, enquanto intelectual ou provedor de serviços, quem, graças aos seus conhecimentos científicos, pode falar com propriedade na sociedade, na prática educativa e perante os educadores. Esta capacidade intelectual consiste, de certo modo, em "falar criticamente" a todo momento, porque o pesquisador tem pagado um preço por seus conhecimentos e pela capacidade de falar com propriedade, um preço que outros, na prática, não têm pagado. Com "crítico" nos referimos às condições para a produção científica de conhecimentos, em comparação com o conhecimento que não tem pagado esse preço (como os conhecimentos derivados de experiências, as opiniões, a fé ou as crenças não examinadas). Por isso, o pesquisador, enquanto intelectual, tem uma função (explícita ou implícita) de juízo crítico: uma aproximação à prática sempre e quando o conhecimento apresentado cumpra as condições (especialmente internas) para o conhecimento válido. Aqui, a sociedade, a prática educativa e os atores educativos são os que devem aplicar à prática o conhecimento que lhes é fornecido com propriedade.

Em resumo, poderíamos tipificar essa tradição de pesquisa pedagógica como um acesso à verdade baseado em e dirigido ao conhecimento. Nessa tradição, o caráter pedagógico da pesquisa vem determinado em todos os sentidos por aspectos cognitivos (tanto formais quanto substanciais).

3.

A familiarização com a pesquisa pedagógica que esboçamos pode nos fazer perder de vista que se trata de uma determinada tradição ou uma figura da pesquisa pedagógica determinada, embora possamos afirmar que as ciências pedagógicas atualmente dominantes coincidem até certo ponto com essa figura. As ciências pedagógicas, enquanto fazem com que o acesso à verdade dependa do conhecimento e vinculam o preço da verdade às condições relativas à produção do conhecimento, têm se institucionalizado na universidade. Ao falarmos de outra tradição não nos referimos tanto a uma tradição que se tenha desenvolvido paralelamente e ao mesmo nível que esta, mas a uma tradição que tem estado à sua sombra, à margem, uma tradição que irrompe, intermitentemente, ao longo da história. No entanto, o que ocorre é que as ciências pedagógicas baseadas no conhecimento e orientadas ao conhecimento gozam de uma posição dominante e explicam principalmente a história de sua própria existência (com a qual tornam a justificar sua exclusividade). Por isso, a outra tradição não somente fica à margem, mas também fica desqualificada enquanto não científica, não universitária, como um saber que não cumpre as condições internas e externas da produção de conhecimento pedagógico. Por isso, nossa tipificação dessa outra "tradição" é sobretudo fragmentada e tentativa, tende mais à criação de um espaço para respirar, e talvez seja precursora de uma figura futura, resgatando da poeira um passado e discutindo-o. Em resumo, trata-se de uma tradição que não podemos assegurar que seja atual.

A ideia é mostrar que, nesta outra tradição, o acesso à verdade a partir do conhecimento não desempenha um papel central, mas que o acesso à verdade se produz a partir de uma transformação do eu. Nesta tradição, a pesquisa e o estudo têm a ver, em primeiro lugar, com a mudança de uma condição de existência do pesquisador, isto é, são uma questão existencial. Em segundo lugar, nesta outra tradição, não é apenas a relação entre conhecimento e verdade que desempenha um papel básico, a relação entre ética e verdade também o faz. Já que o termo ética pode provocar bastante confusão, devemos distinguir entre ética e moral, e, para isso, faremos uma pequena excursão histórica.

4.

Reservamos o termo "moral" para nomear uma série de normas de comportamento. Por exemplo, na pesquisa pedagógica baseada no conhecimento (a tradição dominante), pode-se falar em várias regras de comportamento morais ou, mais especificamente, numa deontologia científica. Trata-se de regras externas que o pesquisador deve cumprir na produção de conhecimento. Entretanto, a ética refere-se à maneira como alguém se transforma em um sujeito ético, à maneira de dar forma a um modo de ser determinado, como se dá forma e sentido à vida. Tomando emprestado um conceito dos últimos trabalhos de Foucault (e sua análise da Antiga Grécia), podemos dizer que a ética tem a ver com o "cuidado de si". Esse cuidado de si era um antigo ideal pedagógico, como se depreende, por exemplo, do diálogo *Alcibíades I*, de Platão, em que lemos como Sócrates pede a Alcibíades que cuide principalmente, e sobretudo, de si próprio, porque somente pensa em cuidar dos demais (por exemplo, em ser ativo politicamente e querer governar os outros). Sócrates disse, explicitamente, que para cuidar dos outros não se necessitam muitos conhecimentos. Não que Alcibíades tivesse que aprender muitas coisas antes de ser capaz de governar os outros: o que se necessita é cuidar de si mesmo. Em outras palavras, este chamamento a cuidar de si e a ocupar-se de si não entra em contradição com o cuidado dos demais, mas é um requisito para tanto.

Na Antiguidade, o cuidado de si foi uma preocupação ética permanente que superou a esfera pedagógica propriamente dita. Esse cuidado de si implica, em primeiro lugar e acima de tudo, uma determinada atitude: relacionar-se de certo modo consigo próprio, mas também com os demais e com o mundo. Além disso, esse cuidado de si tipifica-se como uma espécie de atenção. É uma atitude de atenção, de estar atento a si próprio, de concentração em si mesmo, nos próprios pensamentos e ações. Não consiste em saber quem se é (não se trata de nenhum conhecimento de capacidades, necessidades, desejos, pontos fortes e fracos), mas, nas palavras de Sócrates, em "ocupar-se da alma". E a alma aqui não é algo, não é uma substância ou uma coisa (uma espécie de eu profundo), mas o nome do eu que vive, pensa e age, o sujeito da existência. O cuidado de si inclui, além disso, a realização de várias atividades ou ações relativas ao eu que objetivam mudá-lo. Trata-se de determinados exercícios (por exemplo, purificação do pensamento, memorização, meditação, escrita e leitura) nos quais se trabalha especificamente a relação do eu com o eu. O termo "ascese" remete tradicionalmente ao conjunto dessas técnicas de cuidado de si. Neste sentido, ascese não tem tanto a ver com uma negação (cristã) do eu (em função de uma forma de vida de renúncia ascética), mas se refere a uma série de práticas que têm um efeito ativo ou de transformação do eu. O objetivo desse cuidado de si, dessa relação de cuidado consigo mesmo, é o domínio de si, um domínio que deve se alcançar mantendo uma atitude atenta para consigo (e os demais).

Este domínio de si consiste, concretamente, em uma coincidência das ações e das ideias, em mostrar mediante as ações o que se pensa e o que se diz. É-se dono de si quando se é capaz de agir "corretamente". E por "corretamente" não se deve entender (como na outra tradição) que as ações e palavras estejam baseadas em conhecimentos certos ou válidos. Na outra tradição, o que determina o que é o correto é o conhecimento. Aqui, pelo contrário, a "correção" situa-se no nível do comportamento e das ações de alguém. (Re)conhece-se que uma pessoa diz a verdade quando presta atenção a si mesma de um modo determinado, quando mostra um domínio de si que se concretiza em suas ações e em seus pensamentos, e quando seus atos e suas palavras estão inspirados por sua verdade. Portanto, nesta tradição, a capacidade (ou o reconhecimento da capacidade) de falar com propriedade não está vinculada às condições internas e externas do conhecimento enunciado, senão às condições existenciais e éticas. Falar com propriedade não se refere a submeter (à discussão) conhecimentos (exteriores), mas, sim, a se expor a si e a seus valores determinantes. O que está em jogo não é só aquilo sobre o que se fala, mas quem fala, como no caso de Sócrates. Na *Apologia* escrita por Platão, Sócrates afirma que deve apresentar-se perante o tribunal dos atenienses porque diz a verdade. Mas isso não significa que seja um erudito, já que, segundo afirma, só sabe que nada sabe. De fato, o que garante a verdade de suas palavras é a vida de pesquisa que leva ou tem levado: o fato de haver se ocupado constantemente de sua "alma" e não de obter riquezas, bens ou honrarias, ou de haver calculado seus atos segundo a possibilidade da vida ou morte. Sócrates diz a verdade porque teve uma existência virtuosa. Por isso pode dizer: "[...] e porque estou dizendo a verdade apresento o melhor e o mais verdadeiro dos testemunhos: minha pobreza". Ter acesso à verdade exige o cuidado transformador de si ou, dito de outro modo, certa estilização da existência. Por isso, tanto o conhecimento quanto a verdade têm, nessa tradição, um significado específico.

É importante destacar que este domínio do eu ou este cuidado de si não estão relacionados com o conhecimento. Este domínio do eu não se baseia no conhecimento verdadeiro nem em levar em conta certas condições ao nível do conhecimento. A relação de cuidado é primordial, e só em função dela o conhecimento pode desempenhar um papel. Pode tratar-se de conhecimento de si próprio ou de conhecimento do mundo, mas, sempre, que este conhecimento esteja orientado a cuidar de si. O importante é uma espécie de transformação do eu direcionada ao domínio do eu, na qual o conhecimento verdadeiro se assimilou ou incorporou no princípio da ação. Trata-se de uma verdade "incorporada". Por isso, a verdade (ou conhecimento verdadeiro) à que se pode ter acesso no cuidado e no domínio de si é algo "esclarecedor" e que tem um "efeito redentor". Esse efeito redentor ou esclarecedor da verdade afeta, portanto, a quem se transforma a si próprio ao ter acesso a ela. Em primeira instância, ninguém mais pode ou deve ser "salvo" ou "esclarecido" mediante essa verdade. Por isso alguém que é dono de si está na verdade, sua vida é "verdadeira" ou está "inspirada pela verdade". É alguém que aplica a verdade a sua própria vida e tenta mantê-la ao longo de toda sua vida, alguém inspirado pela verdade em todas as suas ações.

Um último ponto que devemos destacar é a relação entre alguém que é dono de si e os demais. Trata-se da relação pedagógica do "mestre". Como já propusemos, este tipo de mestre não considera como sua tarefa transmitir conhecimentos válidos aos outros. Portanto, não se dirige aos demais como se fossem pessoas que devessem justificar seus conhecimentos baseados em condições internas e externas, e logo adaptar seus atos a esses conhecimentos. O mestre (e, aqui, novamente Sócrates é o exemplo por excelência) interpela os demais para que se ocupem de si próprios, para que adotem uma atitude atenta e de cuidado consigo, para que trabalhem sobre si mesmos e, finalmente, para que consigam o domínio de si. O mestre erige-se como "pedra de toque" em que os demais se apoiam para averiguar em que grau são donos de si, em que medida coincidem seus conhecimentos e seus atos, seus princípios e seus comportamentos, ou em que medida são capazes de agir "corretamente". Em outro diálogo de Platão, o *Laques*, descreve-se Sócrates como aquele que te responsabiliza por teu estilo de vida atual e anterior. Portanto, não se trata de uma "pedra de toque" para determinar se os outros dispõem de conhecimento adequado (e, por consequência, têm acesso à verdade), mas para determinar o grau do cuidado e do domínio de si.

Pode-se desempenhar este papel mostrando o que significa cuidar de si próprio e propondo exercícios e técnicas em que esse cuidado pode tomar forma. Mas, também, pode-se falar sobre o que se opõe ao cuidado e ao domínio de si. Assim, perfila-se como pessoa que diz a verdade aquele alguém que mostra como as ânsias de poder e de riqueza dificultam ou até impossibilitam o domínio de si. Segundo o próprio Sócrates, é por haver feito isso que os atenienses o condenaram à morte. Deste ponto de vista, falar com propriedade não consiste em tratar de transmitir conhecimentos verdadeiros a partir dos quais os ouvintes possam compreender melhor sua situação e dispor de uma base de conhecimentos válida para otimizar seus atos. De fato, falar com propriedade não significa falar julgando (avaliando) em nome do conhecimento válido (ou baseado nas condições desse conhecimento), mas significa falar convidando e inspirando em nome do cuidado de si. Nesse sentido, falar com propriedade se dirige a mudar os ouvintes e a deixá-los atentos: trata-se de um falar que funciona como oferta ou um convite para trabalhar consigo e ocupar-se da "alma".

5.

Esta excursão histórica pode parecer distante de nossa intenção de chamar a atenção sobre outra tradição de pesquisa pedagógica ou formativa. Entre outras coisas, porque na Antiga Grécia não existiam as ciências pedagógicas nem a pesquisa pedagógica no sentido que lhes damos hoje em dia. Ou também porque, atualmente, o conceito de "domínio de si" parece antiquado e vazio. Apesar dessas diferenças, cremos que é possível, partindo do que havíamos dito antes, chamar a atenção sobre outra tradição de pesquisa pedagógica, com outra dimensão "educativa" ou "formativa", e atualizar o motivo do "domínio de si". Para tudo isso é importante que termos como "pedagógico" e "pesquisa" tenham um significado muito específico. Por isso, e antes de explorar o outro sentido, devemos reformular algumas das características da primeira (e dominante) tradição nos termos em que descrevemos (as raízes da) a segunda.

Como dissemos, o termo "pedagógico" da expressão "pesquisa pedagógica" tanto pode se referir ao campo de conhecimento da pesquisa como ao sentido formativo da mesma. Na primeira tradição, ambos os sentidos podem se distinguir claramente e, para isso, o fio argumentativo é o papel central do conhecimento, da produção de conhecimento e das condições internas e externas dessa produção. A seguir, e à luz da excursão anterior, podemos mostrá-lo esquematicamente.

O ponto de partida da primeira tradição é que, na prática, a "mestria" pedagógica deve basear-se em conhecimentos válidos: é uma perícia ou uma arte pedagógica baseada em conhecimentos verdadeiros. Neste tipo de "mestria" ou perícia, a relação do eu consigo mesmo está vinculada ao conhecimento verdadeiro. O conhecimento é a base tanto da "ciência" pedagógica quanto da "capacidade" ou competência pedagógica: poder educar, instruir, dirigir os outros da melhor maneira.

Estudantes ou educadores são capazes, em princípio, de basear sua "mestria" (ou, se for o caso, a tarefa de cuidar dos outros) no conhecimento verdadeiro. Não há condições ético-existenciais vinculadas ao acesso a esse conhecimento verdadeiro. Deixar que a compreensão (prévia) e o entendimento não científicos se convertam em uma compreensão e em um entendimento científicos não implica nenhuma transformação do modo de existência do estudante ou do professor. Embora, certamente, a transformação do conhecimento prévio em ciência, e do sujeito cognitivo em sujeito atuante, podem requerer certo exercício e algum tipo de cuidado de si. Mas este cuidado de si está relacionado com a perícia ("mestria") baseada no conhecimento e orientada, fundamentalmente, ao cuidado dos outros.

Nesta tradição, a "mestria" pedagógica "verdadeira" ou "real" aparece quando se obtém o acesso à verdade (ou a uma perícia real) a partir da produção de conhecimentos que cumpram determinadas exigências internas e externas. A pesquisa pedagógica e suas condições internas e externas constituem o preço que o pesquisador (os estudantes, os educadores) paga para ter acesso a essa perícia e dispor desse conhecimento e dessa ciência. Ao pesquisador não se colocam condições ético-existenciais para poder obter a verdade. Isto significa, concretamente, que a transformação de si não é uma condição necessária para a produção de conhecimentos sobre a realidade educativa. E inversamente: os conhecimentos baseados na pesquisa não têm nenhuma função no cuidado de si do pesquisador nem em seus esforços por conseguir o domínio de si. Para ele, o acesso à verdade não tem nenhum valor "esclarecedor". O esquema é o seguinte: o pesquisador é quem produz o conhecimento válido sobre a realidade educativa; o pesquisador não se transforma ou "esclarece" a si próprio por tal conhecimento, senão que se torna capaz de transformar ou de "esclarecer" a prática sempre e quando o conhecimento prático não seja considerado como um conhecimento válido e, precisamente por isso, tenha que ser investigado para se obter validade.

Portanto, nesta tradição, o especialista científico ou pesquisador pedagógico não é necessariamente um pedagogo ou um educador especialista, nem o inverso. Levando em conta que a relação entre o pesquisador como docente/intelectual e o estudante/o educador é uma relação educativa, [ela] requer perícia pedagógica. Mas já que se trata de uma perícia baseada em conhecimentos, não há outros condicionamentos vinculados a ela senão as condições internas e externas para a produção de conhecimentos e o exercício que se requer para a transformação do conhecimento prévio em conhecimento válido.

Por esses motivos, nesta tradição, o pesquisador pedagógico atua, em um sentido muito concreto, como "pedra de toque" para seus estudantes e outros ouvintes. Pode sê-lo no âmbito das condições internas e externas para a produção de conhecimentos válidos sobre a realidade educativa, ou na medida em que a sua perícia pedagógica esteja baseada em conhecimentos válidos. Posto que o conhecimento desempenha um papel básico, as condições internas constituem, antes de mais nada, uma "pedra de toque" para o conhecimento pedagógico científico. Em primeira instância, é ele quem o põe à prova e o julga. Além disso, ao dizer sua verdade, não se dirige aos estudantes ou aos educadores como indivíduos para quem a relação de cuidado consigo desempenha um papel fundamental, mas se dirige a eles como indivíduos que devem basear a relação consigo no âmbito do conhecimento e, mais concretamente, no conhecimento válido que forma a base da competência pedagógica (que deve entender-se como competência para o cuidado dos demais). Deste ponto de vista, o pesquisador adota com os outros uma atitude crítica (jurídica ou avaliativa) e pede aos demais que adotem essa mesma atitude para consigo mesmos. Suas palavras são um chamamento necessário a ter *expertise* e a conhecer a si próprio e aos demais, e não um chamamento que convide a seguir preocupando-se consigo. Em resumo, isso significa que a pesquisa pedagógica e as ciências pedagógicas em geral remetem ao tempo e ao espaço de produção e avaliação de conhecimentos que se impõem aos educadores para otimizar sua prática a partir do conhecimento científico.

Este esquema da primeira tradição nos termos e conceitos da segunda tradição nos permitirá, a seguir, aprofundar ainda numa segunda tradição atualizada. Por necessidade, nos limitaremos a assinalar alguns elementos concretos de uma possível tradição em gestação.

6.

Na segunda tradição, a pesquisa pedagógica e as ciências pedagógicas em geral são o tempo e o espaço para o cuidado e o domínio de si que a pedagogia se reserva para colocar à prova a "mestria" dos pedagogos. A partir dessa descrição geral, vamos desenvolver mais alguns aspectos.

O ponto de partida da segunda tradição de pesquisa consiste em um mundo prático e em pedagogos (estudantes ou educadores) que querem colocar-se à prova e consideram que o cuidado de si próprio é a condição da ação pedagógica correta. É uma tradição que, antes de mais nada, afirma que a educação e o ensino implicam domínio do eu, que não podemos cuidar de outros se não cuidarmos de nós mesmos em primeiro lugar. Cuidar de si deve desembocar em um domínio de si que permita atuar corretamente na prática educativa. Tendo essa relação de cuidado consigo, não se pode ter como certo e acabado que as ações corretas se baseiam em conhecimentos válidos de caráter geral que garantem que se atuará corretamente em todas as circunstâncias. Para atuar corretamente é necessário ter acesso à verdade, mas a verdade também deve ter acesso ao eu, atingi-lo e transformá-lo. Concretamente, isso significa que, como pedagogos, estamos no presente; que estamos atentos a como atuamos em um espaço e em um tempo determinados; que estamos presentes e continuamos estando no que fazemos e no que desejamos fazer, no que dizemos e no que desejamos dizer. Isso significa que estamos dispostos a confrontar o que pensamos e o que dizemos com o que fazemos e com o que somos, que como pedagogos trabalhamos continuamente em nós mesmos. Mas este trabalho não se refere nem ao estudo nem à produção de novos conhecimentos (processos em que o sujeito não muda, senão que somente mudam seus conhecimentos e, eventualmente, suas habilidades). O trabalho sobre si próprio baseado no cuidado de si é um exercício em que o eu põe em jogo a si mesmo e sofre uma transformação. Podemos tornar mais claro este domínio que se fundamenta no cuidado de si com um exemplo (e, de passagem, balizar com clareza uma perícia embasada no conhecimento).

A maioria dos pedagogos se prepara antes de entrar no espaço educativo (por exemplo, um professor prepara as aulas). Quando se trata de uma perícia baseada em conhecimentos (como na primeira tradição), essa preparação prévia tem um sentido específico. Seu objetivo é adquirir conscientemente uma base de conhecimentos e um plano de ação baseado em conhecimentos para dar um bom encaminhamento à aula. Essa preparação está ligada a regras didáticas baseadas na pesquisa pedagógica. Os professores se preparam para atuar corretamente de um ponto de vista pedagógico-didático e a correção de seus atos assenta-se em critérios baseados no conhecimento. Não obstante na "mestria" pedagógica baseada no cuidado de si (a segunda tradição), do que se trata, em primeira instância, não é tanto de adquirir uma base de conhecimentos, mas de alcançar um estado de atenção e transformação do eu. Aqui, o planejamento, a redação e a leitura também podem ser exercícios preparatórios, mas têm o objetivo de fazer coincidir pensamentos e ações, e de criar um estado de inspiração ou de incorporação da verdade. Aqui, também o conhecimento é importante, mas esse conhecimento é algo que se incorpora. Aqui, exercer o conhecimento não significa aplicá-lo, senão incorporá-lo em certo domínio de si. O professor que cuida de si busca a coincidência entre o que diz e o que faz, e só dessa maneira, somente mediante quem é, pode se converter em "pedra de toque" para os alunos e inspirá-los (assim como convidá-los a cuidar de si próprios). O êxito de uma aula situa-se no nível da inspiração.

Desse ponto de vista, é claro que uma prática dirigida ao cuidado de si e ao domínio inspirado de si requer outra pesquisa pedagógica (isto é, educativa ou formativa) e outras ciências pedagógicas. Em uma primeira instância, essa pesquisa não se dirige à produção de conhecimentos segundo as condições internas e externas que garantem o conhecimento válido. O pesquisador não é aquele que, em nome de certos critérios de valorização, detecta e avalia a perícia ou falta de perícia. Os pesquisadores são, antes de tudo, "pedras de toque". Ou, em outras palavras: a pedagogia dirigida ao cuidado de si e ao domínio de si só "necessita" de pesquisa pedagógica (e de ciências pedagógicas) se funcionar como "pedra de toque" inspirada para uma "mestria" baseada no cuidado. O professor que considera a preparação de suas aulas uma autotransformação cujo objetivo é inspirar os outros não precisa dos conhecimentos de pesquisa que formam a base da perícia pedagógica. Também não necessita de conhecimentos teóricos que precisará transformar em conhecimento prático, nem de uma deontologia pedagógica. Não quer que o abordem como alguém cuja relação (de perícia e "mestria") com o seu eu se baseie no conhecimento (seja válido ou não), mas no cuidado. Em linhas gerais, podemos indicar brevemente como a pesquisa pedagógica (formativa) poderia se relacionar com uma prática educativa com estas características.

Para ser uma "pedra de toque", o pesquisador deve imbuir as suas palavras do sentido formativo da pesquisa. É alguém que tem como certo que há condições ético-existenciais vinculadas ao falar com propriedade. É alguém que se deixa levar pela curiosidade. Porém, segundo o último Foucault, a curiosidade não tem a ver com o conhecimento, mas com o cuidado de si e com a atenção. A curiosidade, portanto, implica uma atitude de cuidado e de atenção para com a realidade educativa e para com o mundo do qual se faz parte enquanto pesquisador. Trata-se de um olhar agudo e concentrado na realidade, no que acontece (hoje) no presente, e trata-se também de uma disponibilidade a não tomar como fato já preestabelecido quem somos e o que fazemos. Neste caso, a reflexividade do pesquisador não está orientada pelo método nem pelas condições que validam a produção do conhecimento, mas é uma forma de pensar disposta a se expor a um saber desconhecido. A prática orientada ao cuidado e ao domínio de si obriga o pesquisador a indicar o que impede o cuidado de si (às vezes, as obviedades do campo ou os conhecimentos adquiridos) e a assinalar possibilidades para o cuidado e o domínio de si.

Mas o preço desta obrigação (um preço que o pedagogo também paga) é que o pesquisador deve mostrar, naquilo que ele é, uma forma particular de "viver o presente". Só então, somente quando suas palavras e seus atos coincidirem e testemunharem cuidado e domínio de si, o pesquisador pedagógico poderá adotar a posição de "pedra de toque" (tanto para os estudantes como para a prática pedagógica). Só então poderá falar com propriedade e animar seus ouvintes a cuidarem de si. O conteúdo de suas palavras (e, portanto, também de sua pesquisa prévia) pode ser muito diverso, mas se refere sempre a possíveis exercícios pedagógicos, a possibilidades e técnicas de cuidado de si, a atividades sociais que impliquem relações de cuidado consigo. Além disso, devido à incorporação deste conhecimento pelo pesquisador, este conhecimento não tem uma dimensão crítico-jurídico-avaliativa, senão inspiradora e atrativa.

7.

Embora tenhamos descrito esta segunda tradição como uma tradição em gestação, cremos que nunca tenha desaparecido completamente e que, talvez, hoje em dia, haja mais espaço do que nunca para uma certa revitalização desta tradição de pesquisa pedagógica entendida como pesquisa formativa ou educativa.

O projeto de von Humboldt, "ideia de universidade", ilustra a preocupação com esta segunda tradição. Em sua época, Humboldt viu-se enfrentando as ruínas de uma universidade estagnada nos antigos princípios escolásticos medievais. Nessa época, as ciências, especialmente as ciências modernas baseadas na pesquisa sistemática, floresciam fora da universidade. O que Humboldt propõe (e elabora com detalhe em seu plano para a Universidade de Berlim) é dar espaço à pesquisa na universidade e orientar a educação universitária baseada na pesquisa. Assim, nasce a universidade pesquisadora moderna, na qual os estudantes também são considerados pesquisadores e onde a educação superior (ao menos idealmente) consiste em participar da pesquisa.

Em certo sentido, esta ideia de universidade significou o nascimento da primeira tradição de pesquisa pedagógica e da ideia de que o acesso à verdade se baseia no conhecimento válido. Mas Humboldt foca também outro assunto, o que ele chama de "a formação geral". E, para garantir essa formação geral, concede um papel fundamental à filosofia. A filosofia, aqui, é a ciência da "verdade do real", e garante a unidade das ciências e da pesquisa. Humboldt se baseia na ideia de que, na filosofia, a verdade pode ter um sentido "redentor" ou "esclarecedor" e que, portanto, os estudantes e os pesquisadores podem formar-se ou transformar-se na relação com essa verdade. Por esses motivos podemos considerar a proposta de Humboldt como uma tentativa de conciliar elementos de ambas as tradições. Partindo da tradição em que o conhecimento, sua validade e acumulação jogam um papel principal, Humboldt indaga se esse conhecimento ainda pode influir na transformação do eu (na formação geral dos pesquisadores e estudantes). Trata-se de compensar a primeira tradição, que havia se convertido em dominante, com preocupações da segunda tradição. Mas já nos tempos de Humboldt começa a ficar claro que a filosofia não pode continuar desempenhando esse papel formativo. A filosofia se converte em uma disciplina de pesquisa, igual às outras, e ocupa-se, basicamente, de elaborar um saber de segunda ordem sobre as condições internas e externas da atividade e da reflexão do conhecimento.

Talvez enfrentemos hoje um desafio semelhante àquele com que se defrontou Humboldt. Em nossa sociedade europeia, a universidade já não é o único lugar em que se gera conhecimento ou se pesquisa. Além do mais, a educação foca principalmente a formação profissional, e a diferença entre a universidade e as instituições de educação superior não universitária já não é tão evidente. Além disso, na sociedade, enquanto sociedade de conhecimento, a perícia baseada em conhecimentos é de vital importância para todo o mundo. Nesta sociedade, dizem-nos, pesquisar é uma tarefa contínua e significa adquirir conhecimentos e habilidades continuamente. O professor ou mestre dessa sociedade é alguém que pode produzir conhecimentos de um modo autônomo e seguindo as normas da arte investigativa. Por esses motivos, a sociedade do conhecimento é uma sociedade habitada por indivíduos cuja relação consigo mesmos se enquadra no conhecimento e na pesquisa (entendida como produção de conhecimento válido).

Nestas condições, a pesquisa entendida como cuidado de si pode estar mais longe do que nunca, e, ao mesmo tempo, perto. Talvez a necessidade e a busca de inspiração jamais tenham sido tão grandes. Por outra parte, cada vez mais, é evidente a falta de fé no efeito emancipador do conhecimento científico e da tecnologia, assim como a sensação de que a perícia (pedagógica) baseada em conhecimentos (que é preciso renovar continuamente) carece de sentido e significado. Em outras palavras: parece que já não estamos dispostos a pagar sem hesitar o preço para obter a verdade através da produção de conhecimentos. É certo que a vantagem desse modelo é que, em princípio, garante que qualquer um possa obter a verdade, e a sociedade do conhecimento o demonstra. Mas o reverso é uma expansão, acumulação ou transformação infinita do conhecimento sem que esse conhecimento implique nenhum sentido inspirador ou transformador. A resposta compensadora de von Humboldt tem pouca utilidade aqui: a filosofia, enquanto aquela que aceita a prioridade da relação de conhecimento, não goza da posição necessária para compensá-lo. Além disso, nas ciências pedagógicas atuais, a filosofia já não é nem pedagogia fundamental nem uma reflexão sobre as condições e princípios que garantem a formação geral do pedagogo.

Por isso, a pergunta "Que significado pode ter hoje a pesquisa formativa?" não é somente teórica, mas tem uma relevância urgente e atual. Hoje em dia existe espaço para perguntar se não deveríamos priorizar a relação de cuidado à frente da relação de conhecimento. Ou, em outras palavras, perguntar se a pesquisa pedagógica formativa não necessita mais do que nunca de condições ético-existenciais. Mas não se trata de fazer uma alegação em favor de compensar com a filosofia a temível cientifização da perícia pedagógica, mas de interceder por introduzir formas de cuidado de si em uma pesquisa pedagógica formativa que, enquanto tal, talvez possa ser chamada também "filosófica". Mas isso implica uma transformação tanto do que hoje se entende por filosofia como do que atualmente se entende por pesquisa pedagógica. Em resumo: a questão é se estamos dispostos a pagar o preço de uma pesquisa pedagógica formativa, incorporada, inspirada e inspiradora, um preço que implica o cuidado e a transformação do pesquisador.

Referências

ADORNO, F. P. La tâche de l'intellectuel: le modèle socratique. In: GROS, F. (Ed.). *Foucault: Le courage de la vérité.* Paris: Presses Universitaires de France, 2002. p. 35-59.

ADORNO, F. P. *Le style du philosophe: Foucault et le dire-vrai.* Paris: Éditions de Kimé, 1996.

BALL, S. J. The Teacher's Soul and the Terrors of Performativity, *Journal of Education Policy*, v. 18, n. 2, p. 215-228, 2003.

BIESTA, G.J.J. Learning from Levinas, *Studies in Philosophy and Education*, v. 21, n. 1, p. 61-68, 2003.

BREW, A.; BOUD, D. Teaching and Research: Stabilising the vital link with learning. *Higher Education*, v. 29, n. 3, p. 261-273, 1995.

BRÖCKLING, U. (2000). Totale Mobilmachung. Menschenführung im Qualitäts- und Selbstmanagement. In: BRÖCKLING, U.; KRASMANN, S.; LEMKE, T. (Eds.) *Gouvernementalité der Gegenwart. Studien zur Ökonomisierung des Sozialen.* Frankfurt am Main: Suhrkamp, 2000. p. 131-167.

CARR, D.; HALDANE, J. *Spirituality, Philosophy and Education.* London/New York: Routledge Falmer Press, 2004.

CARR, W. Philosophy and Education. *Journal of Philosophy of Education,* v. 29, n. 1, p. 55-73, 2004.

COMMISSION OF THE EUROPEAN COMMUNITIES. Strata--Etan Expert Group (E. Bourgeois, Rapporteur). *Developing foresight for the development of higher education/research relations in the perspective of the European research area (ERA).* (Brussels: European Commission, Directorate General for Research, 2002.

DERRIDA, J. *L'université sans condition.* Paris: Galilée, 2001.

FENDLER, L. Teacher reflection in a hall of mirrors: Historical influences and political reverberations, *Educational Researcher*, v. 32, n. 3, p. 16-25, 2003.

FOUCAULT, M. *Breekbare vrijheid: de politieke ethiek van de zorg voor zichzelf* (R. Van den Boorn, P. Thomassen & A. Vincenot, transl.). Amsterdam: De Balie, 1995.

FOUCAULT, M. Entretien avec Michel Foucault. In: DEFERT, D.; EWALD, F.; LAGRANGE, J. (Eds.). *Dits et écrits IV 1980-1988.* Paris: Gallimard, 1980a. p. 104-110.

FOUCAULT, M. Entretien avec Michel Foucault. In : DEFERT, D.; EWALD, F.; LAGRANGE, J. (Eds.). *Dits et écrits IV 1980-1988.* Paris: Gallimard, 1980b. p. 41-95.

FOUCAULT, M. Le sujet et le pouvoir. In: DEFERT, D.; EWALD, F.; LAGRANGE, J. (Eds.). *Dits et écrits IV 1980-1988.* Paris: Gallimard, 1982a. p. 222-243.

FOUCAULT, M. *Histoire de la sexualité 2. L'usage des plaisirs.* Paris: Gallimard, 1984a.

FOUCAULT, M. *Histoire de la sexualité 3. Le souci de soi.* Paris: Gallimard, 1984b.

FOUCAULT, M. *L'herméneutique du sujet. Cours au Collège de France (1981-1982).* Paris: Gallimard, 2001.

FOUCAULT, M. Nietzsche, Genealogy, History. In: RABINOW, P. (Ed.). *The Foucault Reader.* New York: Pantheon, 1984e. p. 76-100.

FOUCAULT, M. *Parrèsia. Vrijmoedig spreken en waarheid.* Amsterdam: Parrèsia, 2004.

FOUCAULT, M. Politique et éthique: une interview. In: DEFERT, D.; EWALD, F.; LAGRANGE, J. (Eds.). *Dits et écrits IV 1980-1988.* Paris: Gallimard, 1984d. p. 584-590.

FOUCAULT, M. Qu'est-ce que les Lumières. In: DEFERT, D.; EWALD, F.; LAGRANGE, J. (Eds.). *Dits et écrits IV 1980-1988*. Paris: Gallimard, 1984c. p. 562-578.

FOUCAULT, M. Vivre autrement le temps. In: DEFERT, D.; EWALD, F.; LAGRANGE, J. (Eds.). *Dits et écrits III 1976-1979*. Paris: Gallimard, 1979. p. 788-790.

FOUCAULT, M. What is Enlightenment? In: RABINOW, P. (Ed.). *Michel Foucault, the Essential Works, Volume 1, Ethics: Subjectivity and Truth*. Harmondsworth: Penguin, 1997. p. 303-319.

GROS, F. Situation du cours. In: FOUCAULT, M. *L'herméneutique du sujet. Cours au Collège de France (1981-1982)*. Paris: Gallimard, 2001. p. 488-526.

HACKING, I. Inaugural Lecture: Chair of Philosophy and History of Scientific Concepts at the Collège de France, 16 January 2001. *Economy and Society*, v. 31, n. 1, p. 1-14, 2001.

HADOT, P. *Qu'est-ce que la philosophie antique?* Paris: Gallimard, 1995.

HOGAN, P. Teaching and Learning as a Way of Life. *Journal of Philosophy of Education*, v. 37, n. 2, p. 207-223, 2003.

HUMBOLDT, von W. Über die innere und äussere Organisation der Höheren Wissenschaftlichen Anstalten (1810). In: ANRICH, E. (Ed.). *Die Idee der deutschen Universität*. Darmstadt: Wissenschaftliche Buchgesellschaft, 1959.

LEVINAS, E. *Anders dan zijn*. Ambo: Baarn, 1991.

LYOTARD, J.-F. *Le différend*. Paris: Les Éditions de Minuit, 1983.

MASSCHELEIN, J. How to Conceive of Critical Educational Theory Today? *Journal of Philosophy of Education*, v. 38, n. 3, p. 351-367, 2004.

MASSCHELEIN, J.; SIMONS, M. An Adequate Education for a Globalized World? A Note on the Immunization of Being-together. *Journal of Philosophy of Education*, v. 36, n. 4, p. 565-584, 2002.

MASSCHELEIN, J.; SIMONS, M. *Globale Immunität oder Eine Kleine Kartographie des europäischen Bildungsraums*. Zürich/Berlin: Diaphanes, 2005b.

MCGUSHIN, E. F. *Foucault's Askēsis: An Introduction to the Philosophical Life*. Evanston: Northwestern University Press, 2007.

MITTELSTRASS, J. *Die unzeitgemässe Universität.* Frankfurt am Main: Suhrkamp, 1994.

PETERS, M. A. Neoliberalism and the Constitution of the Entrepreneurial Self: Education and Enterprise Culture in New Zealand. In: LANKSHEAR, C.; PETERS, M.; ALBA, A.; GONZALES, E. (Eds.). *Curriculum in the Postmodern Condition.* New York: Peter Lang, 2000.

PETERS, M. A. Truth-telling as an Educational Practice of the Self: Foucault, Parrhesia and the Ethics of Subjectivity. *Oxford Review of Education,* v. 29, n. 2, p. 207-224, 2003.

RAJCHMAN, J. *Truth and Eros: Foucault, Lacan and the Question of Ethics.* London: Routledge, 1991.

SCHELSKY, H. Der Mensch in der wissenschaftliche Zivilisation. In: *Auf der Suche nach Wirklichkeit.* München: Goldmann, 1979. p. 449-486.

SIMONS, M. Governmentality, Education and Quality Management: Toward a Critique of the Permanent Quality Tribunal. *Zeitschrift für Erziehungswissenschaft,* v. 5, n. 4, p. 617-633, 2002.

SIMONS, M.; MASSCHELEIN, J.; QUAGHEBEUR, K. The Ethos of Critical Research and the Idea of a Coming Research Community. *Educational Philosophy and Theory,* v. 37, n. 6, p. 817-832, 2005.

SMEYERS, P. Idle Research, Futile Theory, and the Risk for Education: Reminders of Irony and Commitment. *Educational Theory,* v. 55, n. 2, p. 165-183, jan. 2005.

SMEYERS, P. Over de noodzaak van interpretatief onderzoek voor de pedagogische wetenschappen. In: LEVERING, B.; SMEYERS, P. (Red.). *Opvoeding en onderwijs leren zien. Een inleiding in interpretatief onderzoek.* Amsterdam: Boom, 1999. p. 27-49.

STANDISH, P. Disciplining the Profession: Subjects Subject to Procedure. *Educational Philosophy and Theory,* v. 34, n. 1, p. 6-23, 2002.

PARTE II: A DEMOCRACIA

Ódio à democracia... e ao papel público da educação? Uma breve introdução a Jacques Rancière[1]

Tradução de Nathália Campos

Introdução

A democracia e a igualdade, por meio da (e na) educação, parecem ser uma grande preocupação na atualidade: a organização de escolas democráticas, o desenvolvimento de competências para uma cidadania e participação democráticas, as políticas para a igualdade de oportunidades... A maioria das iniciativas atuais presume que a redução da desigualdade e o desenvolvimento da democracia são preocupações e objetivos essencialmente das políticas, e uma questão de reforma organizacional e curricular. O filósofo francês Jacques Rancière não trata essa preocupação (política, organizacional, curricular) com democracia, inclusão e igualdade como algo óbvio. De fato, ele é de alguma forma uma voz provocadora no debate público atual; ele quer desafiar a insistência em procedimentos contemporâneos de democracia deliberativa, participação, consenso e acordo em trabalhos como, por exemplo, *On the Shores of Politics* (2007a) e *Hatred of Democracy* (2007b), assim como a relação (desigual) e naturalizada entre mestre e discípulos (e.g., *The ignorant schoolmaster*, 1991). Em vez

[1] Publicado em *Educational Philosophy and Theory*, v. 42, n. 5-6, p. 509 ss, ago. 2010.

de meramente criticar práticas e discursos correntes, o trabalho de Rancière chama a atenção por tentar formular, de maneira positiva, o que é a democracia, como a igualdade pode ser uma preocupação pedagógica e educativa (em vez de política), e qual é o papel público da educação (já que para Rancière igualdade e democracia estão diretamente relacionadas ao "público").

De mestres, intelectuais e desigualdade

Como um aluno brilhante de Louis Althusser na École Normale Supérieure em Paris nos anos 1960, Rancière imediatamente estabeleceu a direção de seus futuros trabalhos quando se distanciou radicalmente do seu mestre em *La leçon d'Althusser*, publicado em 1974[2]. Esse trabalho indicou uma linha geral de argumentação que continuou nos seus trabalhos seguintes. Como um dos teóricos marxistas de maior destaque na época, Althusser havia sido muito crítico sobre a revolta de Maio de 1968. Ele foi, entretanto, atacado por Rancière, inicialmente não por sua leitura de Marx ou por sua compreensão dos eventos de maio, mas pelo fato de que sua teoria era, acima de tudo, uma teoria educacional que justificava o valor e a superioridade eminentes dos próprios mestres (ou dos intelectuais) sobre os trabalhadores (ou o povo). Os mestres, nessa visão, são aqueles que "pensam" e objetivamente "sabem" como a sociedade opera, e são assim os donos da verdade sobre o que acontece e o que é o caso. Os trabalhadores são aqueles que não pensam, mas apenas agem; eles são ignorantes a respeito das leis da história e da lógica do capitalismo, que motiva e em última análise determina suas ações; eles são cativados por ilusões acerca de sua "real" situação e são prisioneiros de ideologias ou portadores de uma falsa consciência. De acordo com Rancière, ela era, então, uma teoria que legiti-

---

[2] Nós não temos a intenção de revisar e situar o trabalho de Rancière e comentar extensivamente sua biografia. Para uma excelente introdução e contextualização tendo em consideração a cena política e intelectual francesa, e especialmente a importância de tempos revolucionários como a Comuna Francesa e Maio de 1968, ver ROSS (1991, 2002, 2006); ver também MOURIAUX *et al.* (1992); BOSTEELS (2006).

mava a desigualdade e a distância entre aqueles que sabem e os ignorantes, aqueles com a necessidade do conhecimento que lhes falta para serem emancipados e verdadeiramente conscientes, isto é, que necessitam de explicações do mestre. Assim, a teoria filosófica de Althusser confirmava e justificava (como fazia a maioria das teorias filosóficas e educacionais, segundo Rancière) a divisão do trabalho que lhe dá o seu lugar: a distinção entre aqueles que pensam e aqueles que agem, entre aqueles que sabem e os ignorantes. A filosofia e a teoria educacional assumem o papel de falar em favor daqueles cuja suposta ignorância oferece-lhes sua própria razão de existir. E a emancipação e a (des)igualdade estão, assim, sempre relacionadas ao conhecimento e, por isso, à instituição de um limite (ou abismo/distância) entre os ignorantes e aqueles que sabem. O trabalho de Rancière trata, em grande parte, da desacomodação, suspensão ou deslocamento da conexão/relação entre emancipação e conhecimento, e a determinação implícita de fronteiras e limites.

Uma das mais intrigantes, perturbadoras e fascinantes formas em que o autor assim procedeu foi inspirada nas ideias do livro coletivo *Les révoltes logiques* (*Collective Révoltes Logiques*, 1984)[3], que documentou brilhantemente as experiências e as vozes dos trabalhadores do começo do século XIX, que

[3] O nome, *Les revoltes logiques*, foi emprestado de um poema de Rimbaud, escrito logo após o fim da Comuna de Paris, e intitulado "Democracia". O texto foi editado por um livro coletivo que, inspirado em Rimbaud, queria ser a continuação da cena intelectual da revolta de Maio de 1968, que o texto concebeu como um ressurgimento popular no qual a própria noção de "povo/popular" foi trazida à cena. Ele estava constituído, além de Rancière como diretor, de Jean Borreil, Genevieve Fraisse, Pierre Saint-Germain, Michel Souletie, Patrick Vauday e Patrice Vermeren. Eles eram basicamente filósofos e historiadores conectados à famosa Université Paris VIII em Vincennes. Pode-se afirmar de modo mais geral que a revolta de Maio de 1968 constituiu um grande evento para Rancière, e que sua energia democrática e revolucionária ainda abastece o seu trabalho atualmente. Para uma análise mais abrangente do papel desse evento para Rancière, mas também para vários outros intelectuais franceses, como Nancy, Blanchot, Sartre, etc., ver ROSS (2002) e, mais recentemente, CROWLEY (2009).

transcenderam os limites impostos a eles. Por exemplo, *La nuit des proletaires: archives du rêve ouvrier* (1981); *Courts voyages au pays du peuple* (1990); *La parole ouvrière, 1830/1851* (Faure; Rancière, 1976); *Louis-Gabriel Gauny: le philosophe plebeian* (1985). Em seu trabalho, Rancière tratou esses trabalhadores como iguais, e levou a sério o que eles tinham a dizer sobre suas condições. Mais especificamente, ele reviveu figuras mais ou menos marginais cuja emancipação consistia em reivindicar o tempo que a burguesia requeria para si própria: o tempo que não é o tempo do trabalho e da necessidade, mas o tempo livre ou morto, ou seja, um tempo não econômico. Eram figuras que reivindicavam o direito de pensar, e dessa maneira rompiam a definição de sua categoria social como trabalhadores (que não pensam, mas fazem/trabalham). Apesar de Rancière ter se certificado que essas vozes mantivessem sua especificidade individual e histórica, ele também as descontextualizou ao envolvê-las em um diagnóstico do presente e as trouxe de volta no tempo, criando vozes intempestivas que interferiram no debate oportuno sobre as questões de igualdade e democracia. Foi também durante suas investigações nos arquivos do movimento trabalhista, buscando a voz "adequada" do "povo", que Rancière se deparou com Joseph Jacotot, que no começo do século XIX anunciou a igualdade da inteligência de todas as pessoas e elaborou o que ele chamou de "ensino universal", incluindo a possibilidade de ensinar o que não se sabe, e a capacidade de as pessoas analfabetas emanciparem seus filhos. Essa figura não só se tornou o personagem central da maravilhosa história de Rancière *O mestre ignorante*, como o acompanhou de perto durante todo o seu trabalho (inclusive, praticamente não há texto em que Jacotot não apareça de um jeito ou de outro).[4] Na época de sua publicação, em 1987, Rancière queria intervir, através de sua história, no debate intelectual sobre o

[4] Em um de seus textos recentes sobre democracia e igualdade, ele mais uma vez confirma ser um herdeiro de Jacotot: "Não, não é um ideal, porque eu sempre trabalho sob o pressuposto jacotista de que a igualdade é uma assunção, e não um objetivo a ser alcançado" (RANCIÈRE, 2009, p. 98).

papel público da educação, no que diz respeito à igualdade e à democracia, o que era um debate central na França na época. A intervenção tomou a forma de uma "ativação de arquivos" (Badiou, 2006): um deslocamento, tradução e repetição do discurso extemporâneo de Jacotot através da reformulação e da reescrita de sua história.

Rancière não só reviveu as vozes de pessoas emancipadas do século XIX como, várias vezes, criticou os intelectuais (sociólogos, filósofos, historiadores, educadores...) que alegavam conhecer a ignorância dos outros, que achavam que acreditavam ter que explicar essa ignorância e falar por aqueles que não sabem – como demonstrado nos seus textos *The Philosopher and his Poor* (2004), *Disagreement: Politics and Philosophy* (1998), e *Hatred of Democracy* (2007b). De acordo com Rancière, esses intelectuais, incluindo Althusser, Bourdieu, Milner e outros, sempre nos ensinam, primeiro e acima de tudo, uma lição sobre desigualdade. Como eles sempre começam a partir da suposição da desigualdade, eles continuamente verificam a desigualdade e, ao comprová-la, eles continuamente a redescobrem. Por exemplo, se alguém concebe a escola como uma máquina que reproduz a desigualdade social (Bourdieu) ou como um instrumento para reduzir a desigualdade (Milner), o efeito continua o mesmo: inicia-se e se mantém uma distância entre uma futura igualdade e uma presente desigualdade, entre uma futura riqueza intelectual e uma pobreza intelectual real. Trata-se de uma distância que é instalada na ordem do discurso, e é reinstituída e reconfirmada sucessivas vezes. O efeito é que os ignorantes e os pobres permanecem em seu lugar (na ordem social), lugar que, de acordo com o discurso, corresponde à sua "natureza" ou suas "capacidades". Rancière, entretanto, não está procurando contra-argumentos, mas recusa a atitude ou posição que atribui um corpo (também um corpo social) a certo tipo de expressão e a certo lugar na ordem social. Nesse contexto, Jacotot encarna a contraposição a Bourdieu, Althusser e Milner, ao não alegar que a desigualdade possa ou deva ser desfeita gradualmente. A igualdade não constitui critério ou objetivo que definiria o tempo necessário para transformar a sociedade atual no que ela deveria virar no futuro. A igualdade é, para Jacotot, o ponto de partida, o axioma ou a hipótese que promove o pensamento, o experimento e a invenção. A igualdade não é nem uma promessa nem um fato empírico, mas uma hipótese prática para se começar. A igualdade não é uma prática, nem uma recompensa em um futuro distante. A "lição" de Jacotot sobre emancipação diz que todas as pessoas têm a seu dispor uma inteligência igual, e que emancipação significa efetivar/perceber essa inteligência igual, ou seja, a habilidade para falar, pensar e agir.

Sobre lições, igualdade e democracia

Na verdade, Rancière deu como subtítulo de sua história sobre Jacotot "Cinco lições sobre emancipação intelectual". É válido dar a isso um momento de atenção, já que parece paradoxal falar sobre lições quando se quer questionar precisamente a ideia de educação como o ensino de alunos por um mestre. De fato, as lições de Rancière sobre emancipação não ensinam nada, elas não explicam. Elas contam a história, recitam as expressões e relembram as ações de Jacotot de tal maneira que as experiências de Jacotot são jogadas do passado para o presente de tal forma que conseguem recortar o presente (ver Ross, 1991). Essas lições não explicam, mas contam uma história. Contar histórias é uma das duas operações básicas da inteligência, de acordo com Rancière/Jacotot, sendo que a outra é "adivinhar". Ambas são operações para verificar a igualdade da inteligência. Ambas partem da igualdade. Mas elas ainda podem ser chamadas lições? Uma pergunta ainda mais urgente, já que é difícil definir o gênero do texto e a disciplina à qual pertence: quem é o autor? Um filósofo? Um educador/pedagogo? Um historiador? O livro parece escapar a qualquer classificação clara. Ele rompe as fronteiras entre gêneros e disciplinas, e os limites que eles definem sobre o que pode ser legitimamente dito (dentro da disciplina) e o que não pode, o que pode ser feito (dentro de um gênero) e o que não pode. Além disso, essa dificuldade e incerteza é aumentada pelo fato de que é difícil saber quem de fato está falando: Jacotot ou Rancière? Não fica claro quem poderia ser o autor das lições, mas é igualmente obscuro a quem essas lições poderiam ser dirigidas. Não há um público que possa ser definido e posicionado em relação à ciência/conhecimento que ele não tem e precisa. As lições não têm um aluno/estudante real. O livro não é destinado a alguém em particular. Ele se dirige a indivíduos, não a atores institucionalizados (isto é, atores definidos por instituições como a escola, as disciplinas científicas, os departamentos, etc.). As lições, assim, perturbam a posição do autor e do leitor, assim como as posições do sabedor e do ignorante. A pergunta "Quem ensina quem?" perde sua pertinência. As lições não estão ensinando ou explicando algo, mas tornando algo público, tornando-o presente para que possamos nos relacionar com ele, ou não: "É suficiente apenas anunciá-lo" (Rancière, 1991, p. 18).

As lições, assim, são extemporâneas e impróprias lições sobre emancipação intelectual. Mas o que é emancipação? Emancipação não é se tornar consciente de uma exploração, alienação ou negligência que uma pessoa, de outra forma, não saberia. De acordo com Rancière, aqueles que se emancipam o fizeram, e o fazem, ao reivindicar e praticar uma forma de pensar, falar e de viver, que não foi ou não é "deles", que não foi ou não é apropriada, que não corresponde a seu nascimento, seu destino, sua natureza apropriada. O ato da emancipação é a decisão de falar e pensar a partir do pressuposto da igualdade de inteligências, a decisão de que a pessoa tem a capacidade e o tempo que não se tem propriamente, de acordo com a ordem vigente e a partilha do sensível. O ato de emancipação é a saída da forma como se é designado para um lugar na ordem social, o ato através do qual se interrompe a configuração na qual se tem certa posição e se pode ver, falar e fazer algo (essa configuração remete à dimensão estética da política), e assim um ato que distancia a pessoa dela mesma. A emancipação não é uma mudança em termos de conhecimento, mas em termos de posicionamento dos corpos. Dentro e pelo ato, confirma-se o poder da igualdade, da não segregação. Confirmar a igualdade é, assim, sempre um meio de dissolver uma conexão ou um desembaraçar e desemaranhar: as palavras estão sendo separadas das coisas que elas definem, o texto é separado do que ele diz ou do leitor para o qual foi dirigido, um corpo é retirado do lugar para o qual foi designado, da linguagem e das capacidades que eram "adequadas" a ele. O ato de emancipação é, portanto, de acordo com Rancière, também político, já que muda a dimensão estética da ordem social; ele reconfigura o território do dizível, visível, pensável e possível.[5] Ele rompe o consenso em relação aos dados da situação, e simultaneamente confirma e demonstra a igualdade de uma capacidade: a inteligência como capacidade de falar e de pensar.[6] Na medida em

[5] O trabalho de Rancière, e certamente seus trabalhos recentes, atestam seu interesse central nessa crucial dimensão estética da política. Na verdade, sua tese aqui é de que a arte, e mais em geral práticas estéticas, têm um papel eminente na forma como a partilha do sensível é moldada. Práticas artísticas são formas de ação que interferem na partilha geral dos modos de ação, e em suas relações com os modos de ser e formas de visibilidade e "falabilidade". Eles contribuem para moldar formas que definem o que experienciamos (o que podemos ver, ouvir e falar). A política se refere ao que vemos e ao que podemos falar sobre isso, a quem tem a capacidade para ver e o talento para falar, e às propriedades dos espaços e às possibilidades do tempo (por exemplo, *The Politics of Aesthetics: The Distribution of the Sensible* (2006a) e *The Aesthetic Unconscious* (2009b)).

[6] O próprio trabalho de Rancière pode ser visto como uma permanente inquietação de fronteiras entre disciplinas e gêneros: ele constantemente quebra as cercas e barreiras que protegem disciplinas e instituições (filosofia, sociologia, história, política, educação, artes...). Como pesquisador, ele decide que possui competências que não possui (isto é, de acordo com sua "educação" ou "filiação institucional"); ele decide que pode transgredir essas fronteiras porque elas não existem. E ele verifica sua não existência ao se mover livremente por seus territórios e ao pensar por si mesmo, isto é, ao praticar a atividade que é propriedade de ninguém, o que ele chama de "um tesouro que temos que conservar" (RANCIÈRE, 2006b, p. 514). O trabalho de pensar, assim, não é para abstrair, mas para amarrar e desamarrar, para conectar e desconectar (palavras para/de corpos, corpos para/de lugares...). Pode-se dizer que ele dissolve a atribuição e apropriação (isto é, a privatização) de palavras, corpos, lugares, e os torna públicos, ou ao menos reconfigura seus territórios. Pensar por si só não tem lugar "adequado", e não é um privilégio: todo mundo pensa ou pode pensar.

que o ato de emancipação está no centro do "ensino universal", esse ensino é então, de fato, um fragmento ou um momento da política. Sua importância política não se relaciona ao fato de que ele prepararia para uma futura cidadania (a aquisição das competências e conhecimentos necessários para participar da deliberação democrática). A educação não é uma condição para a política, e não prepara para isso, mas contém uma experiência particular de "ser capaz de" ou de "potencialidade" (uma subjetivação pedagógica – ver, neste livro, parte II, cap. 3) que demonstra a igualdade. Essa experiência pedagógica é, em si, também parte dos momentos políticos como Rancière os entende, mas não coincide com eles.

De acordo com Rancière (1998), a democracia não deveria ser conceituada como um regime político ou governamental (de participação ou representação igualitária) no meio de outros regimes menos democráticos, mas como a constituição de um sujeito político através de manifestação e demonstração de injustiça ou de algo "errado". Para ele, a democracia trata do poder daqueles que não têm poder, aqueles que não têm qualificação em uma ordem social ou governamental particular, aqueles que não compartilham o que deve ser compartilhado a fim de se tornar parte de uma sociedade, comunidade ou ordem social. Quando essas pessoas "não qualificadas" ou "incompetentes" ainda assim intervêm, elas instalam um dissenso, ou seja, elas demonstram e verificam que elas são intelectualmente iguais no próprio ato da intervenção, e que elas são competentes em vista do comum do qual elas são, não obstante, excluídas.

Porque a *vita democratica* se refere ao poder de pessoas não qualificadas, ou à capacidade daqueles que são incapazes (do ponto de vista da ordem social em jogo), é uma vida difícil de ser domada (Rancière, 2007b). Além disso, essa é precisamente a razão, segundo Rancière, para se ter um profundo ódio ou medo à democracia. Do ponto de vista da ordem social posta, o fato de os "não qualificados" e "incompetentes" demonstrarem sua igualdade é percebido como perigoso, abusivo ou escandaloso. Assim, a reação comum é reforçar a conexão entre "ter poder" e "ter qualificações ou competências particulares". Essas reações, de acordo com Rancière, parecem neutralizar a democracia, traduzem em conflitos os problemas de políticas (interesses conflitantes, por exemplo), esperando por soluções de políticas (como um acordo). É essa neutralização que Rancière nota na sociedade atual, e que ele quer questionar. Esse questionamento é também uma luta com relação às palavras. Contra o antigo sonho filosófico (que hoje é sonhado pela filosofia analítica) de definir os significados das palavras, Rancière enfatiza a necessidade de se lutar por seus significados. Nesse sentido, a democracia pode significar muitas coisas, e muitas coisas diferentes (na Europa ou na Ásia, por exemplo) (Rancière, 2009a, 2009b). E a luta pelo significado de democracia tem uma importância em particular, porque diz sobre a capacidade de qualquer um falar ou agir *("la capacité de n'importe qui de parler ou d'agir")*. É exatamente a possibilidade de tal manifestação e a demonstração da capacidade de falar e agir (que interrompe a cadeia de razões e consequências, causas e efeitos) que é eliminada através de explicações estruturais de (antigos e novos) sociólogos, de contextualizações extremas e descrições "densas" de culturalistas e historiadores, e pelo pensamento em termos de catástrofes de alguns filósofos pós-modernos. Rancière afirma que ele não é o pensador do acontecimento, mas da emancipação. E a emancipação tem uma tradição que não é feita de atos espetaculares, mas é moldada por uma busca para criar novas formas do comum, que não são aqueles do estado ou do consenso. "Eu nunca parei de brigar contra a ideia de necessidade histórica", ele escreve (Rancière, 2009a, p. 100). E Kristin Ross corretamente enfatiza que a ideia de democracia de Rancière remonta a uma noção de poder que não é nem quantitativa, nem com ênfase no controle, mas se refere:

> [...] à potencialidade: à capacidade de pessoas comuns de descobrir formas de ação para agir sobre questões comuns. O encontro de Rancière com Joseph Jacotot e seu contínuo retorno a esse encontro nos trouxe mais uma

> vez ao que é, de fato, o significado original da palavra "democracia", um significado mais amplo e evocativo: a capacidade de fazer as coisas acontecerem, de fazer coisas (Ross, 2009, p. 109).

A capacidade/poder do *dêmos*, que não é o poder do povo ou de sua maioria, mas o poder ou capacidade de não importa quem (de qualquer um). É a hipótese e a confirmação dessa potencialidade/capacidade/poder, a rejeição do reinado da necessidade, essa hipótese jacotista que faz o pensamento de Rancière tão frutífero, provocador e promissor para qualquer filosofia da educação hoje.

Referências

BADIOU, A. Les leçons de Jacques Rancière: savoir et pouvoir après la tempête. In: CORNU, L.; VERMEREN, P. (Eds.). *La philosophie déplacée. Autour de Jacques Rancière*. Paris: Horlieu, 2006. p. 131-167.

BOSTEELS, B. La leçon de Rancière: malaise dans la politique ou on a raison de se mésentendre. In: CORNU, L.; VERMEREN, P. (Eds.). *La philosophie déplacée. Autour de Jacques Rancière*. Paris: Horlieu, 2006. p. 49-70.

BOSTEELS, B. Nonplaces. An Anecdoted Topography of Contemporary French Theory. *Diacritics*, v. 33, n. 3/4, p. 117-139, 2003.

COLLECTIF REVOLTES LOGIQUES (Ed.). *L'empire du sociologue*. Paris: La Découverte, 1984.

CORNU, L.; VERMEREN, P. (Eds.). *La philosophie déplacée. Autour de Jacques Rancière*. Paris: Horlieu, 2006.

CROWLEY, M. *L'homme sans. Politiques de la finitude*. Paris: Lignes, 2009.

LEVY, J.; RENNES, J.; ZERBIB, D. Entretien avec Jacques Rancière: 'Les territoires de la pensée partagée'. *Espaces/Temps.net, Actuel 08.01.2007*. Disponível em: <http://espacestemps.net/document2142.html>. Acesso em: 16 jul. 2014.

MASSCHELEIN, J. L'élève et l'enfance: à propos du pédagogique. *Le Télémaque. Philosophie – Education – Société*, n. 27, p. 89-94, 2005.

MILNER, J. C. *De l'école.* Paris: Le Seuil, 1984.

MOURIAUX, R.; PERCHERON, A.; PROST, A.; TARTAKOWSKY, D. (Eds.). *1968: Exploration du Mai français* (2 vol.). Paris: L'Harmattan, 1992.

PASQUIER, R. (Ed.). Dossier: Jacques Rancière l'indisciplíné. *Labyrinthe,* v. 17, 2004.

RANCIÈRE, J. École, production, égalité. In: Renou, X. (Ed.) *L'école contre la démocratie.* Paris: Edilig, 1988. p. 79-96.

RANCIÈRE, J. *The Ignorant Schoolmaster. Five Lessons in Intellectual Emancipation.* Stanford: Stanford University Press, 1991.

RANCIÈRE, J. *Disagreement. Politics and Philosophy.* Minneapolis: University of Minnesota Press: 1998.

RANCIÈRE, J. *On the Shores of Politics.* London/New York: Verso, 2007a.

RANCIÈRE, J. *Hatred of Democracy.* London/New York: Verso, 2007b.

RANCIÈRE, J. Politics and Aesthetics: An Interview. *Angelaki: Journal of the Theoretical Humanities,* v. 8, n. 2, p. 203-207, 2003. (Special Issue).

RANCIÈRE, J. La philosophie en déplacement. In: Alphant, M. (Ed.). *La Vocation philosophique.* Paris: Centre Pompidou-Bayard, 2004a.

RANCIÈRE, J. Who is the Subject of the Rights of Man? *South Atlantic Quarterly,* v. 103, n. 2/3, p. 297-310, 2004c.

RANCIÈRE, J. L'actualité du 'Maître ignorant': entretien avec Jacques Rancière (Interview by Andréa Benvenuto, Laurence Cornu & Patrice Vermeren, 24 January 2003). *Le Télémaque. Philosophie – Education – Société,* n. 27, p. 21-36, 2005.

RANCIÈRE, J. La méthode de l'égalité. In: CORNU, L.; VERMEREN, P. (Eds.). *La philosophie déplacée. Autour de Jacques Rancière.* Paris: Horlieu, 2006. p. 507-523.

RANCIÈRE, J. Les démocraties contre la démocratie. In: AGAMBEN, G. *et al. Démocratie dans quel état?* Paris: La Fabrique, 2009a. p. 95-100.

RANCIÈRE, J. A few Remarks on the Method of Jacques Rancière. *Parallax,* v. 15, n. 3, p. 114-123, 2009b.

RANCIÈRE, J. Sur 'Le Maître Ignorant'. *Multitudes*, n. 2, maio 2002. Disponível em: <http://multitudes.samizdat.net/spip.php?article1736>. Acesso em: 16 jul. 2014.

ROSS, K. Démocratie à vendre. In: AGAMBEN, G. *et al. Démocratie dans quel état?* Paris: La Fabrique, 2009. p. 101-122.

ROSS, K. *May '68 and its Afterlives*. Chicago: University of Chicago Press, 2002.

ROSS, K. Rancière à contretemps. In: CORNU, L.; VERMEREN, P. (Eds.). *La philosophie déplacée. Autour de Jacques Rancière*. Paris: Horlieu, 2006. p. 193-206.

ROSS, K. Translator's Introduction. In: RANCIÈRE, J. *The Ignorant Schoolmaster. Five Lessons in Intellectual Emancipation*. Stanford: Stanford University Press, 1991. p. VII-XXIII.

O ódio à educação pública: a escola como o marco *da democracia*[1]

Tradução de Nathália Campos

Introdução

A questão da democracia em relação às escolas e à escolarização é, geralmente, discutida de duas formas. Ou ela é discutida em termos de que a escola oferece um espaço para preparar os alunos para a democracia, por exemplo, oferecendo a eles os conhecimentos ou competências específicos, ou criando espaços para que se aprenda a praticar a democracia. Ou a democracia é abordada nas escolas a partir de sua contribuição para a realização de maior igualdade entre diferentes grupos ou classes sociais/culturais na sociedade (e, portanto, para a emancipação desses grupos), oferecendo oportunidades iguais para que se suba a ladeira da ordem social (hierarquia) a partir da educação. Em relação a esta última ambição, entretanto, podemos encontrar uma pletora (principalmente sociológica) de estudos e artigos que declaram que a escola falha (ao menos em grande medida) em contribuir para uma maior igualdade (por exemplo, Bourdieu; Passeron, 1970; Bowles; Gintis, 1976; Duru-Bellat; Suchaut, 2005). Tais conclusões incitaram, repetidas vezes, teóricos da educação e responsáveis por políticas educacionais a culpar a escola (e os professores) e/ou a clamar por

[1] Publicado em *Educational Philosophy and Theory*, v. 42, n. 5-6, p. 667-682, 2010.

reformas de diferentes categorias e por soluções (pedagógicas, sociais, psicológicas, culturais e mesmo médicas). Pressupõe-se, por exemplo, que a escola pode reduzir desigualdades se os fatores de desigualdade e seus mecanismos de reprodução se tornarem explícitos, se o formalismo da "cultura de classe média e alta" for eliminado, e se o peso de diferentes condições socioeconômicas e as necessidades individuais forem levadas em consideração (veja RANCIÈRE, 2007; SAFSTROM, 2010; BINGHAM, 2010).

O trabalho de Jacques Rancière pode ser compreendido como uma crítica ainda mais radical sobre a contribuição da escola e da educação para a democracia. Na verdade, Rancière não apenas declara que a emancipação é sempre uma questão individual e não coletiva, mas também que nem a emancipação nem a igualdade podem ser institucionalizadas. É possível compreender seu trabalho, e *O mestre ignorante* em particular, como uma defesa de que os momentos democráticos surgem na escola apesar da escola e de sua "gramática da escolarização" e, além disso, que é inconcebível reformar o sistema escolar de forma a possibilitar mais igualdade (RANCIÈRE, 1991, p. 204; veja também RUITENBERG, 2008; e CORNELISSEN, 2010; DERYCKE, 2010; BIESTA, 2010). No livro *On the Shores of Politics* (1995), entretanto, assim como em um texto anterior, "*École, production, égalité*" [*Escola, produção, igualdade*] (1988), Rancière afirma explicitamente que a escola é "proeminentemente o local de igualdade" (RANCIÈRE, 1988, p. 82) e ele relaciona o fato com a não convergência da forma/lógica da escola e a forma/lógica da produção que é "o marco da democracia nos sistemas da economia moderna e do estado" (1995, p. 54). A escola, ele escreve, não está mascarando a desigualdade e tampouco é seu instrumento de reprodução; ela é "o espaço de visibilidade simbólica da igualdade e sua atual negociação" (1995, p. 55).

Nesta contribuição, pretendemos refletir sobre as ideias de Rancière e traçar possibilidades sobre como podemos contar a história da escola e da escolarização como uma história de uma invenção democrática, uma invenção de um espaço de igualdade e, primordialmente, como um espaço público, que, portanto, deve ser defendido como um *marco* da democracia propriamente dita. Inicialmente, retomamos de maneira breve alguns elementos da história atual que os responsáveis pelas políticas públicas e educacionais contam sobre a contribuição da escola para a igualdade, e descrevemos as tecnologias organizacionais e educacionais e o *ethos* de ensinar que acompanha essa história. Em um segundo momento, refazemos e repensamos diferentes manifestações da igualdade na educação escolar em outra história, talvez menos habitual. Indicamos como essas manifestações estão relacionadas a diferenças no tempo, espaço e profissões e que podem ser vistas como operações de desclassificação, desprivatização e profanação, ou seja, como operações que exemplificam o caráter essencialmente público da educação. Finalmente, apontamos vários caminhos nos quais essas manifestações são neutralizadas ou imunizadas nos discursos e tecnologias educacionais atuais, verificando o fato de que chamaremos, em conformidade com Rancière, um profundo ódio à educação pública (e, portanto, à democracia, da qual é uma *marca*).

A escola como um espaço de desigualdade: uma história de elevadores, berços, talentos e oportunidades (des)iguais

A história

A primeira história é aquela que é hoje em dia a principal, mas certamente não a única, contada pelos responsáveis pelas políticas públicas. Você pode encontrar a história em variações levemente diferentes por todo o mundo e em relação a vários níveis educacionais. Em uma reunião em Leuven/Louvainla-Neuve em abril de 2009, os ministros responsáveis pela educação superior nos 46 países envolvidos na Declaração de Bolonha afirmaram que a educação superior tem que fazer uma contribuição vital ao perceber "uma Europa de conhecimento que é altamente criativa e inovadora" e que "a Europa só pode ter sucesso nesse empreendimento se maximizar os talentos e as capacidades de todos os seus cidadãos e se engajar de maneira completa na aprendizagem vitalícia, assim como em aumentar a participação na educação superior" (Leuven/Louvain-LaNeuve Communiqué, 2009, p. 1). Ainda, eles declaram que a "aprendizagem centrada no aluno e a mobilidade ajudarão os alunos a desenvolver as competências necessárias em um mercado de trabalho em transformação e irá empoderá-los para tornarem-se cidadãos ativos e responsáveis" (p. 1). Os ministros ambicionam lutar pela excelência em todos os aspectos da educação superior, que requer "um constante foco na qualidade". Mais ainda, eles pretendem realizar esforços para alcançar a igualdade e enfatizam o "objetivo de oferecer oportunidades iguais para uma educação de qualidade" para "a diversidade das populações da Europa" em todas as esferas do sistema educacional, estimulando o potencial de todos os grupos (p. 2).

De acordo com o que compreendemos, essa história versa sobre a maximização de talentos e capacidades de todos e sobre o estímulo de potenciais, o que está relacionado ao desenvolvimento de competências e à oferta de oportunidades iguais. Essa é uma história bastante conhecida que pode ser reconhecida também, por exemplo, na lei dos Estados Unidos da América, *No Child Left Behind Act*[2] [*Nenhuma criança deixada para trás*] e no programa britânico *Every Child Matters*[3] [*Toda criança importa*]. Permita-nos fornecer detalhes mais específicos sobre essa história através de um olhar sobre a versão proposta pelos responsáveis por políticas públicas na Bélgica (Comunidade Flamenga) em nome da igualdade para explicar sobre o que a educação escolar, de acordo com eles, é ou deveria ser e como deveria acontecer. Referimos-nos aqui, primordialmente, ao relatório da então chamada Commission Monard, publicado em abril de 2009 e intitulado *Qualidade e oportunidades para cada aluno* [*Kwaliteit em kansen wor elke leerling*] (Monard, 2009).[4]

O relatório flamengo, que traça as reformas pretendidas para a primeira parte do ensino médio nos próximos cinco

---

[2] <http://www.ed.gov/nclbllanding.jhtml>.

[3] <http://www.dcsf.gov.ukleverychildmatters/>.

[4] Uma versão quase idêntica da história pode ser encontrada no texto da "agenda da qualidade" publicada pelo governo holandês em julho de 2008 (MINISTÉRIO DA EDUCAÇÃO, CULTURA E CIÊNCIAS, 2008).

ou dez anos, declara que o objetivo geral e comum deveria ser: "Treinar cada menino e cada menina de acordo com seus talentos e capacidades [...] Ninguém deve ser deixado para trás; todos devem, e irão, descobrir o que se adapta melhor a ele ou ela, tanto em seu próprio campo quanto em seu próprio nível" (Monard, 2009, p. 7). A educação deve proporcionar as oportunidades para um desenvolvimento pessoal bem equilibrado de modo que a pessoa possa se tornar um cidadão crítico-criativo. E a primeira parte do ensino médio deve, particularmente, proporcionar conhecimento, habilidades e atitudes tanto para chegar ao ensino superior quanto para se qualificar para o mercado de trabalho. De acordo com o relatório, entretanto, o atual sistema de educação reproduz a desigualdade social (originada de diferentes contextos socioeconômicos e/ou socioculturais). De fato, grande parte dos estudos parece concordar com essa conclusão, que é resumida pelo recente estudo realizado em Flandres, com o notável título *The Social Elevator Stuck* [*O elevador social está parado*]: "Como tem sido provado por uma década, a escola continua a transformar a desigualdade social em desigualdade na esfera educacional" (Jacobs *et al*, 2009, p. 85). No relatório da Commission Monard, essa observação é assim redigida: "Hoje em dia o lugar onde fica seu berço determina, parcialmente, o lugar que você ocupa na sociedade [...]. A educação deveria permitir que todos subissem a escada social" (Monard, 2009, p. 18). De acordo com esse relatório, a afirmação não significa que os diferentes desempenhos escolares, nas escolhas de estudo e nas qualificações resultantes, devam desaparecer mas que essas diferenças deveriam se originar apenas em talentos e capacidades (e esforços) e em escolhas bem informadas. Logicamente, a implicação é que os alunos devem se tornar mais atentos aos seus talentos. O que é considerado como crucialmente importante é "ter, o mais cedo possível, conhecimento sobre os talentos e o desenvolvimento potencial dos alunos", levando em consideração também que esses talentos e potenciais são socialmente definidos: "Oferecer educação de qualidade e educação rica em oportunidades para cada aluno significa *levar cada menina e cada menino ao lugar certo, tendo por base seus talentos e interesses*" (p. 19, grifo nosso). Para alcançar isso, uma organização particular de educação e tecnologias específicas são necessárias, assim como professores "profissionais" com competências particulares.

Portanto, nós precisamos...

De acordo com a história contada pelo relatório flamengo, o sistema educacional precisa ser reformulado ou, pelo menos, melhorado, de modo a tornar possível aos jovens com diferentes perfis que desenvolvam seus talentos ao máximo. Além de oferecer às escolas um alto grau de autonomia (enfatizando a importância da "autonomia da escola"), conclui-se que é necessário, principalmente:

- Um sistema flexível com oportunidades reais e diferenciadas para escolha, no qual os talentos são desafiados ao máximo para alcançar a excelência, uma vez que temos que esperar (exigir) altas performances dos alunos, para seu próprio benefício e para o da sociedade. Considerando que em tal sistema (e de acordo com a história) a trajetória é determinada por talentos que se manifestam em atuações em todos os tipos de testes, então, devem ser desenvolvidos objetivos a serem alcançados, níveis de especialidade, estruturas de qualificação, perfis de competências, etc.
- Ambientes de aprendizagem estimulantes com métodos de ensino motivadores, transdisciplinares, com foco nas competências, nos quais os resultados da aprendizagem e as competências adquiridas sejam transparentes. É importante ajudar os alunos nas suas escolhas, a seguir seu progresso nas suas trajetórias, que devem levar a competências a serem registradas em portfólios.
- Um ambiente aperfeiçoado que ofereça mais oportunidades e motivação aos professores, e um aumento do seu profissionalismo, tanto como especialistas em seu assunto/disciplina quando no apoio ao processo de aprendizagem. Em relação à ultima

questão, é ressaltado que o aluno/aprendiz é o agente de seu próprio processo de aprendizagem, e que o professor não é apenas um técnico, mas também oferece uma estrutura, faz solicitações claras, direciona o processo de aprendizagem e elabora abordagens didáticas estimulantes que começam a partir dos talentos, capacidades e necessidades disponíveis.

Tais medidas são necessárias para se alcançar uma detecção e um desenvolvimento oportunos de talentos em relação às escolhas que são, na medida do possível, determinadas por talento, potencial e interesse de aprendizagem: com uma redução do chamado "sistema cachoeira" (alunos caindo para um nível educacional "mais baixo" quando são reprovados), e um aumento na qualidade em termos de prazer de aprender, bem-estar, desempenho e, finalmente, uma redução do atraso escolar e do número de alunos não qualificados.

Lendo esse relatório (e outros similares ou paralelos em Flandres e em vários outros países), notamos uma grande preocupação em promover oportunidades iguais na educação, com grande foco no desenvolvimento de talentos, tornando-os competências úteis, e no aumento geral de desempenhos. O problema da desigualdade aparece nessa história pela ideia: "Cada menina e cada menino direcionados para o lugar certo, tendo por base seus talentos e interesses". Entretanto, uma característica fundamental dessa história é que a suposição da desigualdade em si não é questionada, nem a existência de uma hierarquia social propriamente dita, por exemplo, uma organização específica da ordem social, que se liga em um modo específico às posições sociais dos indivíduos. Isso implica o fato de que a desigualdade (de talentos, capacidades intelectuais, interesses, necessidades) constitui não apenas um pressuposto de onde se parte, mas também que a desigualdade é constantemente verificada (diferentes qualificações ou êxitos no aprendizado verificam a desigualdade de talentos, interesses, etc.).

A escola trabalha, portanto, com o objetivo de o professor estabelecer uma ligação, de maneira individual, entre pessoas jovens (organismos) e talentos, desempenhos e posições dentro do funcionamento da escola (e isso não acontece "naturalmente", mas precisamente através de toda uma tecnologia do ambiente de aprendizagem como máquina de posicionamento (veja Simons; Masschelein, 2008), que, por sua vez, está relacionada a competências e qualificações, que, por seu turno, estão relacionadas a posições (desiguais) na ordem social. Então, o objetivo é resolver o problema da desigualdade social baseando-se na origem sociocultural/econômica através de uma política de oportunidades iguais. O que se perdeu de vista, entretanto, é que isso causa uma nova desigualdade, que é a "desigualdade baseada na escola", como a própria história nos conta, nas diferenças de talentos, interesses e potenciais. Nesse sentido, a história e a reformulação do sistema educacional que a acompanha contribui para a configuração de uma nova ordem social desigual (uma hierarquia social), que atribui a todos os "seus espaços" (onde ele/ela deve fazer aquilo que faz melhor, e nada mais) e onde os melhores alunos da sala, os excelentes, estão no topo da hierarquia. Dessa maneira, a própria escola contribui para a instauração de uma ordem desigual ao naturalizar as desigualdades (elas são consideradas como "dons" – como "talentos") e racionalizando-as (por exemplo, ao justificar as diferentes posições que são relacionadas com elas). Como Rancière (2004) comenta, atualmente, todas as legitimações "naturais" de desigualdade (eleição, idade, descendência...) parecem ter se tornado inaceitáveis e a única legitimação das desigualdades sociais existentes parece ser precisamente a suposta desigualdade intelectual, ou as diferenças resultantes em qualificações escolares e em desigualdades sociais.

Uma velha história

Essa história, que diz que nem todos são iguais em termos de talentos e habilidades, relaciona a ordem social e a ordem da escola. Ela tem uma forte semelhança com a história contada por um filósofo há aproximadamente 2.500 anos, quando ele tentou mostrar como construir a sociedade ideal e apenas afirmou e explicou que, em uma sociedade bem organizada (o estado ideal), todos deveriam desempenhar apenas um papel, sua própria habilidade, em que ele ou ela é bom/boa ou talentoso(a), e que corresponde à (in)habilidade com a qual a natureza a/o dotou. Essa história ou fábula[5] contada por Platão é a seguinte:

> Vocês nessa cidade são todos irmãos... Porém o deus, ao fazer aqueles entre vocês que são competentes, misturou neles ouro durante seu nascimento, porque eles eram os mais preciosos; prata nos auxiliares; ferro e bronze nos agricultores e os outros artesãos. Agora, porque vocês são todos semelhantes, vocês irão ter crianças iguais a vocês, mas é possível que uma criança de prata nasça de alguém de ouro, ou que uma criança de alguém de ouro nasça como prata, e isso pode acontecer com todos os outros. Para aqueles que comandam, então, o deus primeiro e especialmente anuncia que não há nada que possa ser guardado e protegido com tanto cuidado quanto a intermistura de metais nas almas de suas proles. Se seus próprios filhos nascerem com bronze ou ferro, eles irão pertencer à esfera apropriada à sua natureza, entre outros trabalhadores manuais e fazendeiros sem piedade. E, novamente, se algum filho dos últimos for de ouro ou prata, eles irão honrá-los e deixá-los ascender, alguns, a guardiães, outros, a auxiliares, por causa de uma profecia que diz que a cidade será destruída quando for protegida por ferro ou bronze (Platão, *A República* VII, 515 a-c).

É o "mito dos metais" ou "ficção" no qual temos que persuadir os governantes, e o resto da cidade também: "Isso os faria cuidar mais da sua cidade e uns dos outros" (Platão, *A República* III, 415d). Porém, Platão afirma claramente que isso é "uma daquelas falsidades necessárias" (414b), que tem sido usada pelos governantes da cidade "para o benefício da cidade" (389b).

[5] Essa também é uma das muitas fábulas (O *mito dos metais*) que Rancière recapitula constantemente ao longo de seu trabalho.

Não é difícil observar o paralelo formal com a atual história sobre talentos e habilidades: todos têm um dom específico, seja por natureza e/ou origem, e existe uma profissão (fazer o que faz de melhor, o que é capaz de fazer) e um lugar social "certo" que corresponde aos talentos/habilidades da pessoa. De certo modo, é até uma perfeição ou radicalização da história de Platão: "todos, não como grupo, mas como indivíduo, têm seu lugar". A história de Platão faz a distinção entre classes (e classificações), que ele valoriza de maneira distinta, ao estabelecer uma clara hierarquia de posições, profissões e funções. A história atual versa sobre talentos, potenciais e necessidades, e não mais os relaciona às classes sociais, mas a indivíduos, estabelecendo sua própria configuração como uma classificação encapsuladora de indivíduos. Todos têm o direito ao seu lugar, o lugar onde sua habilidade e sua necessidade são adequadas, e por meio do qual a desigualdade na ordem escolar torna-se uma norma para a sociedade.

De acordo com Rancière, a luta democrática é precisamente a luta na qual as relações (entre talentos/dons, profissões e posições) dentro da ordem social são rompidas, o que ocorre quando um grupo/indivíduo se declara apto para exercer uma atividade que não está de acordo com seu lugar social (de acordo com a ordem). Ou seja, quando um indivíduo/grupo parte da suposição de uma capacidade igual e declara abertamente essa igualdade. Nesse momento, esse indivíduo/grupo se emancipa, isto é, ele se afasta das in(habilidades) que lhe pertencem, de acordo com a ordem vigente. Isso lembra o uso da palavra "emancipação", cuja raiz vem das leis romanas, mas foi utilizada a partir do século XV também para indicar aqueles que romperam ou violaram os limites entre as classes ao reivindicar uma liberdade (para fazer e falar coisas) para a qual eles não eram qualificados (Ruhloff, 2004).

Questionar a história de talentos e capacidades significaria questionar se os indivíduos têm de fato diferentes capacidades, interesses ou talentos. Atualmente, ninguém mais parece estar disposto a fazer isso. Entretanto, isso é, de acordo com Rancière, exatamente o que está em jogo. Nós pensamos, ou "acreditamos", assim como Rancière e Jacotot, que outra história é possível, uma história que não tenha início na desigualdade, mas na igualdade, donde a igualdade se refere à suposição (não ao fato) de que somos todos "capazes" e, portanto, não se refere a oportunidades, habilidades ou conhecimentos (ou mesmo dignidade pessoal) iguais. Para Rancière, a igualdade se refere à igualdade intelectual, não como uma compreensão psicométrica, mas como "ser capaz" (de falar, de entender). Partir dessa suposição de que somos todos iguais significa assumir que todos (independentemente de qualificações ou indicações) são "capazes de". Como uma hipótese ou axioma prático, a igualdade não é abordada como um "fato dado"; ela não é um fato que possa ser concluído, provado ou falseado no sentido comum e não é um objetivo ou destino a ser almejado (Rancière, 1991). O axioma da igualdade intelectual constitui, em vez disso, um ponto de partida: não é o ato cognitivo de concluir algo, mas uma hipótese prática a partir da qual alguém atua ou fala. A igualdade tem a mesma posição do "se" de uma hipótese. Juntamente com essa linha de raciocínio, queremos oferecer uma história diferente, uma história em que a escola aparece, precisamente, como uma estrutura única, na qual se pode partir do pressuposto da igualdade, a igualdade entre alunos e entre professores e alunos; a escola é, portanto, um espaço de igualdade. Essa igualdade como hipótese prática não pode ser provada, mas pode ser verificada sucessivas vezes na escola, por professores (e por alunos). Nessa história, a democratização da escola não está ligada a oportunidades ou acesso iguais, mas a momentos de igualdade relacionados à estrutura espaço/tempo da própria escola e ao *ethos* do mestre da escola que torna a escola um espaço *público.*

A escola da igualdade: uma história de tempo (livre), estímulo, perigo, inspiração/entusiasmo, medo e amor

Na história que oferecemos aqui, a escola não é o "ambiente de aprendizagem" facilitador, mas "escola"; a escola não se resume ao desenvolvimento de talentos (aprender), mas há outra coisa envolvida. Ser professor é mais que isso, diferente de um profissional ou um perito que é muito bom em um assunto e/ou apoia o processo de aprendizagem. Na verdade, todos nós sabemos disso.

Ser um professor nesse sentido se refere ao conhecimento que está presente tanto no estímulo quanto no medo ou na ansiedade que ainda sentimos (em alguns momentos) ao entrar na escola ou sala de aula no início do período de aulas. É o conhecimento que está presente também nos momentos em que somos arrebatados por algo e nos esquecemos do tempo. Mas é também o conhecimento que se expressa no desprezo, menosprezo e desconfiança pela escola e pelo professor (que se mostrou de várias formas através dos séculos; veja Ricken, 2007). Esse conhecimento diz respeito a saber que a escola cria um "tempo de quebra/ruptura" e induz a um "jogo" na ordem social; é sobre o professor que faz algo com o tempo, por exemplo, faz os outros se esquecerem do tempo e, portanto, faz e dá tempo. Nesse sentido, podemos ver a escola como um espaço preeminente de emancipação e igualdade: a escola é o lugar onde momentos democráticos podem acontecer. Essa pode ser a verdade (democrática) que nos fascina e nos move, nos vários filmes que foram feitos sobre a escola e sobre os professores/alunos nessas escolas –, independentemente desses filmes serem bons ou ruins – por exemplo, os filmes nos quais os alunos, por causa do professor, deixam "seus lugares" ("suas habilidades"). Provavelmente, esse é o conhecimento que também está presente na desconfiança de família, de pais e mães, de estados e classes e seus representantes em direção à escola que cria "criaturas deslocadas", criaturas que não são mais atentas/conscientes de "seus lugares", não sabem mais seu lugar, criaturas que estão alienadas de suas famílias e de sua classe e das expectativas recebidas com relação ao seu futuro. Diferentes aspectos foram aqui introduzidos, e queremos explicá-los brevemente.

*A escola não é lugar de preparação, mas de separação (*Skholé*, tempo livre)*

σχολή *(Grego:* Skholé*: tempo livre, descanso, estudo, discussão, palestra, escola, prédio escolar*

Inicialmente, queremos recordar que a escola tornou-se uma reconfiguração de tempo e espaço, o que invalidou e tornou inoperante a divisão arcaica de indivíduos/grupos, espaços, atividades e formas de conhecimento e poder. Essa separação arcaica significou que certas profissões e formas de conhecimento são reservadas para alguns indivíduos/grupos em particular. Frequentemente, considera-se muito facilmente que a escola é um fenômeno que, de uma ou de outra forma, está presente em todas as culturas e em todos os tempos. De acordo com esse ponto de vista, a educação é considerada como a iniciação ao conhecimento e à cultura de uma sociedade, e a escola é vista simplesmente como uma forma institucionalizada coletiva (e mais econômica e sofisticada) de tal iniciação. Entretanto, nós consideramos a escola como uma invenção bastante particular da *pólis*, que consiste em oferecer "tempo livre" para aqueles que, de acordo com seu berço e seu lugar na sociedade, não poderiam dispor de tal tempo. A escola se origina como uma transgressão de um privilégio, o privilégio dos aristocratas e dos cavaleiros da Grécia arcaica. A escola é a democratização do "tempo livre". Como Huizinga assinala, a escola se refere a uma educação e edificação que não eram adquiridas como subprodutos do treinamento de cidadãos "para profissões úteis e rentáveis" (o que poderíamos chamar de sistema educacional do artesão-aprendiz, em que, logicamente, o aprendizado está acontecendo), mas como o fruto do "tempo livre" (Huizinga, 1949, p. 147). E Marrou esclarece como o surgimento da escola provocou muito desdém, precisamente por causa da democratização que ela causava: com o surgimento da escola não era mais a linhagem, a boa raça ou a boa natureza (por exemplo, o berço) que significavam que alguém pertencia à classe dos bons e dos sábios (Marrou, 1965, p. 78-79). Em outras palavras, a escola libera a noção de ser-bom e ser-sábio de certo "dom" (pela natureza/nascimento) e oferece "tempo livre" para aqueles que não foram propriamente nascidos para tal (ou não tinham talento para tal). Ela faz isso, de acordo com Rancière, por sua forma, por exemplo, sua estrutura espaço/tempo.

> Em um sentido, é certamente verdade que a educação democrática é a herdeira paradoxal da *skholé* aristocrática, porque ela iguala menos em virtude da universalidade do conhecimento que transmite ou do nível social, mas

> em virtude de sua própria forma, que é a da separação da vida produtiva... Fora dessa, antes natural, separação, ela cria uma contradição em movimento em que uma série de políticas igualitárias são sobrepostas, encontrando frequentemente em disfarces imprevisíveis a entrada diversa, social e ideológica dos usuários (ou seja, as famílias). [Isso é] o lugar da visibilidade simbólica da igualdade e sua real negociação (Rancière, 1995, p. 55).

Rancière afirma, portanto, que a escola pode ser considerada, fundamentalmente, como uma forma simbólica de separação de espaços, tempos e atividades/profissões (e, como iremos acrescentar, a escola pode ser considerada como o espaço público onde acontece um modo de ser particular do professor).[6] A escola, ele sugere, não se refere ao "tempo de aprender", mas ao "tempo livre". Isso separa, na realidade, duas maneiras de *uso do tempo*: o uso do tempo daqueles que são subjugados às necessidades da vida e, portanto, têm que conseguir um emprego e trabalhar, e o uso do tempo daqueles que estão livres das limitações associadas ao uso do tempo das pessoas no emprego e no trabalho. Essa forma de escola, como uma separação, é que relaciona a escola dos atenienses da Antiguidade às escolas de hoje (Rancière, 1988). A escola não é essencialmente um espaço/tempo onde o conhecimento é transmitido buscando a preparação das profissões dos adultos. Ela é, na verdade, um espaço/tempo que está além das necessidades do emprego ou do trabalho. Ela (literalmente) se afasta do emprego. E mesmo quando ela lida com emprego ou trabalho, o que é provavelmente mais aparente nas escolas técnicas e vocacionais, ela os transforma. Essa transformação da escola é talvez expressa mais claramente de forma negativa ao se declarar que "não é emprego real ou trabalho verdadeiro" ou que alguém pode aprender melhor um ofício ou um negócio fora da escola. Porém, nós queremos compreender essa transformação como algo positivo, e é exatamente o que a escola

[6] Em outro capítulo do presente livro, "Escola como arquitetura para recém-chegados e...", relacionamos essas características à "essência" da escola.

faz enquanto escola. O que acontece na escola é diferente da socialização ou iniciação própria da aprendizagem, em que o aprendizado de um ofício ou de um comércio é imediatamente relacionado com produtividade econômica. Certamente, como Rancière (1988) chamou a atenção, crianças em idade escolar não são aprendizes de artesãos. A escola está relacionada ao conhecimento e capacidade para o bem do conhecimento e da capacidade, o que significa que é o lugar para estudo e exercício. As reclamações sobre a escola, de que ela não serve para nada, que são comumente ouvidas atualmente, aponta para o que a escola é de fato: a escola é a separação da vida produtiva e é constituída para todos e cada um (independentemente do contexto social, linhagem e talento) como um tempo e espaço para estudo e exercício (ver Huizinga, 1949, p. 161). A escola aqui não tem igualdade (social) como um objetivo para o qual ela ofereceria os meios. Ela iguala não através do conteúdo, conhecimento ou capacidades que teriam o efeito de uma redistribuição social, mas através de sua forma. Se a escola muda as condições sociais das crianças em idade escolar, então isso acontece precisamente porque ela as tira do mundo (desigual) de produção (e o mundo desigual da família e da ordem social) e oferece a elas a magnificência de um tempo-espaço igualitário. A escola redistribui profissões dadas na sociedade e na família, e as transforma, separando-as (no tempo e no espaço).

A escola não é lugar de iniciação, mas de "Jogo" (Ludus*: tempo de estudo e tempo de jogo/exercício)*

Escola (latim): "ludus", "scola", "studiorum domicilium"

Em latim, a primeira palavra para escola é *ludus*, que também significa "jogo". Huizinga assinala que o mesmo ocorre em outros idiomas (como em japonês): a palavra que designa "jogo" está relacionada ou é similar à palavra para "estudar em algum lugar" ou para "escolarização". De acordo com o autor, isso acontece devido ao fato de que ambos são "espaços de exercício" e "uma esfera na qual algo está em jogo"

(Huizinga, 1949, p. 34-36). Seguindo essa linha de pensamento, queremos elaborar a ideia de que a escola é o lugar onde nosso mundo (nosso conhecimento, capacidades e profissões) é posto em jogo e dramatizado. A escola, como *ludus*, é o espaço de jogo, isto é, o espaço onde existe a possibilidade de movimento dentro de um espaço de constrição. A escola é, portanto, o parquinho da sociedade, é o espaço onde conhecimento e práticas podem "ser libertados". Eles são libertados de seu uso regular (em casa ou na sociedade) e oferecidos por si mesmos: conhecimento pelo conhecimento (objetivo do estudo), ou profissões pelas profissões (o que está relacionado com o exercitar). Permita-nos elaborar essa ideia da escola como tempo para estudo e jogo/exercício.

Conforme indicamos anteriormente, no mundo grego a escola não era um espaço e tempo organizado para reproduzir a ordem social ou a forma de viver de suas elites. Separada tanto do *oíkos* como da *pólis*, e, portanto, livre das ocupações diárias, a escola era um espaço real com um espaço e tempo interno real, onde as pessoas eram expostas à matéria real (material de escola e profissões). Uma característica típica da separação que a escola faz, então, é a *suspensão*. O tempo econômico, social, cultural, político ou privado é suspenso, assim como as tarefas e papéis relacionados a espaços específicos. A suspensão aqui poderia ser compreendida como um ato de des-privatização, des-socialização ou des-apropriação; ela liberta algo. O termo "livre", entretanto, não apenas tem um significado negativo de suspensão (libertar-se de), mas também um significado positivo, que é "livre para". Pensando a partir da terminologia de Agamben, podemos introduzir o termo *profanação* para descrever esse tipo de liberdade. De acordo com Agamben, "[p]uro, profano, livre de nomes sacros, é aquela coisa que está sendo substituída na visão do uso comum pelas pessoas" (Agamben, 2005, p. 96). Uma condição para o tempo, espaço e matéria profana não é, então, um lugar de vazio, mas é uma condição na qual tempo, espaço e as coisas são separadas de seus usos comuns (na família, sociedade...) e, portanto, refere-se à condição na qual algo do mundo está aberto para o uso comum.

Neste ponto, podemos argumentar que a separação da escola não apenas instala igualdade como também se constitui como espaço público. A estrutura de *suspensão* e *profanação* em relação a tempo, espaço e matéria é o que torna a escola uma instituição pública, é um espaço/tempo em que palavras não são (ainda) parte de uma linguagem partilhada, onde as coisas não são propriedades que devam ser utilizadas de acordo com um manual familiar, onde atos e movimentos ainda não são hábitos de uma cultura, onde pensar ainda não é um sistema de pensamento. Como um espaço profano, a escola oferece tempo e espaço onde as coisas são "colocadas na mesa" (iremos retornar a essa ideia em breve), transformando-as em "coisas comuns", coisas que estão à disposição de todos para "uso livre". Na escola, as coisas são de "uso livre" e, portanto, separadas dos usos estabelecidos de uma geração mais antiga na sociedade, mas ainda não apropriadas por estudantes como representativos da nova geração. A escola profana funciona como um tipo de espaço comum onde nada é compartilhado, mas onde tudo pode ser compartilhado. Em outras palavras, as escolas não são públicas por causa da forma como são financiadas ou como são dirigidas, por exemplo, mas por causa da sua forma: os atos de separação, suspensão e profanação constituem um tempo, espaço e matéria públicos.

Para esclarecer essas ideias abstratas e para utilizar o vocabulário arendtiano, a escola pública pode ser compreendida como uma mesa. Alguém se torna professor da escola ao sentar-se em frente a alguém, colocando algo na "mesa". O ato de colocar algo na mesa transforma algo em matéria comum e transforma alguém em professor e outra pessoa em estudante. O que a pessoa faz quando coloca algo na mesa – o que a transforma em professor – é que ela diz "é assim que *nós* (como adultos) fazemos" ou "é assim que isso é feito *hoje*". Colocando isso em termos mais diretos, alguém que coloca um livro na mesa acompanhado de uma frase, mesmo que mínima, como, por exemplo, "isso é interessante", torna-se professor (ou um representante do mundo no qual o livro circula e é utilizado). Colocar o livro na mesa o separa do seu uso pela sociedade

– ele se torna um livro "escolar" ou matéria comum que se torna livre para estudo e exercício. Ser confrontado por algo que é de uso livre transforma outros em estudantes; eles podem renovar seu uso através de estudo e exercício, podem fazer um novo uso dele.

Mais frequentemente, quando alguém coloca algo na mesa e diz que é interessante, ele imediatamente começa a explicar por que é interessante e como os alunos devem enxergá-lo, utilizá-lo, o que devem fazer com ele, etc. Esse professor controla o acesso ao mundo, ele previne que coisas se tornem comuns e, portanto, neutraliza imediatamente o ato de separação e des-privatização. O mesmo acontece em abordagens menos centradas no professor. Nesses casos, o professor não coloca qualquer coisa na mesa, ou coloca várias coisas na mesa, e então diz que os alunos devem encontrar por si mesmos o que é interessante e de valor; e ensina que os estudantes não podem aprender com as gerações antigas, devendo direcionar seu próprio aprendizado. Portanto, novamente, o professor não leva nada "para o jogo"; não existe ali um ato de profanação nem de separação, o que acontece é uma neutralização a ser compreendida como uma imunização contra "levar para o jogo". Os estudantes aqui não estão expostos à matéria comum (mas a recursos de aprendizagem), e eles não estão organizados em posição de estudo ou exercício. Diferente desses atos de neutralização e imunização, a escola profana oferece tempo e espaço onde as coisas são colocadas na mesa. O ato profano da escola é transformá-la em coisas que estão à disposição de todos para "uso livre" (estudo, exercício). Nós queremos salientar neste ponto que é a escola-como-espaço-público que nos permite pensar sobre o status específico do professor e do estudante, pensar no velho e no novo – e não do outro jeito. A escola-como-espaço-público que nós temos em mente é o tempo e o espaço que abrem uma experiência de novo início em comparação com algo livre para uso – mesmo se acontecer de os alunos ou a nova geração aceitarem as práticas antigas e comuns.[7]

[7] Para uma análise mais detalhada, veja-se o próximo capítulo.

Para explorar de maneira mais detalhada o que acontece na escola pública – através de atos de separação, suspensão e profanação, temos que focar de maneira mais detalhada em sua "capacidade de ser lúdica". Vale aqui recordar algumas das características que Huizinga relaciona com o jogo (Huizinga, 1949). Um jogo, ele diz, é jogado por si mesmo e mantém-se fora do processo da imediata satisfação de necessidades. Um jogo não é a vida comum, mas isso não significa que não vá envolver aspectos sérios e regras. O jogo é jogado dentro de limites claros de tempo e espaço; ele é *separado* e *isento,* mas ninguém pode "possuir" ou se apropriar do espaço do jogo. Além disso, ele é jogado tendo por base a igualdade. E é bem sabido como o jogo (por exemplo, o jogo de perguntas e respostas), juntamente com a experiência de ser igual nesse jogo, de fato *traz* hierarquias sociais reais e a real autoridade social *para o jogo* e pode se tornar um perigo para essa hierarquia e autoridade. Como tempo e espaço de jogo, a escola pode parecer, de fato, "perigosa".

A escola não é apenas sobre tempo livre e espaço livre (de jogo), mas também sobre "matéria livre", assim como conhecimento (ou disciplinas escolares). O conhecimento é, certamente, muito importante na escola, porém, na escola como a entendemos aqui, o conhecimento é sempre algo que é colocado em questão, trazido para o jogo. Verschaffel (2009) relembra que em todas as sociedades tradicionais e arcaicas, o conhecimento é protegido e até mesmo mantido em segredo. Saber e ser curioso é tido como perigoso nessas sociedades. O conhecimento não é assunto público, mas partilhado e conservado de acordo com posições, e seu acesso é regulado através de seleção e iniciação. Na Grécia Antiga, entretanto, o conhecimento foi desvinculado ou liberto dessas posições e trazido às ruas (Sócrates) e para dentro da escola: o conhecimento não é mais restrito a alguns homens sábios que, estando próximos dos poderosos, administram e conservam o conhecimento, ou de aristocratas e xamãs. Em vez disso, o conhecimento se torna um assunto de todos e, em princípio, não pressupõe nenhum dom excepcional, talento, preferência ou privilégio particular. Certamente, o conhecimento não era de fato igualmente disponível e público (e nós estamos cientes da posição dos escravos e das mulheres na sociedade grega), porém, em princípio, era. Novamente, trazer algo (um texto, por exemplo) para o jogo e deixá-lo livre (do uso comum) é sempre perigoso ou arriscado – a "velha geração" ou "os aristocratas" podem perder seu domínio sobre as coisas. Sem esse risco, entretanto, e sem oferecer à nova geração tempo, espaço e materiais para o jogo – seja ele no estudo, conversas lúdicas ou exercícios – não existe escola.

A forma da escola que desejamos descrever aqui, evidentemente, não é um "ambiente de aprendizagem" (como aparece no discurso atual daqueles que querem manter a sociedade do conhecimento) e também não é um "espaço de iniciação" (como é sustentado por aqueles que defendem a escola tradicional). A forma da escola é um espaço e tempo de jogo, um espaço público, e um espaço onde o conhecimento é colocado à nossa disposição e liberado. Com certeza, a forma da escola discutida aqui mantém algo de um lugar de iniciação, onde significado, conhecimento e valores importantes para a comunidade são disseminados com autoridade para a nova geração. Ela mantém algo de sua estrutura arcaica: conservar e disseminar o que a geração mais antiga sabe sobre como conviver, sobre a natureza e sobre o mundo. Porém, a especificidade e a real "forma da escola", dessa transmissão ou disseminação, reside no fato de que o transmitido é separado e liberado de qualquer "comunidade" e "posição" (da antiga geração, dos sábios, etc.). Isso acontece através do tempo e do espaço públicos do jogo que traz conhecimento (cultura, hábitos, costumes...) para o jogo de uma forma radical. Na escola, tudo pode sempre ser colocado em discussão ou ser questionado; por exemplo, podemos questionar razões para os mais diversos fenômenos: por que o sol está brilhando? De onde vem a chuva? Por que existem pessoas pobres?

A ideia de que a escola é um espaço no qual algo está em questão e está em jogo pode ser lida nas seguintes linhas do romance de Marguerite Duras sobre um menino que não quer ir à escola porque lá ele aprende o que ele não sabe (o que é, evidentemente, uma referência ao escravo de Meno aprendendo o que sabia).

> A mãe: Você percebe como ele é, mestre de escola?
> O mestre: Percebo.
> *O mestre sorri*
> O mestre: Então você se recusa a aprender, senhor?
> *Ernesto olha longamente para o mestre antes de responder. Ele é tão amável.*
> Ernesto: Não senhor, essa não é a questão. Eu me recuso a frequentar a escola, senhor.
> O mestre: Por quê?
> Ernesto: Vamos dizer que não tem sentido.
> O mestre: O que não tem sentido?
> Ernesto: Frequentar a escola (*pausa*). É inútil (*pausa*). As crianças na escola são abandonadas. A mãe leva as crianças para a escola para que elas aprendam que elas são abandonadas. Dessa maneira, ela é libertada delas para o resto de sua vida.
> *Silêncio*
> O mestre: O senhor, Sr. Ernesto, não precisou ir à escola para aprender?
> Ernesto: Ah, sim, senhor! Precisei. É só lá que eu entendo tudo. Em casa eu acreditava na ladainha da minha mãe idiota. Foi somente na escola que eu encontrei a verdade.
> O mestre: E a verdade é...?
> Ernesto: Que Deus não existe.
> *Longo e profundo silêncio.*
> (Duras, 1990, p. 79-80, tradução nossa.)

A escola como um espaço da professora como mestre ignorante e amadora/amante (Tempo presente)

Por último, gostaríamos de chamar a atenção da figura de uma professora na forma da escola que exploramos nas seções anteriores. Compreendemos essa professora como sendo aquela que todos conhecemos, mas que hoje em dia anda desaparecida. Essa figura escapa da interação entre a educação centrada no aluno e a centrada no professor em sua dedicação "ao assunto" ou "à matéria". Não estamos falando da professora como um profissional (em relação às matérias e ao aprendizado), mas como uma amadora ou amante. A figura da professora como uma amadora é não apenas como alguém que sabe algo sobre o assunto (e quem, na verdade, quer saber tudo sobre aquele assunto). Mas também como alguém que se interessa pelo assunto e está preocupada com ele. Ela se caracteriza pelo que chamamos de paixão. A professora amadora é não apenas perita em matemática, mas apaixonada por matemática, com uma paixão que se mostra nos pequenos gestos que expressam seu conhecimento, mas acima de tudo em sua preocupação e presença em relação à matéria. A paixão da professora pode fazer a matéria (matemática, literatura, etc.) falar. A professora apaixonada não apenas nos informa sobre a matéria, mas também dá vida a ela, e a faz falar com a gente. Nesse sentido, a professora pode levar os alunos a ter contato com o assunto, pode fazê-los "tocar" e serem tocados/inspirados por ele (assim, a professora o traz, literalmente, para perto deles). E, mais importante, a professora apreciadora pode fazê-los esquecer do tempo.

Fazer pessoas perderem a noção do tempo significa que a professora pode tirá-los do tempo regular e levá-los para a aula, ela garante que eles estão "lá", que eles estão presentes e não ausentes. Em seu recente livro *Chagrin d'école* [*Diário de escola*], Daniel Pennac (2007) descreve em detalhes a dor e a angústia dos maus alunos, os repetentes, aqueles que estão cansados da escola. Ele retrata a professora da seguinte forma: ele descreve as professoras no tempo presente, no presente que, de acordo com Pennac, significa separá-las do passado (o passado que as rotula, que as restringe a habilidades específicas e, principalmente, a inabilidades) e do futuro (o qual elas não têm). Ensinar, ele escreve, é assegurar que em cada aula o alarme soe para que os alunos retomem seus sentidos. Isso significa colocar um fim aos seus "pensamentos mágicos", o pensamento que os mantêm aprisionados em contos de fadas e os faz dizer: "Não posso fazer nada, não vai funcionar, não vale nem a pena tentar". É a mágica que os faz dizer que eles são incapazes. Ele observa:

> Ah, eu sei muito bem como esse tipo de expressão pode ser irritante para aquelas professoras que cuidam das salas mais difíceis, nos guetos de nossa era. A clareza dessas palavras é confrontada com o peso dos fatores sociológicos, políticos, econômicos e os fatores relacionados à família e cultura, com certeza [...] No entanto, esse pensamento mágico tem um papel que não deve ser negligenciado quando se persiste que os maus alunos permaneçam relegados ao máximo de sua inutilidade (Pennac, 2007, p. 174-175).

Fazer soar o alarme, assegurar que eles retomarão seus sentidos, e descrevê-los dentro do tempo presente significa, portanto, que a professora deve começar partindo do pressuposto de que todos são capazes. E como nos filmes sobre escola mencionados anteriormente, o livro de Pennac está repleto de exemplos, em que precisamente esse pressuposto e sua verificação estão em questão. É uma verificação (um desenhar na presença) que acontece ao se dirigir aos alunos "na linguagem da matéria que é ensinada... Não está com vontade de ler? Então vamos ler" (p. 125-126). Para tratar a questão de forma pessoal (e expressar nossos sentimentos íntimos), falar sobre nós mesmos, ou colocar as necessidades individuais dos alunos no centro é inaceitável, de acordo com Pennac: na escola tudo isso (meus sentimentos pessoais ou íntimos como professora ou as necessidades individuais dos alunos) estão fora de questão (ou além) do ponto. Temos que nos limitar à matéria, no caso dele, à "gramática francesa". Essa hora de gramática, ele escreve, é uma "bolha de ar no tempo" (p. 132). E a aula só pode começar no momento em que o fardo da inabilidade se esvai: "É difícil explicar, mas um olhar, uma palavra de confiança... pode fazer a dor desaparecer, pode trazê-los para o puro tempo presente" (p. 70).

A professora amadora, então, é alguém que ama o mundo, ou ao menos alguma coisa do mundo, por exemplo, uma matéria de ensino. É por amor – para usar novamente a terminologia de Arendt (1958) – que ela coloca alguma coisa na mesa, e ela não pode fazer isso sem acrescentar que aquilo é interessante e valioso para ela e em seu mundo. Mas é por amor à nova geração que ela não o faz ou, talvez com maior intensidade, não possa falar como aquilo deve ser usado. A professora sente que é sua tarefa fazer que isso esteja livre para uso comum e, assim, oferecer aos alunos a experiência do uso livre e da potencialidade em face da/na relação do que é colocado na mesa. Talvez por essa razão, a professora que ama sua matéria de ensino e a nova geração pressupõe que todos os alunos são iguais; não iguais no sentido de terem habilidades intelectuais iguais, mas iguais no sentido de que ela acredita que todos são capazes de compreender o que ela coloca na mesa. Nesse ponto, a professora amadora é uma figura pública. Ou para dizer de outro jeito, talvez seu amor por sua matéria de ensino e por pessoas jovens force a professora amadora a dar novas oportunidades a todos os alunos sucessivas vezes. Além disso, a professora que ama o mundo e a nova geração não deixa os alunos à sua própria sorte, e certamente não quer se livrar de todas as formas de disciplina. A professora amadora não é a professora que geralmente está envolvida em abordagens centradas nos alunos. Ela clara e definitivamente pede atenção dos alunos; não para ela, ou para a "velha geração" que ela representa, mas para as coisas que ela coloca na mesa. É o tipo de disciplina necessária para se sentar ao redor da mesa, para se tornar atento ao que está na mesa e para tornar possível a experiência de um novo uso. Talvez por essa razão, a principal característica da "forma da professora" na escola profana seja sempre em primeiro lugar o amadorismo, ou seja, o amor pelo mundo e pela nova geração (Arendt, 1958), e não o profissionalismo ou o saber.

Conclusão: a marca da democracia e seu ódio

De acordo com nossa opinião, a escola em sua forma distintiva é uma *separação* de uma posição, de um lugar na ordem da desigualdade (por exemplo, a ordem que explica que as crianças de favelas ou subúrbios não estão interessadas em matemática ou em pinturas). Ela trata, portanto, de uma *ex-posição* que começa com o pressuposto da igualdade (uma exposição ao mundo pelo próprio mundo; à matéria pela própria matéria). A escola da igualdade não é uma escola igualitária ou uma escola meritocrática; não é nem uma escola que visa resultados iguais, nem uma escola que oferece oportunidades iguais. A forma da escola inclui um pressuposto ou opinião de igualdade ao colocar os alunos em um novo tempo, e novamente em uma posição igual para se começar. É a escola na qual diríamos que momentos "democráticos" podem surgir, onde professores e alunos estão expostos uns aos outros como iguais em relação a um livro, um texto, uma coisa (ver também Cornelissen, 2010). E dessa perspectiva, podemos afirmar que os avanços que podemos observar hoje (em uma combinação de política, história e ciência) neutralizam ou talvez até cancelem esses momentos democráticos e a operação democrática da escola (na sua forma, no que é feito dentro dessa forma e no modo de ser da professora). Não existe espaço... tempo... matéria.

A banalização da forma da escola, que acontece na identificação do tempo da escola com o "tempo natural" do crescimento, da maturação ou do desenvolvimento ou com o tempo (artificial) da aprendizagem, mascara/disfarça a separação entre "tempo econômico e útil" e "tempo livre" como tempo de estudo e de brincadeira. A banalização da discussão e da argumentação sobre um assunto que se dá ao reduzir a discussão a uma troca de opiniões particulares (qual a sua opinião?) e a um debate sobre preferências e perspectivas individuais mascara o fato de que na escola o mundo (comum) é posto em funcionamento (e não cotas ou ações individuais). A banalização da professora, o que ocorre ao identificá-la com a profissional, mascara a possibilidade de que ela seja uma amadora que pode "dedicar" seu tempo. Tanto a escola tradicional como a escola como um ambiente de aprendizagem querem evitar a escola da igualdade da mesma maneira que uma professora especialista (e seus perfis de competências) quer evitar a professora como amadora.

O papel público da escola profana está relacionado com tornar as coisas públicas para o uso comum e livre e, assim, qualquer coisa pode acontecer aí. Como consequência, existe uma estrutura profundamente igualitária, ou até mesmo democrática, nas escolas. Na verdade, deixar a esfera privada da família e adentrar o prédio da escola implica entrar em um espaço e tempo em que papéis, posições, costumes e histórias particulares são suspensos, e onde todas as pessoas são igualmente expostas a coisas em comum em vista de um uso novo e livre. Valendo-se de Rancière (1988), a escola profana é então uma instituição democrática radical. A escola profana é democrática no sentido de que todos se sentam como iguais ao redor da mesma mesa e, confrontados com o que está na mesa, qualquer coisa pode acontecer, e ninguém pode reivindicar autoridade para dizer o que deve ser feito baseado em uma qualificação que o outro não tem. Mas, se a escola profana é de fato uma escola democrática, talvez possamos seguir Rancière (2007) mais ainda em sua descrição do medo e até do ódio à democracia. Democracia, como explica Rancière, foi um termo inventado por seus opositores, ou seja, aqueles que alegavam que alguém só é autorizado a exercer o poder baseado em qualificações específicas, como riqueza, sabedoria, saber ou nascimento. De acordo com Rancière, na Grécia Antiga, mas também ainda hoje, existe um profundo medo ou até um tipo de ódio à democracia e, talvez, isso seja verdade também para as escolas públicas democráticas.

Referências

AGAMBEN, G. *Profanations.* Paris: Payot and Rivages, 2005.

ARENDT, H. The Crisis in Education (1958). In: ARENDT, H. *Between Past and Future: Eight Exercises in Political Thought*. New York: Penguin, 1977.

BIESTA, G. Learner, Student, Speaker: Why it Matters How we Call Those we Teach. *Educational Philosophy and Theory*, v. 42, n. 5/6, p. 540-552, 2010.

BINGHAM, C. Settling no Conflict in the Public Place: Truth in Education, and in Rencierean Scholarship. *Educational Philosophy and Theory*, v. 42, n. 5/6, p. 649-665, 2010.

BOURDIEU, P.; PASSERON, J. C. *La reproduction. Eléments pour une théorie du système d'enseignement.* Paris: Editions de Minuit, 1970.

BOWLES, S.; GINTIS, H. *Schooling in Capitalist America.* Routledge: London, 1976.

CORNELISSEN, G. The Public Role of Teaching: To Keep the Door Closed. *Educational Philosophy and Theory*, v. 42, n. 5/6, p. 523-539, 2010.

DERYCKE, M. Ignorance and Translation, "Artifacts" for Practices of Equality. *Educational Philosophy and Theory*, v. 42, n. 5/6, p. 553-570, 2010.

DURAS, M. *La pluie d'été.* Paris: P.O.L., 1990.

DURU-BELLAT, M.; SUCHAUT, B. Organization and Context, Efficiency and Equity of Educational Systems: What PISA Tells Us. *European Educational Research Journal*, v. 4, n. 3, p. 181-194, 2005.

DURU-BELLAT, M.; VAN ZANTEN, A. *Sociologie de l'école.* Paris: Armand Collin, 2002.

FLANDERS IN ACTION. *Positioning Paper Talent* [Vlaanderen in Actie. Positioneringspaper Talent]. Brussels: Flemish Government, 2008.

HIRTT, N.; NICAISE, I.; DE ZUTTER, D. *De school van de ongelijkheid.* Berchem: Epo, 2007.

HUIZINGA, J. *Homo Ludens. A Study of the Play-element in Culture.* Trans. s.n. London: Routledge, 1949.

JACOBS, D. *et al. De sociale lift blijft steken. De prestaties van allochtone leerlingen in de Vlaamse Gemeenschap en de Franse Gemeenschap.* Brussels: Koning Boudewijnstichting, 2009.

LEUVEN/LOUVAIN-LA-NEUVE COMMUNIQUÉ. *The Bologna Process 2020 – The European Higher Education Area in the New Decade. Communiqué of the Conference of European Ministers Responsible for Higher Education*, Leuven and Louvain-la-Neuve, 28-29 abr. 2009.

MARROU, H. I. *Histoire de l'éducation dans l'antiquité.* Paris: Seuil, 1965.

MINISTRY OF EDUCATION, CULTURE AND SCIENCES [MINISTERIE VAN OCW]. *Onderwijs met ambitie: Samen werken aan kwaliteit in het Voortgezet onderwijs.* Ministerie van OCW: Den Haag, 2008.

MONARD. *Kwaliteit en kansen voor elke leerling. Een visie op de vernieuwing van het secundair onderwijs. Voorstel van de Commissie Monard.* Brussels, 2009. Disponível em: <http://www.ond.vlaanderen.be/nieuws/2009/bijlagen/0424-visienota-SO.pdf>. Acesso em: 16 jul. 2014.

PENNAC, D. *Chagrin d'école.* Paris: Gallimard, 2007.

PLATO. *The Republic.* Trans. R. E. Allen. New Haven/London: Yale University Press, 2008.

RANCIÈRE, J. École, production, égalité. In: RENOU, X. (Ed.). *L'école contre la démocratie.* Paris: Edilig, 1988. p. 79-96.

RANCIÈRE, J. *Hatred of Democracy.* Trans. S. Corcoran. London/New York: Verso, 2007.

RANCIÈRE, J. L'actualité du 'Maître ignorant': entretien avec Jacques Rancière (Interview by A. Benvenuto, L. Cornu and P. Vermeren, January 24, 2003). *Le Télémaque. Philosophie – Education – Société*, n. 27, p. 21- 36, 2005.

RANCIÈRE, J. *Le spectateur émancipé.* Paris: La Fabrique, 2008.

RANCIÈRE, J. *On the Shores of Politics.* London: Verso, 1995.

RANCIÈRE, J. Sur 'Le Maître Ignorant'. *Multitudes*, n. 2, maio 2002. Disponível em: <http://multitudes.samizdat.net/spip.php?article1736>. Acesso em: 16 jul. 2014.

RANCIÈRE, J. *The Ignorant Schoolmaster. Five Lessons in Intellectual Emancipation.* Trans. and introd. K. Ross. Stanford: Stanford University Press, 1991.

RICKEN, N. (Ed.). *Über die Verachtung der Pädagogik. Analysen – Materialen – Perspektiven.* Wiesbaden: Verlag für Sozialwissenschaften, 2007.

RUHLOFF, J. Emanzipation. In: BENNER, D.; OELKERS, J. (Eds.). *Historisches Wörterbuch der Pädagogik.* Weinheim: Belz, 2004. p. 279-287.

RUITENBERG, C. What if Democracy Really Matters. *Journal of Educational Controversy*, v. 3, n. 1, 2008. Disponível em: <http://www.wce.wwu.edu/Resources/CEP/eJournal/v003n001/a005.shtml>. Acesso em: 16 jul. 2014.

SAFSTROM, C.A. The Immigrant Has No Proper Name: The Disease of Consensual Democracy within the Myth of Schooling. *Educational Philosophy and Theory*, v. 42, n. 5/6, p. 606-617, 2010.

SIMONS, M.; MASSCHELEIN, J. From Schools to Learning Environments: The Dark Side of Being Exceptional. *Journal of Philosophy of Education*, v. 42, n. 3/4, p. 687-704, 2008.

TYACK, D.; TOBIN, W. The 'Grammar' of Schooling: Why Has it Been so Hard to Change? *American Educational Research Journal*, v. 31, n. 4, p. 453-479, 1994.

VERSCHAFFEL, B. *Onderwijs als 'overdracht': culturele 'ontmoeting' of politiek/samenspel?* (2009). Unpublished manuscript.

Governamentalidade, políticas e subjetivação pedagógica: Foucault com *Rancière*[1]

Tradução de Carolina Seidel e Walter Kohan

Introdução

A defesa e a promoção da democracia por meio da (e na) educação é uma grande preocupação hoje. Acadêmicos, educadores e políticos insistem em promover a função democrática da educação escolar, enfocando a organização democrática das escolas ou explorando como o currículo pode ensinar competências em prol da cidadania e da participação democráticas. O objetivo deste artigo é discutir a preocupação, considerada hoje como algo corriqueiro, com educação, democracia e igualdade. O ponto de partida é uma sensação de desconforto em relação ao que é feito em nome da democracia (e termos intimamente relacionados, tais como participação, inclusão, deliberação). O termo "democracia" parece referir-se, atualmente, às infraestruturas de participação e inclusão cuidadosamente organizadas. Percebe-se, no entanto, que essas infraestruturas e as medidas políticas conduzem a uma versão domesticada de democracia. Apoiados em uma abordagem foucaultiana, descreveremos essa domesticação em termos da "governamentalização da democracia", e o faremos por meio da produção de "subjetividades governamentais" específicas. O foco nas subjetividades governamentais nos permite articular nossa inquietação em torno da aparente domesticação da democracia; no entanto, ele não explica

[1] Publicado em *Educational Philosophy and Theory*, v. 42, n. 5-6, p. 589-604, 2010.

de onde vem esse desconforto. Complementamos aqui o trabalho de Foucault com as ideias desafiadoras de Rancière. Alinhados com Rancière, discutiremos se as tentativas atuais para melhorar, promover e desenvolver a democracia por meio de procedimentos de negociação, participação e consenso, bem como para mobilizar a educação atendendo a esses objetivos, se transforma exatamente no oposto: a neutralização dos conflitos democráticos. Enquanto a perspectiva foucaultiana chama a atenção para os processos de neutralização por meio de processos de "subjetivação governamental" (ou identificação), Rancière nos ajuda a concentrar em seus limites, isto é, no campo da democracia e da "política de subjetivação". Vamos argumentar que a democracia ocorre por meio do processo paradoxal de subjetivação política e que a sociedade do consenso hoje tende a despolitizar todos os processos de subjetivação. O passo final de nossa argumentação é introduzir o conceito de "subjetivação pedagógica", a ser entendida como experiência de potencialidade – isto é, a ser distinguido de subjetivação governamental e também de subjetivação política.

Em suma, a análise apresentada neste artigo situa-se em dois níveis: é uma análise crítica do que está acontecendo hoje em nome da democracia e da educação e é, ao mesmo tempo, uma elaboração teórica da perspectiva de Foucault usando as ideias de Rancière.

O *dêmos* e o *krátos* na educação hoje

Seria útil começar com um pequeno esboço da cena de práticas e discursos contemporâneos relacionados com democracia e educação. Para este esboço, recorremos principalmente a exemplos do contexto flamengo (Bélgica) e de discursos da União Europeia, embora acreditemos que estes mantêm semelhanças com outros países e regiões do mundo (Biesta, 2007; ver também Friedrich *et al.*, 2010). Serão explorados discursos e práticas em quatro níveis: estruturas de participação, reforma curricular, educação inclusiva e déficit democrático (político).

Um aspecto das políticas de descentralização e desregulamentação em Flandres durante as duas últimas décadas são iniciativas de apoio à política e à gestão das escolas locais. Uma dessas iniciativas procurou desenvolver e implementar um novo sistema de participação no âmbito da escola local (como resultado do chamado "participação decreto") (Ministério Da Educação De Flandres, 2003). Isso foi baseado no argumento de que uma "cultura escolar democrática" é parte de uma "sociedade democrática", e que "as muitas partes interessadas e diversificadas podem ajudar a desenvolver uma política escolar amplamente apoiada em um modelo de *razão pública*" (Mef, 2003, p. 3). Nesse contexto, o governo declarou, por exemplo, que todas as escolas devem ter um Conselho Consultivo Participativo, a fim de dar voz aos alunos, pais, professores e representantes da comunidade local na definição das políticas da escola. Coerente com a "política escolar amplamente apoiada", o governo argumenta: "Os instrumentos de participação, no entanto, também têm uma função pedagógica: o exercício dos direitos de participação dentro de um quadro anteriormente acordado contribui não só para a assertividade/maturidade e a criatividade dos alunos, mas também para a sua preparação para integrar seus próprios argumentos dentro de uma ordem específica" (Mef, 2003, p. 3). A transformação da escola em um ambiente democraticamente organizado está de acordo com as reformas no âmbito curricular. Um dos "objetivos intercurriculares finais" (a serem alcançados por todas as escolas, e formulados pelo governo flamengo) é chamado de "educação para a cidadania", que se refere à aprendizagem de conhecimentos, habilidades e atitudes relacionados com democracia e participação política, cultural e social (Mef, 1997, 2002). Vamos nos valer da argumentação dada nesse contexto para compreender mais detalhadamente o que está em jogo.

O site do governo sobre "educação para a cidadania como objetivo final interdisciplinar" define cidadania como "estar aberto para a vida política, econômica, social e cultural da sociedade da qual se faz parte e estar disposto a dela participar". E continua: "Uma pessoa não nasce com um sentido de cidadania: isso é algo que se adquire por meio da sua criação. A escola, como instituição social, é um lugar onde as crianças e jovens têm a oportunidade de adquiri-lo" (Mef, 2001, p. 33). Indicando claramente que cidadania é algo que pode e deve ser aprendido, a declaração dos objetivos finais da educação para a cidadania relaciona em detalhes o tipo de conhecimentos, habilidades e atitudes que os alunos devem adquirir ou desenvolver (por exemplo, o conhecimento sobre os direitos humanos ou as habilidades para ter um discurso de aceitação e respeito pelas diferenças). Em vista disso, a escola é considerada como um "modelo de sociedade" e, portanto, um "terreno experimental para a cidadania": "Sem correr o risco de qualquer punição, mas ainda funcionalmente, é possível experimentar com as regras democráticas do jogo, oferecendo aos jovens oportunidades de envolvimento e participação" (Mef, 2002, p. 84). A ideia da escola como um "modelo de sociedade" também se reflete na preocupação atual com relação à inclusão de alunos com deficiência em escolas regulares (Organização para a Cooperação e o Desenvolvimento Econômico, 1999). A escola "inclusiva" é, portanto, considerada como o modelo de "uma sociedade em que cada membro tem uma participação" e, como consequência, o ambiente ideal de aprendizagem para os jovens (Thomas, 1997, p. 104-105).

O último exemplo de práticas e discursos de educação e de democracia atuais está relacionado com o chamado "déficit democrático" no contexto da União Europeia, e refere-se principalmente à sua "falta de democracia". Um conceito semelhante associado à democracia nesses discursos é "governança", e em particular a tentativa de encontrar novas formas de governança que aumentem a participação democrática e preenchem a lacuna entre a UE e os cidadãos europeus (Cec, 2001). Na tentativa de desenvolver a governança para a democracia e, mais precisamente, para fortalecer a legitimidade democrática, a participação das partes interessadas não é apenas considerada como um direito, mas se torna um dever. Da mesma maneira que o foco atual em educação para a cidadania, a participação democrática é vista exigindo competências específicas e, portanto, como algo a ser aprendido. A sociedade participativa, que é ao mesmo tempo inclusiva ou uma sociedade em que todos os interesses estão incluídos, é considerada como o novo ideal de sociedade democrática (Hutton, 1999), e fazer essa sociedade acontecer, bem como a aprendizagem de competências de cidadania, é um objetivo político importante.

O esboço anterior de práticas e discursos de esforço de democracia nos ajuda a captar mais precisamente o que se entende por democracia ou o "poder do *dêmos*" hoje. As perguntas a seguir irão guiar-nos aqui: O que é considerado como o *dêmos* nessas práticas e discursos? Do que se trata seu *krátos* ou poder?

O *dêmos* claramente já não (ou não apenas) se refere ao grupo de cidadãos que têm a oportunidade (ou o dever) de votar dentro de um sistema eleitoral e ter sua escolha representada no Parlamento e no governo (por um partido político expressando sua concepção do bem comum, qual seja, equidade, liberdade, comunidade). O *dêmos* da democracia atual não é, portanto, apenas um grupo de eleitores, nem apenas um grupo de ativistas (sociais/políticos) que defendem ou usam seus direitos (civis e democráticos) para mudar a sociedade. A democracia hoje, pelo menos no sentido em que ela aparece nos discursos e práticas atuais, é uma democracia participativa, com o *dêmos* referindo-se a uma organização de indivíduos ou grupos com o mesmo interesse ou identidade em relação àquela organização coletiva. A mensagem que hoje consideramos evidente, acompanhando essas práticas democráticas, é: "Cada indivíduo ou grupo pode e deve dar a sua própria opinião (preferência, interesse)", ou "A opinião (preferência, interesse) de todos conta". Além disso, o objetivo da participação dos interessados é criar formas democráticas de governo. Isso significa que as políticas devem ter em conta os interesses diferentes e devem tentar refletir os diferentes interesses, preferências e opiniões. O ideal é incluir todas as partes interessadas no processo de deliberação e tomada de decisão e lutar por um consenso, isto é, negociar com base em opiniões expressas e tomar decisões ou formular conselhos que sejam aceitos por todos (em um espírito de consenso). A aceitação ou o acordo, aqui, é ter a sensação de que sua própria causa está sendo considerada nas decisões e nas políticas (futuras).

É tentador ver as práticas atuais de participação democrática e de consenso como estruturas de tomada de decisão democráticas meramente formais, permitindo que indivíduos e grupos tenham voz. No entanto, fazer-se inteligível em termos de opiniões, preferências e interesses pessoais envolve uma forma particular de subjetivação. Nos termos de Foucault, a subjetivação é um processo que transforma os indivíduos em sujeitos: "Sujeito a outra pessoa por controle e dependência, e preso à sua própria identidade por consciência ou autoconhecimento" (Foucault, 1982, p. 227). Fazer o mundo social e si mesmo inteligíveis e visíveis em termos de "causas" (preferências, interesses, opiniões) implica um tipo particular de autoconhecimento, diferente, por exemplo, de uma obrigação legal ou autoentendimento ideológico. As práticas e os discursos locais discutidos anteriormente interpelam as pessoas a se tornarem sujeitos democráticos, isto é, indivíduos que desejam ter suas causas levadas em consideração e que veem a inclusão e o consenso como condição para o seu bem-estar. Além disso, esse modo de subjetivação, como uma parte interessada, é ao mesmo tempo uma inscrição em tecnologias de poder e de controle. Interesses e opiniões são incluídos nos procedimentos de cálculo, modificação, tradução e tomada de decisão e, assim, podem ser colocados em prática. Não nos aprofundaremos aqui na análise foucaultiana de subjetivação governamental. Esperamos que este esboço seja suficiente para indicar que o *dêmos* atual das partes interessadas e da democracia do consenso são constituídos por intermédio de um regime governamental que administra preferências, interesses e opiniões.

Polícia, divisões e plebe

O próximo passo na nossa argumentação é elaborar e "suplementar" esta leitura foucaultiana com a perspectiva de Rancière. De acordo com Rancière, tudo em que "Foucault se concentra situa-se no espaço que eu chamo de polícia" (Rancière, 2000a). Vamos detalhar melhor a noção de "polícia" de Rancière (ver também Ruitenberg, 2010; Biesta, 2010; Säfström, 2010).

A noção de polícia a que Rancière se refere é a administração ou "gestão" da sociedade, e em especial para o que é pressuposto em todos os tipos de administração: "a constituição simbólica do social" (Rancière, 1998, p. 176). Para Rancière, todas as técnicas e estratégias de poder ocorrem dentro e se tornam eficazes em relação a um espaço simbólico (historicamente) estruturado que inclui a "distribuição de ações e a hierarquia dos lugares e funções" (Rancière, 1992, p. 58). A noção de polícia, portanto, refere-se à ordenação da sociedade, ou à "configuração" de uma "ordem policial". A configuração diz respeito a uma "divisão do visível e dizível", isto é, à estruturação do "espaço de percepção em termos de lugares, funções, aptidões, etc." (Rancière, 2000c). Rancière salienta a dimensão estética da polícia, indicando que cada ordem social inclui uma "partilha" do sensível e perceptível e uma configuração da relação entre ver, dizer e fazer (Rancière, 1995). A polícia, assim, de uma só vez instala uma comunalidade (ou ponto em comum do qual todas as partes são "partícipes") e ao mesmo tempo uma divisão de lugares e partes dentro dessa comunalidade (e cada parte/partícipe assume essa comunalidade, a fim de ser uma única e individual parte/partícipe). De acordo com Rancière (e ele parece estar próximo de Foucault a este respeito), o domínio/objeto da administração não existe como tal e não é domínio natural, preexistente, que espera por um interesse gestor. O domínio ou objeto da administração é constituído simbolicamente, embora ele atue como se esse objeto fosse natural ou dado (de fora) – e este é um ponto importante na análise de Rancière. Como tal, para a polícia não existe algo que venha de fora, no sentido de que o que não é "parte" da divisão das partes e o que o não é identificável (como diferente de outras identidades) é tido como não existente. Com o conceito de polícia, Rancière, assim, refere-se à administração que se apresenta como a realização do que é comum em uma comunidade e que transforma as regras de gestão nas chamadas regras naturais da sociedade (Rancière, 1998, p. 85). A constituição simbólica da sociedade de partes interessadas, combinada com as práticas de participação democrática e de inclusão, envolve a constituição de um espaço (de partes diferentes) onde tudo é tido como inteligível e passível de expressão em termos de interesses, preferências e opiniões. Além dessa constituição simbólica, ela inclui um processo de "identificação" (Rancière) ou "subjetivação governamental" (Foucault) através do qual as pessoas se entendem e governam a si mesmas como sujeitos de interesses, preferências e identidades específicas. Autogoverno aqui é o ato de governar de acordo com o que é percebido como sendo a verdadeira natureza do eu, ou seja, suas preferências, interesses ou identidade. A identificação (Rancière) ou subjetivação governamental (Foucault) caracteriza-se pelo pressuposto de que não há nada de fora, isto é, tudo de valor pode ser expresso em termos de preferências e, portanto, nada ou ninguém pode estar de fora. Como Rancière sublinha: "Hoje, todos nós devemos ser incluídos em uma totalidade que é definida em termos consensuais como uma soma de grupos com a sua própria identidade", acrescentando: "o limite/barreira/divisão/torna-se invisível" (Rancière, 2001, p. 348). Com essa referência a uma divisão invisível, Rancière não está apontando para divergências temporárias de opiniões à espera de um novo consenso. Ele quer, outrossim, chamar a atenção para um tipo de limite estrutural da ordem policial (Rancière, 1992, 1995). Antes de elaborar esse aspecto com mais detalhes, vale a pena mencionar que Foucault aborda de forma semelhante os limites do poder e do governo – e podemos acrescentar, da "subjetivação governamental" – em uma entrevista:

> Os plebeus, sem dúvida alguma, não são uma entidade sociológica real. Mas há sempre algo no corpo social, em classes, grupos e os próprios indivíduos que, de fato, em algum sentido, escapa das relações de poder, algo que não é, de forma alguma, um assunto mais ou menos

> dócil ou de importância reativa primordial, mas sim um movimento centrífugo, uma energia inversa, uma descarga. Certamente não existe tal coisa como "a" plebe, mas existe, por assim dizer, certa qualidade ou aspecto plebeu ("de la" plebe). Há plebe nos corpos, nas almas, nos indivíduos, no proletariado, na burguesia, em todos os lugares em uma diversidade de formas e extensões, de energias e de irredutibilidade. Esta medida de plebe não é o que está fora das relações de poder, mas ela é seu limite, seu lado inferior, o seu contragolpe, o que responde a cada avanço do poder por um movimento de desengajamento (Foucault, 1980, p. 138).

Nessa entrevista concedida a (e esta talvez não seja uma coincidência) Rancière, Foucault usa o termo "plebe" para se referir aos limites de um regime governamental e dos processos de subjetivação, e ele parece sugerir que cada regime cria sua própria plebe como um movimento de desengajamento. À primeira vista, o uso do termo "plebe" para se referir aos limites de um regime governamental parece estranho. No entanto, é importante ter em mente que o termo tem um significado duplo (Rancière, 2004a, p. 304; 1998). Por um lado, "plebe" refere-se a uma parte da população ou coletividade que não tem importância e não é levada em conta ("plebe" como um nome para as classes mais baixas, por exemplo). Por outro lado, refere-se ao "povo" como o verdadeiro sujeito político de um regime democrático (a soberania do povo, ou o corpo político real). Assim, por um lado, "plebe" se refere àqueles que não têm poder ou àqueles que são excluídos, e por outro lado, ele nomeia aqueles que são a base do poder. Foucault parece apontar deliberadamente para esse duplo sentido e, portanto, ele quer apontar para uma divisão estrutural (e não temporal ou removível) no *dêmos*. Ao apresentar algumas das ideias de Rancière, discutiremos, na próxima seção, que a divisão no *dêmos* (que Foucault parece apenas insinuar) refere-se, de fato, a uma espécie de conflito que articula o que é a "democracia" e o que constitui "o político". Além disso, o termo "subjetivação política" é introduzido para descrever o processo de desengajamento relacionado aos processos de identificação (Rancière) ou de subjetivação governamental (Foucault).

Democracia, igualdade, emancipação e subjetivação política

De acordo com Rancière, é importante ter em mente que o termo democracia foi inventado por seus oponentes. O que os adversários da democracia têm em comum é que todos eles se referem a qualificações específicas (antiguidade, nascimento, riqueza, conhecimento, virtude...) como fontes de autoridade e bases legítimas sobre as quais o poder se justifica. Neste ponto, Rancière se refere a Platão, segundo o qual há uma espécie de anomalia: "[Uma] 'qualificação' [...] para o poder que ele [Platão] chama ironicamente de 'escolha de Deus', ou seja, um mero acaso: o poder dado por sorteio, cujo nome é a democracia" (Rancière, 2004a, p. 305). O "escândalo" da democracia aqui reside no fato de ela ser determinada de acordo com a lógica do acaso: "a democracia é o poder daqueles que não têm uma qualificação específica para governar, exceto o fato de não terem nenhuma qualificação". Rancière continua:

> Segundo eu interpreto, o *dêmos* – o sujeito político como tal – tem de ser identificado com a totalidade feita por aqueles que não têm "qualificação". Chamei-a contagem dos incontáveis ou a parte dos que não têm parte. Isso não significa a população dos pobres, significa uma parte complementar, uma parte vazia que separa a comunidade política da contagem das partes da população (Rancière, 2004a, p. 305).

A democracia, assim, ocorre quando há uma complementação de um suplemento na constituição simbólica da polícia; quando se reivindica uma parte que não se tem da porção existente de partes (e, assim, não se é "qualificado") e, portanto, se intervém na ordem policial saturada. Em outras palavras, quando a "lógica da polícia" refere-se à constituição de uma comunalidade ou população (com lugares e partes diferentes), e a saber e ser capaz de contar o todo e suas partes (assumindo que não existe nada de fora), a "lógica da democracia" refere-se a apresentar-se como uma parte vazia ou excedente do qual não se faz parte (e não se tem qualificação para fazer parte). Enquanto a polícia diz respeito à configuração, a democracia é acerca de uma reconfiguração, adicionando algo. Portanto, Rancière argumenta que "o povo é o suplemento que separa a população de si mesmo", e que o que está em jogo é uma "intervenção no visível e dizível" que reconfigura a ordem policial (Rancière, 1998, p. 172). É essa intervenção democrática (do não qualificado), que é sempre uma espécie de conflito e, portanto, um questionamento da ordem policial existente (porque o não qualificado faz parte, apesar de não ter parte na ordem existente), que constitui "o político", de acordo com Rancière.

"O político" é a atividade que traz os limites (não assumidamente existentes na ordem policial) de volta em questão. Em outras palavras, a democracia para Rancière não é um tipo de regime político (entre outros), mas é a "instituição" do político. "O político" é instituído no "momento democrático" em que alguém se apresenta dentro de uma comunidade e de suas partes (que estão compartilhando as coisas em comum nessa comunidade), como uma parte que não pertence a ela e não é qualificada (para falar, agir...) nessa comunidade, que não compartilha nada comum da comunidade, portanto, apresenta-se como uma espécie de parte vazia. Rancière dá o exemplo de uma mulher revolucionária, Olympe de Gouges, que afirmou, ao ser condenada à morte durante a Revolução Francesa, "que se as mulheres têm o direito de subir ao cadafalso, elas têm o direito de ir para a assembleia" (Rancière, 2004a, p. 302). De Gouges demonstra em sua declaração que supostamente as mulheres deveriam pertencer à esfera privada, doméstica (não podiam votar e não podiam ser eleitas) e, portanto, eram excluídas, ou percebidas como não qualificadas para a vida pública (e para discutir publicamente questões relacionadas ao bem comum). Ao mesmo tempo, porém, as mulheres eram consideradas como uma possível ameaça para o bem comum, pois podiam ser condenadas à morte em um julgamento público. De acordo com Rancière, tal declaração resulta na construção de um "desacordo" (*mésentente*) ou "dissenso" democrático. É muito importante especificar o significado destes termos:

> O dissenso não é um conflito de interesses, opiniões ou valores; é uma divisão no "senso comum": uma disputa sobre o que é dado, sobre a estrutura dentro da qual podemos ver algo como dado. [...] Isso é o que eu chamo de um dissenso: colocar dois mundos em um só e o mesmo mundo (Rancière, 2004a, p. 304).

Olympe de Gouges não tinha "qualificação" para fazer aquelas declarações, e não fazia parte da comunidade pública da época (ela não tinha habilitação para estar preocupada com o bem comum), mas ao mesmo tempo ela se apresenta como sendo parte da comunidade (ela faz uma declaração pública), alegando simplesmente o contrário disso, que não fazia realmente parte dessa comunidade. Porque a declaração daquela mulher intervém na estrutura da polícia dentro da qual nós estamos acostumados a ver as coisas como algo dado, não é apenas uma opinião ou um interesse que ela está emitindo. Em vez disso, a sua intervenção constitui um "dissenso sobre a participação na comunidade" (p. 306).

De acordo com Rancière, esse momento democrático envolve um processo de "subjetivação política". A mulher revolucionária de fato torna-se um "sujeito político" ou um "sujeito excedente"; ela indica, dentro de uma ordem social específica, os limites de tal ordem. No entanto, é importante ter em mente que essa subjetivação é um processo paradoxal de identificação ("dois mundos em um só e o mesmo mundo") e que o sujeito político é sempre altamente paradoxal. O sujeito político, de fato, pertence ao mundo da ordem policial e do "bem comum", e usa sua linguagem e forma de ver as coisas, mas, ao mesmo tempo, está fora desse mundo, porque apenas indica ao mundo que não pertence a esse mundo. Como tal, a subjetivação política interrompe a identificação ou subjetivação governamental; ela inclui uma dessubjetivação de subjetividades governamentais. Os sujeitos políticos de intervenções democráticas usam nomes (ou conceitos) ou identificam-se com grupos com os quais eles não podem se identificar, mas, em fazendo isso, cria-se o momento paradoxal democrático: "Eu sou um proletário" (resposta de um revolucionário no tribunal quando perguntado sobre sua profissão); "somos todos judeus" (declarado por movimentos estudantis na década de 1960), etc. Esses exemplos de subjetivação política vão ajudar a esclarecer o que está em jogo na democracia e na política: a igualdade e a emancipação.

O que Olympe de Gouges e todos aqueles que manifestam um desacordo enunciam é a "manifestação de um erro ou uma injustiça" (ato ilícito) e da "demonstração/afirmação e verificação de igualdade". Novamente, é importante ser o mais preciso possível sobre o significado dos conceitos "errado" e "igualdade", porque eles também são usados de uma maneira incomum. Errado não é um termo ético ou moral, mas se refere à principal dimensão do conflito político, e só aparece na própria manifestação desse conflito. A mulher revolucionária não "representa" um erro, mas sua intervenção em si constitui um erro. Esse erro refere-se à desigualdade que é instalada por uma ordem policial específica ou por uma simbolização do social; Olympe de Gouges é condenada à morte (neste nível, ela é uma igual), mas não tem direitos na assembleia (neste nível, ela não é uma igual). Portanto, o que está em jogo na manifestação desse erro é, antes de tudo, a demonstração/afirmação da igualdade. Olympe de Gouges, ao se dirigir a outras pessoas em um discurso público, no próprio ato de intervir, demonstra e verifica sua igualdade a todos os que são "qualificados" a fazer parte. É importante salientar neste ponto que Rancière não está discutindo a "igualdade" como um estado de ser, mas a demonstração e verificação de igualdade em um ato concreto de intervir.

Qualquer intervenção no que é visível e dizível assume uma concepção de igualdade; ao intervir, o indivíduo verifica sua igualdade como um ser que é capaz de falar e agir. A igualdade refere-se ao pressuposto (e não ao fato) de que todos nós somos capazes (de sermos qualificados), e não se refere à ideia clássica de que todos nós temos capacidades ou habilidades iguais, que compartilhamos qualificações específicas ou que devemos ter oportunidades iguais. A igualdade, para Rancière, é sempre a "igualdade intelectual", e intelecto e inteligência, longe de serem noções psicométricas, referem-se à "habilidade para" (falar e entender). Partir do pressuposto de que todos são iguais implica supor que todos (independentemente da qualificação ou de outras indicações) são capazes. Sendo um pressuposto (ou opinião) para Rancière, a igualdade não é algo que é dado, não é um fato que pode ser observado e provado (ou falsificado), e não é uma meta ou destino a ser alcançado. É sempre um ponto de partida, isto é, a afirmação da igualdade como um "axioma", "pressuposto" ou "opinião" (Rancière, 2000b, p. 3). Na verdade, Olympe de Gouges não estava esperando que sua igualdade (de inteligência) fosse verificada antes de ela levantar a voz, mas, ao levantar sua voz e intervir, ela demonstra e verifica sua igualdade (de inteligência, de poder). Em suma, quando Rancière se refere à igualdade, ele se refere à igualdade (de inteligência, de ser capaz de falar, compreender...) no âmbito do "como se" ou da "opinião da igualdade das inteligências" (Rancière, 1998 , p. 116). Enquanto a lógica da polícia e da subjetivação governamental pressupõe que não existe nada de fora, a lógica da democracia pressupõe a igualdade de inteligências, isto é, a possibilidade de agir como se todos fossem capazes de falar e de entender (sem ser necessário justificação prévia ou qualificação). Rancière refere-se, neste ponto, "à lógica igualitária no ato de fala (*la parole*)", e que o ato de falar não requer qualificações específicas (Rancière, 1998, p. 115).

Seguindo essa ideia de igualdade, Rancière desenvolve o conceito de emancipação. Emancipação não é um destino final (social/político), onde todos são livres, mas é uma intervenção (democrática) que demonstra e verifica a igualdade do indivíduo diante dos outros: "O processo de emancipação é a verificação da igualdade de qualquer ser falante com qualquer outro ser falante" (Rancière, 1992, p. 59; 1998, p. 85). Porque a igualdade é sempre baseada na opinião da igualdade intelectual, Rancière se opõe à ideia de que a igualdade social ou a emancipação social pode e deve ser o objetivo do governo. De acordo com ele, toda ordem policial é desigual no nível social, porque sempre envolve uma divisão social e é baseado na hierarquia e na distribuição desigual de lugares. Quando a igualdade se torna alvo da polícia e/ou do governo, seu ponto de partida não é a verificação de igualdade (como no caso de Olympe de Gouges), mas exatamente o oposto, isto é, a verificação da desigualdade; perceber quem ou o que é desigual na sociedade atual, onde a ordem é baseada, por exemplo, na qualificação ou nas competências. Se a ordem policial quer desenvolver políticas para aumentar a igualdade social com base nessa observação (de desigualdade), a redistribuição no âmbito da qualificação e das competências através de um tratamento desigual é considerado como uma solução. Como consequência, a desigualdade social não desaparece porque as qualificações e as competências ainda são as categorias nas quais a distribuição social de lugares e de posições é determinada. De acordo com Rancière – voltaremos neste ponto na próxima seção, quando tratarmos da preocupação com a democracia hoje –, isso implica a neutralização da democracia, na despolitização do dissenso e da subjetivação ou nas políticas de consenso e de identificação. Assim, para Rancière, coisas como a emancipação social ou coletiva ou a igualdade social ou coletiva não existem.

Em resumo, Rancière oferece uma perspectiva desafiadora com a qual se pode refletir sobre a manifestação da *vita democratica* e sobre a instituição do dissenso político ou da discordância democrática (Rancière, 1998, p. 62). Democracia é o poder dos que não têm poder, daqueles que não têm qualificação em uma determinada ordem social ou governamental, daqueles que não compartilham o que deve ser compartilhado na sociedade, comunidade, sociedade ou ordem social. Quando esses "não qualificados" intervêm, eles instalam um dissenso, isto é, demonstram e verificam que eles são intelectualmente iguais no próprio ato da intervenção, e competentes em vista do bem comum do qual, no entanto, são excluídos. Como tal, eles são, ao mesmo tempo, o limite do regime governamental e da sua ordem policial, e o novo centro que traz à luz esses mesmos limites. Porque a *vita democratica* se refere ao poder das pessoas não qualificadas ou à capacidade daqueles que são incapazes, isto é, daqueles que não têm qualquer justificação, além de serem não qualificados e incompetentes (em vista da ordem social em jogo), é uma vida difícil de lidar.

Essa é precisamente a razão, de acordo com Rancière, pela qual existe um profundo ódio ou medo da democracia (Rancière, 2005a, 2005b, 2006). Para a ordem policial, e para sua distribuição cuidadosamente justificada de funções e instalação de hierarquia baseada em qualificações e competências, a demonstração e verificação de igualdade pelo "não qualificado" e "incompetente" é perigosa, abusiva ou escandalosa. Por isso, a reação é quase sempre a de reforçar a ligação entre "ter poder" e "ter as qualificações ou competências específicas" (alegando-se que se deve ser qualificado para exercer o poder), e entre "ter poder" e o "dever de justificação" (alegando que se deve ser capaz de dizer em que bases pode-se justificar sua intervenção). Isso fortalece o processo de subjetivação governamental (Foucault) ou identificação (Rancière). Essas reações, de acordo com Rancière, "neutralizam" a democracia e acabam resultando em um tipo de "des-politização": manifestações de dissenso são traduzidas em questões de polícia e em problemas de polícia (de interesses conflitantes, por exemplo), exigindo soluções de polícia (consenso, por exemplo).

O ódio da democracia é, assim, o ódio da classe dominante (qualificada), que acha que tem um motivo especial ou a capacidade de governar, à lógica do acaso inerente à democracia; à lógica "escandalosa" de que, a princípio, todos poderiam fazer parte da classe dominante. Na verdade, a *vita democratica* que é temida intervém sem justificação prévia ou qualificação obtida, e ela demonstra e verifica a igualdade e um erro no ato de intervir. Como tal, o momento democrático é o momento político em que a questão "por que esses limites?" interrompe o regime governamental e quando esta questão é percebida como uma questão significativa, embora ainda paradoxal porque vem de um outro mundo.

Nas seções seguintes, vamos indicar como as atuais iniciativas relacionadas à sociedade participativa ou sociedade de consenso podem ser consideradas como uma espécie de des-politização e, portanto, como uma neutralização ou negação da democracia, e como este é particularmente o caso das tentativas atuais de promoção da democracia através da educação.

Consenso, expertos da inclusão e des-politização

As técnicas e as práticas de participação democrática e de consenso implantadas hoje baseiam-se em preferências, interesses e opiniões predefinidos. Assim, e de acordo com a lógica de qualquer ordem policial, a lógica do consenso (ou participação, acordo, etc.) pressupõe que não há nada além do que é dado (em preferências, interesses, etc.) e do que está presente (em uma determinada parte ou identidade). De tal forma, Rancière afirma, "consenso refere-se à configuração de um campo de percepção-em-comum, um exemplo que chamei de "partilha do sensível", mesmo antes de se tornar uma predisposição para deliberação" (Rancière, 2000d, p. 123). Ligar corpos (de indivíduos ou grupos) a identidades e causas e dividir lugares e partes com base em interesses, preferências e opiniões é de fato uma constituição simbólica do social e instala um tipo particular de subjetivação governamental/identificação. A ordem consensual da polícia e seus temas de preferência e interesses partem do pressuposto da desigualdade (no nível das diferenças de interesses, preferências, opiniões), considera a igualdade um objetivo de comum acordo (social, política) e define todas as tensões "restantes" como justificativas para políticas de consenso mais elaboradas e detalhadas.

Tendo em vista essa descrição, Rancière faz uma afirmação forte: "O consenso, assim entendido, é a negação da base democrática para a política: ela deseja ter grupos bem identificáveis com interesses específicos, aspirações, valores e 'cultura'" (Rancière, 2000d, p. 125). A ordem consensual da polícia e seus sujeitos de preferência, de fato, pressupõem que seus interesses e partes, bem como as diferenças entre eles, preexistem, que a cena deliberativa preexiste, e que o que os indivíduos e os grupos têm a fazer é verificar seus interesses e preferências particulares, ou seja, verificar a sua desigualdade (no âmbito do interesse e das preferências) em relação aos outros, a fim de buscar o consenso e a deliberação. A ordem policial consensual pressupõe que não há nenhum fora e, em sua ânsia de ver em tudo e particularmente no que está por trás de cada conflito de interesses e identidade específicos, nega todas as manifestações dos excessos ou falta (política). A negação é, portanto, a negação da base democrática para a política; é a neutralização do processo de subjetivação política, em que um sujeito excedente paradoxal se constitui no ato de demonstrar e verificar sua igualdade de inteligência em nome, por exemplo, do "proletariado", "mulheres", "trabalhadores" (Rancière, 2001, p. 348). A ordem atual não aceita mais esse tipo de subjetivação paradoxal e uso de nomes "errados", em vez disso, ela quer chamar a todos pelo seu nome real, e assim ser capaz de levar em conta as suas reais identidades, preferências e interesses.

A palavra correlata para a neutralização de conflitos e des-politização parece ser a atual implantação dos "expertos em inclusão" (cf. Rose, 1999). Como mencionado anteriormente, a partir da perspectiva da sociedade consensual, os excluídos são vistos como sujeitos com nomes reais, e com os interesses reais apresentando riscos reais que devem ser levados em consideração. Sua exclusão não é uma manifestação de um "erro", mas é traduzido em deficiências que causam uma falta temporal de inclusão. Inclusão, então, é o alvo de programas especializados em participação e consultoria (por exemplo, empoderamento), aprendizagem (por exemplo, empregabilidade) ou comunicação ética (por exemplo, gestão de conflitos). Os expertos da inclusão consideram cada conflito ou forma de exclusão como uma condição temporária de um indivíduo (ou grupo) que necessita de apoio especial e é, portanto, parte da "higiene social" da sociedade consensual (Brossat, 1998, p. 49ff).

Além dos estados temporais de exclusão definidos e tratados pelos expertos, outra forma de "exclusão" parece emergir na sociedade consensual. Rancière nos ajuda a compreender que, dentro da sociedade consensual, pelo menos na França e em outros países europeus, um novo tipo de racismo e de medo do "outro" emerge. De acordo com Rancière, isso acontece porque "o outro" que entra em uma sociedade consensual, como o imigrante, por exemplo, não tem outro nome que não o seu próprio e, portanto, o outro já não é capaz de demonstrar e manifestar sua igualdade diante de nós. Há algumas décadas, os imigrantes podem verificar sua igualdade reivindicando o status de trabalhadores ou proletários. Hoje, eles podem tornar-se "sujeitos de interesse" (com seu próprio nome e causa, e expostos a "expertos da inclusão" treinados em ofertar programas de integração), ou aparecer como "o outro" sem nome e tornarem-se objeto do medo. Rancière resume essa lógica da seguinte forma: "Objetivamente, não temos mais imigrantes como tínhamos há vinte anos. Subjetivamente, temos muitos mais. A diferença é esta: há vinte anos os "imigrantes" tinham outro nome, eram trabalhadores ou proletários. Nesse ínterim, esse nome foi perdido como um nome político. Eles mantiveram o seu "próprio" nome, e um outro que não possui outro nome se torna o objeto de medo e de rejeição" (Rancière, 1992, p. 63). Esses outros "em nossas fronteiras" são tratados ou como aqueles que necessitam de ajuda, como "seres humanos", ou, no outro lado da moeda humanitária, são tratados com medo e ódio (por serem "seres humanos" diferentes).

Em suma, Rancière indica que o modo de viver numa sociedade participativa des-politizada parece estar dividido entre dois extremos: um é ser o "sujeito de interesse" com uma causa (inclusive sendo um possível alvo de expertos e de programas de inclusão), o outro é como objeto de apoio humanitário (ou, como uma reação oposta, de ódio e de medo); subjetivação governamental ou vida nua. Em outras palavras, a sociedade consensual e sua classe dominante temem as pessoas e os grupos que não se encaixam em nenhuma representação (ou seja, que não têm identidade, interesse, opinião) e que, no entanto, intervêm na ordem social (e, assim, verificam a sua igualdade intelectual).

Educação, escolas e subjetivação pedagógica

A elaboração acima nos ajuda a explorar, nesta seção final, como a educação escolar e a ordem policial desempenham um papel nos processos de neutralização e de des-politização. Em suma, os processos se relacionam em dois níveis: no nível das políticas (polícia) e da reforma da escola, e no nível da escola e do ensino.

Primeiro, enquadrando atritos e divisões na sociedade como "problemas de política", traduzindo esta última como "problemas a serem tratados na educação", e mobilizando os "expertos da inclusão" nas escolas, é uma espécie de neutralização e de des-politização no primeiro nível. A escola, como funciona dentro dos limites da sociedade consensual, neutraliza todos os seus conflitos, explicando-os, por exemplo, em termos de diferenças nas preferências e interesses. Consequentemente, a escola é um lugar onde os alunos aprendem a compreender quem eles são, em termos de necessidades, opiniões e interesses, e a utilizar os seus nomes reais.

Segundo, e talvez mais importante, as escolas aparecem como locais onde a lógica (da polícia) de desigualdade foi tão longe que esses "espaços des-politizados" se tornam o modelo de uma sociedade democrática e inclusiva. Na escola, diferentes inteligências (combinadas com diferenças nos esforços) estão ligadas às diferenças de competências/qualificações e, finalmente, a diferentes posições na sociedade (Rancière, 1987, 2002, 2004b; Masschelein, 2005). A lógica (meritocrática) da escola espelha assim a lógica da polícia. A escola lida com a inteligência, que é algo tido como dado, considerada como geral e, portanto, desigualmente distribuída. Muitas vezes os professores veem uma confirmação prática dessa desigualdade, quando, por exemplo, nem todo mundo passa no teste ou estão em diferentes trajetórias escolares e com qualificações diferentes. Além disso, para a escola, nada fica de fora, uma vez que cada problema pode ser traduzido como mais um problema de aprendizagem e, portanto, como uma justificativa da necessidade de mais escolaridade, mais apoio e intervenção mais especializada. De acordo com Rancière, as escolas costumam instalar outra desigualdade: entre "o professor que explica" e os "alunos ignorantes".

Ao explicar algo, os professores sempre assumem que os alunos são capazes de compreendê-los (ou não entenderiam a explicação), no entanto, essa igualdade se transforma imediatamente em uma relação de desigualdade, pois os professores pressupõem, ao mesmo tempo, que os alunos não podem vir a ter um entendimento sem as suas explicações. Diante da classe, os professores muitas vezes passam a seguinte mensagem aos estudantes: "sem a minha explicação, você não vai entender". De acordo com a lógica da explicação, semelhante neste sentido à lógica da polícia, as perguntas dos alunos ou os seus pedidos de explicação são imediatamente percebidos como uma confirmação dessa (suposta) desigualdade: "Você viu? Eles precisam da minha explicação". Em suma, essa lógica do sistema escolar pode se tornar a justificação para as diferenças e as desigualdades na ordem social. A ordem social ideal seria a ordem que se assemelha perfeitamente à lógica da escola, onde as únicas diferenças são causadas por diferenças de inteligência (e esforço).

Assim, quando as escolas são consideradas dessa forma como locais de desigualdade, a busca das atuais políticas por soluções dadas pelas escolas com relação à desigualdade e falta de democracia é, de alguma forma, irônica. Por outro lado, essas políticas se encaixam bem dentro da lógica da atual polícia consensual. De fato, se considerarmos a democracia como o processo pelo qual cada um pode afirmar sua igualdade sem a necessidade de uma qualificação especial ou de certo nível de inteligência, então as escolas como fábricas de qualificação (que consideram as diferenças de qualificação como a verificação da desigualdade) parecem articular uma lógica completamente oposta. A democracia dissocia os conceitos de capacidade e inteligência do conceito de qualificação, enquanto a lógica da escola parece fazer o contrário. A escola poderia, no entanto, tornar-se um "parceiro perfeito" na neutralização atual da democracia; com base em sua máquina de ligar os conceitos de esforço, inteligência e qualificação, e, assim, preparar os indivíduos para a sociedade consensual, as escolas ajudam a neutralizar todas as tentativas para reivindicar igualdade baseadas apenas na noção de ser igualmente inteligente. Em outras palavras, é provável que a escola vá realmente produzir cidadãos que temam todos aqueles que não possuem qualificações e que aleguem ter poder ou pretendam ser um igual.

Neste ponto, queremos formular a tese de que há um medo de que as escolas possam realmente se tornar locais onde a democracia ocorre, ou seja, um lugar onde não há nenhuma razão natural (a inteligência, por exemplo) ou social (condição financeira, por exemplo) em que o exercício do poder ou a justificação das diferenças possa ser baseado. Assim, Rancière talvez nos ajude a entender o medo da democracia e da subjetivação política nas escolas, e as políticas de neutralização e subjetivação governamental resultantes desse medo. Verificar a desigualdade dos estudantes (mesmo quando isso é feito com o objetivo de torná-los mais iguais, ou mesmo tentando identificar suas necessidades individuais) é uma forma de aumentar essa neutralização. Além disso, pedir à escola para transformar os estudantes em "sujeitos de interesse" e torná-los parte da sociedade consensual é também parte dessa neutralização. Talvez possamos levar isso um passo adiante. Enquanto novas formas de racismo e xenofobia são o lado negativo das sociedades consensuais (e seu exército de expertos da inclusão), a extrema violência dos estudantes pode ser o resultado dessa escola inclusiva que quer ser um modelo para as sociedades consensuais. A violência extrema pode então ser concebida como um sintoma da gradual des-politização da escola – embora os expertos da inclusão estejam ansiosos para chamar os estudantes violentos por seu próprio nome (ou pelo seu rótulo psiquiátrico).

Pensamentos finais

Embora achemos que, realmente, há um medo da democracia nas escolas, queremos desenvolver a tese de que há outro ódio, talvez mais profundamente enraizado do que este: não contra o processo paradoxal e anárquico de subjetivação política, mas contra o que chamamos de "subjetivação pedagógica". A subjetivação política diz respeito à verificação da igualdade (como um ser humano que fala) na demonstração de um erro, e implica uma identificação paradoxal com a atual distribuição de posições na sociedade. Queremos reservar a noção de subjetivação pedagógica para a verificação da igualdade e, especificamente, a verificação de "capacidades ou potencialidades". Trata-se da forte experiência do aluno em sentir que ele ou ela "é capaz" (de fazer, saber e falar sobre alguma coisa...). Evidentemente, a subjetivação política pressupõe a subjetivação pedagógica, mas a última não envolve necessariamente uma demonstração de um erro.

Embora Rancière não use o termo, a subjetivação pedagógica é, provavelmente, mais claramente descrita em seu livro *O mestre ignorante* (Rancière, 1987). Ele indica que o sistema de ensino e os professores muitas vezes partem do pressuposto da desigualdade, mas ele mostra também que partir da igualdade também é possível. Para essa exploração, ele apresenta o ensino e filosofia de Joseph Jacotot, um professor francês que chegou à Universidade de Lovaina, na Bélgica, em 1818. Sem falar holandês, ele foi convidado a ensinar os estudantes holandeses a falar francês. Ele deu aos alunos um livro bilíngue (o *Télémaque*, de Fenelon) e pediu-lhes (sem ensinar) que comparassem as línguas para aprender francês. Este método funcionou muito bem, e o fato de os estudantes terem realmente aprendido pode ser considerada como uma verificação prática do pressuposto da igualdade e, portanto, uma emancipação intelectual. Rancière, seguindo Jacotot, descreve este método como o método do mestre ignorante. Com efeito, Jacotot era ignorante quanto à língua holandesa, bem quanto aos resultados dos seus ensinamentos. Em suma, a ideia central é que o método parte do pressuposto da igualdade de inteligências, que supõe que cada estudante "é capaz" de aprender. Além disso, o mestre ignorante não se posiciona em uma relação desigual com os estudantes; ele não está explicando alguma coisa para eles, e não assume que os estudantes não vão entender sem ele ensinar e explicar (para maiores considerações, ver: CORNELISSEN, 2010; BIESTA, 2010; BINGHAM, 2010). Na verdade, a lógica básica e radical aqui é que todos podem aprender tudo e que todos podem ser professores para qualquer um, de qualquer coisa. Evidentemente, o mestre ignorante é um mestre. Não no nível de inteligência, mas no nível da vontade dos estudantes. O mestre ignorante exorta os estudantes a prestarem atenção ao material ou à coisa-em-comum (um livro, por exemplo), a compararem, traduzirem e repetirem tudo de novo, partindo sempre do princípio da igualdade e da habilidade dos estudantes.

É nesse nível que queremos localizar a subjetivação pedagógica. Enquanto a subjetivação política consiste em um desengajamento da ordem policial, a subjetivação pedagógica inclui envolvimento com "material escolar" (textos, livros...) que se tem à disposição. Os professores podem transformar esse material em uma "coisa-em-comum", diante da qual os outros são percebidos como iguais e uma experiência de "ser capaz de" pode surgir. Essa experiência, sugerimos, é a experiência de estudantes deixando a família e entrando na escola: não como uma máquina de seleção ou qualificação, mas como um "espaço público", porque se é igualmente exposto a uma coisa em comum. A escola "pública" é, neste sentido, aquela que permite que os estudantes se encontrem expostos a um texto, um livro, etc. como iguais e que venham a experimentar, nessa exposição, um momento de *skholé* ou "tempo livre" ("hora da escola", que ainda não foi ocupada e transformada em "tempo produtivo"). Rancière (1988) formula a profundidade dessa experiência única: "Quem provou a igualdade escolar está virtualmente perdido para um mundo de produção caracterizado, sobretudo, pela desigualdade e pela falta de tempo livre". Talvez o medo em relação às escolas públicas e o medo dos pais de deixarem seus filhos na escola para serem expostos a um tempo livre e a coisas em comum situem-se nessa experiência radical de igualdade e de potencialidade envolvida na subjetivação pedagógica. Essa experiência interrompe, de fato, a distribuição de lugares e posições, tanto na família como na ordem social. E talvez seja o mesmo medo que motiva a sociedade (por meio das políticas e dos professores) a domesticar a subjetivação pedagógica, enfatizando a função de seleção e da escola, com a instalação da lógica da explicação ou com o desenvolvimento de estruturas de participação democrática e apoiando outros tipos de neutralização. A tese da subjetivação pedagógica requer maior elaboração. No entanto, achamos importante explorar o significado e o papel da subjetivação pedagógica antes de começar a argumentar por mais democracia, e até mesmo por mais subjetivação política nas escolas.

Nota final: Rancière com *Foucault*

O objetivo do artigo foi trazer um complemento à análise foucaultiana a partir das ideias de Rancière sobre democracia, política e emancipação – "Foucault com Rancière". Este movimento pode ajudar a dar resposta à preocupação que é, muitas vezes, levantada a respeito do trabalho de Foucault. Sua obra é frequentemente interpretada como sendo crítica, sem ser normativa, ou pelo menos sem ser clara sobre as normas que são aplicadas na crítica aos regimes de saber-poder (cf. Habermas, 1985). No entanto, e apesar dessas discussões teóricas, a obra de Foucault teve, de fato, um impacto prático. Por exemplo, ela tem sido utilizada no movimento da antipsiquiatria, bem como no movimento de reforma prisional. Contudo, este não é o lugar para discutir como o seu trabalho tem sido usado e a sua eficácia. Em vez disso, o objetivo é destacar uma lacuna entre as reservas teóricas (devido a um chamado uso implícito de normas) e o impacto prático (apesar de tais reservas). A concepção de democracia de Rancière oferece uma perspectiva interessante, que elucida a postura crítica muito particular tomada por Foucault – uma posição que normalmente é desclassificada como sendo criptonormativa.

Queremos formular a tese de que Foucault escreveu sua obra sob o "pressuposto da potencialidade e da igualdade", e que seus escritos preparam práticas de subjetivação política. Inclusive, Foucault refere-se a si mesmo como um "experimentador" (e não como um "teórico") com o objetivo de um processo de "dessubjetivação" durante sua escrita, o que implica passar por uma "experiência-limite que arranca o sujeito de si" (Foucault, 2000, p. 240-242). Ele fala sobre seus livros como "livros de experiência" que podem funcionar como "convites" ou "gestos públicos". Em vista disso, seu livro sobre o nascimento da prisão que está relacionado ao desenvolvimento das ciências humanas, por exemplo, poderia ser lido como uma intervenção nas formas disciplinares de poder (em prisões, escolas...) na qual os expertos pressupõem a desigualdade e justificam seu poder normalizador em nome de uma experiência que as pessoas comuns não têm. Foucault, em seguida, escreve a partir do *pressuposto* democrático de que o poder sobre os outros não pode ser exercido em nome da especialização ou de qualquer outra qualificação, ou, pelo menos, que deve ser possível questionar como o poder é exercido. Como um experimentador, seu trabalho em si é um ato de des-subjetivação no atual regime de subjetivação ou, para colocar isso em outros termos, uma espécie de "subjetivação pedagógica", levando a uma experiência de potencialidade (de ser governado e de governar a si mesmo de forma diferente). Lutando contra os limites das formas disponíveis de poder, conhecimento e subjetividade, ele prepara formas locais de políticas de subjetivação. Ele convida os leitores a entrarem em um mundo de experiências-limite e, portanto, seus escritos podem começar a funcionar como intervenções que criam a possibilidade de as pessoas verificarem e afirmarem a sua igualdade. O que está sendo preparado são atos locais de subjetivação política ou dissenso em um regime governamental ou ordem da polícia. Rancière comenta: "É a questão da igualdade que, para Foucault, não tinha pertinência teórica, que faz a diferença entre nós" (Rancière, 2000b, p. 13). De fato, a igualdade não tinha pertinência *teórica* para Foucault, mas talvez (ao contrário do que Rancière parece indicar aqui) tenha tido pertinência prática. Sua obra foi escrita a partir do pressuposto de igualdade e em uma tentativa de se preparar para a afirmação *prática* e verificação da igualdade no atual regime de governo. Paul Veyne chama Foucault de um guerreiro nas trincheiras, que "[...] luta contra tudo o que é muito familiar e dado como certo no domínio do conhecimento, poder e subjetividade":

> Uma crítica genealógica não diz "eu estou certo e os outros estão errados", mas apenas "os outros estão errados ao afirmar que eles estão certos". Um verdadeiro guerreiro, sem indignação, sente raiva, *thumós*. Foucault não se preocupa em justificar sua convicção; para ele, era suficiente ater-se a ela. Mas raciocinar teria sido rebaixar-se, sem qualquer benefício para a sua causa (Veyne, 1997, p. 226).

Talvez devêssemos considerar o projeto de crítica foucaultiana como a luta de um guerreiro, ou mais precisamente, como as experiências de um "guerreiro democrático". Ele é alguém que oferece livros que podem ser usados como armas democráticas na luta contra os pressupostos de desigualdade e, portanto, é alguém que se preocupa com a demonstração prática e a afirmação da igualdade.

Em suma, talvez a obra de Rancière seja um suplemento aos livros de experiência de Foucault. Torna-se possível, então, olhar para o espaço normativo "paradoxal" na obra de Foucault não como a indicação de uma falta de fundamento normativo ou justificação, mas como a consequência necessária de sua busca para a verificação prática de potencialidade e da igualdade em sua luta pela neutralização da democracia. Poderíamos pensar em Foucault como um guerreiro democrático que visa e se prepara para a verificação prática da potencialidade e da igualdade, em vez de alguém que, teoricamente, tenta verificar a desigualdade e que diz aos outros como governar(-se).

Referências

BIESTA, G. J. J. *Democracy, Education and the Question of Inclusion*. Paper presented at the PESGB Annual Conference, 2007. Disponível em: <http://www.philosophy-of-education.org/conferences/pdfs/BIESTA%20PESGB%202007.pdf>. Acesso em: 16 jul. 2014.

BIESTA, G. J. J. Learner, Student, Speaker: Why it Matters How We Call Those We Teach. *Educational Philosophy and Theory*, v. 42, n. 5/6, p. 540-552, 2010.

BINGHAM, C. Settling no Conflict in the Public Place: Truth in Education, and in Rencierean Scholarship. *Educational Philosophy and Theory*, v. 42, n. 5/6, 2010, p. 649-665.

BROSSAT, A. *Le corps de l'ennemi. Hyperviolence et démocratie.* Paris: La Fabrique, 1998.

COMMISSION OF THE EUROPEAN COMMUNITIES [CEC]. *European Governance: A White Paper.* Luxembourg: Office for Official Publications of the European Communities, 2001.

CORNELISSEN, G. The Public Role of Teaching: To Keep the Door Closed. *Educational Philosophy and Theory*, v. 42, n. 5/6, p. 523-539, 2010.

EUROPEAN AGENCY FOR DEVELOPMENT IN SPECIAL NEEDS EDUCATION [SNE]. *Lisbon Declaration Young People's Views on Inclusive Education*, set. 2007. Disponível em: <http://www.european-agency.org/site/info/publications/agency/flyers/04.html>. Acesso em: 16 jul. 2014.

FLEMISH MINISTRY OF EDUCATION. *Departement Onderwijs. Doelen voor heel de school. De vakoverschrijdende eindtermen en ontwikkelingsdoelen voor de eerste graad van het gewoon secundair onderwijs.* Brussel: Ministerie van de Vlaamse Gemeenschap, 1997.

FLEMISH MINISTRY OF EDUCATION. *Departement Onderwijs, Dienst voor Onderwijsontwikkeling. Over de grenzen. Vakoverschrijdende eindtermen in de tweede en derde graad van het secundair onderwijs.* Brussel: Ministerie van de Vlaamse Gemeenschap, 2002.

FLEMISH MINISTRY OF EDUCATION. *Education for Citizenship as Cross-curricular Final Objective*, 2001. Disponível em: <http://www.ond.vlaanderen.be/dvo/english/corecurriculum/crosscurricular/crosscurricularthemes.pdf>. Acesso em: 16 jul. 2014.

FLEMISH MINISTRY OF EDUCATION. *Memorie van toelichting bij het voorontwerp van decreet betreffende participatie op school en de Vlaamse onderwijsraad.* Stuk 1955 (2003-2004), n. 1. Disponível em: <http://www.ond.vlaanderen.be/edulex/bundel/documenten/2004_part.htm>. Acesso em: 16 jul. 2014.

FOUCAULT, M. *Power/Knowledge: Selected Interviews and Other Writings 1972-1977*. New York: Pantheon Books, 1980.

FOUCAULT, M. Le sujet et le pouvoir. In: DEFERT, D.; EWALD, F.; LAGRANGE, J. (Eds.). *Dits et écrits IV 1980-1988*. Paris: Gallimard, 1982. p. 222-243.

FOUCAULT, M. Interview with Michel Foucault. In: FOUCAULT, M. *Power*. Ed. J. D. Faubion. Trans. R. Hurley *et al*. *Essential Works of Foucault, Vol. III*. New York/London: Penguin, 2000. p. 239-297.

FRASER, N. Foucault on Modern Power: Empirical Insights and Normative Confusions. *Praxis International*, v. 1, n. 3, p. 272-287, 1981.

FRIEDRICH, D.; JAASTAD, B.; POPKEWITZ, T. S. Democratic Education: An (im)possibility that yet Remains to Come. *Educational Philosophy and Theory*, v. 42, n. 5/6, p. 571-588, 2010.

GARTNER, A.; LIPSKY, D. K. Beyond Special Education: Toward a Quality System for All Students. *Harvard Educational Review*, v. 57, n. 4, p. 367-395, 1987.

HABERMAS, J. *Der philosophische Diskurs der Moderne. Zwölf Vorlesungen*. Frankfurt am Main: Suhrkamp, 1985.

HUTTON, W. *The Stakeholding Society*. Cambridge: Polity Press, 1999.

LEFORT, C. *Het democratisch tekort. Over de noodzakelijke onbepaaldheid van de democratie*. Amsterdam/Meppel: Boom, 1992.

LYOTARD, J.-F. *Le différend*. Paris: Les Éditions de Minuit, 1983.

MASSCHELEIN, J. L'élève et l'enface; à propos du pedagogique. *Le Télémaque. Philosophie – Education – Société*, v. 27, p. 89-94, 2005.

OECD. *Inclusive Education at Work: Including Students with Disabilities in Mainstream Schools*. Paris: OECD, 1999.

RANCIÈRE, J. *Le maître ignorant. Cinq leçons sur l'émancipation intellectuelle*. Paris: Fayard, 1987.

RANCIÈRE, J. *La mésentente. Politique et philosophie*. Paris: Galilée, 1995.

RANCIÈRE, J. Democracy Means Equality (interview). *Radical Philosophy*, n. 82, mar/abr. 1997.

RANCIÈRE, J. *Aux bords du politique*. Paris: La Fabrique, 1998.

RANCIÈRE, J. École, production, égalité. In: RENOU, X. (Ed.). *L'école contre la démocratie*. Paris: Edilig, 1998. p. 79-96.

RANCIÈRE, J. Biopolitique ou politique? *Multitudes*, n. 1, mar. 2000a. Disponível em: <http://multitudes.samizdat.net/spip.php?article210>. Acesso em: 16 jul. 2014.

RANCIÈRE, J. Literature, Politics, Aesthetics: Approaches to Democratic Disagreement (interview). *SubStance*, v. 29, n. 2, p. 3-24, 2000b.

RANCIÈRE, J. *Le partage du sensible. Esthétique et politique*. Paris: La Fabrique, 2000c.

RANCIÈRE, J. Dissenting Words. A Conversation with Jacques Rancière. *Diacritics*, v. 30, n. 2, p. 113-126, 2000d.

RANCIÈRE, J. *L'exclusion existe-t-elle ? Les réponses de Jacques Rancière*, CNDP, 2001. Disponível em: <http://www.cndp.fr/tr_exclusion/rep_ranc.html>. Acesso em: 16 jul. 2014.

RANCIÈRE, J. Sur 'Le Maître Ignorant'. *Multitudes*, n. 2, maio 2002. Disponível em: <http://multitudes.samizdat.net/spip.php?article1736>. Acesso em: 16 jul. 2014.

RANCIÈRE, J. Who is the Subject of the Rights of Man. *South Atlantic Quarterly*, v. 103, n. 2/3, p. 297-310, 2004a.

RANCIÈRE, J. Sur 'Le Maître Ignorant'. *Multitudes*, 2004b. Disponível em: <http://multitudes.samizdat.net/spip.php?article1714>. Acesso em: 16 jul. 2014.

RANCIÈRE, J. La Haine de la démocratie – Chroniques des temps consensuels (Interview). *Multitudes*, 2005a. Disponível em: <http://multitudes.samizdat.net/spip.php?article2194>. Acesso em: 16 jul. 2014.

RANCIÈRE, J. *La haine de la démocratie*. Paris: La Fabrique, 2005b.

RANCIÈRE, J. La Haine de la démocratie – Chroniques des temps consensuels II (Interview). *Multitudes*, 2006c. Disponível em: <http://multitudes.samizdat.net/spip.php?article2255>. Acesso em: 16 jul. 2014.

ROSE, N. *The Powers of Freedom. Reframing Political Thought*. Cambridge: Cambridge University Press, 1999.

RUITENBERG, C.W. Queer Politics in Schools: A Rencierean Reading. *Educational Philosophy and Theory*, v. 42, n. 5/6, p. 618-634, 2010.

SAFSTROM, C.A. The Immigrant Has No Proper Name: The Disease of Consensual Democracy within the Myth of Schooling. *Educational Philosophy and Theory*, v. 42, n. 5/6, p. 606-617, 2010.

THOMAS, G. Inclusive Schools for an Inclusive Society. *British Journal of Special Education*, v. 24, n. 3, p. 103-107, 1997.

VEYNE, P. The Final Foucault and his Ethics. In: DAVIDSON, D. (Ed.) *Foucault and his Interlocutors*. London: Chicago University Press, 1997.

PARTE III: A ESCOLA

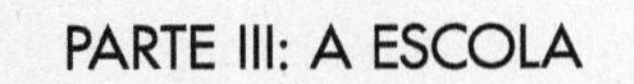

Experimentum Scholae: *o mundo mais uma vez... mas (ainda) não terminado*[1]

Tradução de Carolina Seidel e Walter Kohan

No final de seu ensaio "O que é autoridade?" Hannah Arendt afirma que estamos "confrontados de novo, sem a confiança religiosa em um começo sagrado e sem a proteção dos padrões tradicionais e, portanto, autoevidentes de comportamento, pelos problemas elementares de convivência humana" (Arendt, 1968a, p. 141). Assumir este confronto significa perguntar e investigar como dar sentido novamente a palavras como "liberdade" ou "autoridade", como conceber "educação" e "cultura", etc. Estes são os exercícios de pensamento que ela propõe em *Between Past and Future* a partir do reconhecimento de que, em sentido estrito, o significado dessas palavras evaporou, deixando para trás "cavidades vazias". O desafio apresentado por elas é "destilar delas novamente seu espírito original" (Arendt, 1968b, p. 15). Destilar o espírito original não é realizar uma reconstrução histórica ou uma genealogia, nem envolver-se em uma análise essencialista, a fim de definir a sua (supra-histórica) essência. É algo que consiste em tentativas de relacionar essas palavras com as experiências e materialidades ligadas a invenções e eventos que elas nomeiam e a nossas experiências reais. Esses exercícios não contêm prescrições sobre o que pensar ou a que verdades se segurar. Eles "não tentam projetar algum tipo de futuro

[1] Publicado em *Stud. Philos Educ.*, n. 30, p. 529-539, 2011.

utópico" (p. 14) ou fornecer soluções definitivas. Os exercícios de pensamento são, em grande medida, "experimentos," tentativas de esclarecer algumas questões e de "ganhar alguma garantia para enfrentar questões específicas". Sua forma literária é a do ensaio e o seu trabalho é o de um experimentador (p. 15). Vamos, neste sentido e com referência a uma situação em que a educação parece ser confundida com uma facilitadora de processos individuais de aprendizagem e as escolas estão sendo transformadas de instituições públicas em ambientes de aprendizagem privados, arriscar tal exercício de pensamento como uma tentativa de trazer um novo espírito original acerca do significado da educação. Esta tentativa não é para definir ou esclarecer um conceito, nem para projetar uma ideia, para puramente descrever um fenômeno, ou para recordar ou explicar fatos (históricos ou empíricos). É, na verdade, uma tentativa de articular o evento ou acontecimento que a palavra nomeia, as experiências nas quais esse acontecimentos se manifestarem e as formas (materiais) que o constituem ou que o fazem encontrar seu *lugar.*

Em muitas línguas, a noção de "escola" (*escuela*, *école*, *escuola*, *skola*, *Schule*, etc.) deriva do grego *skholé*, que significa, antes de tudo, "tempo livre", mas também: resto, atraso, estudo, discussão, palestra, prédio da escola. Todos esses significados são importantes e fortemente relacionados uns aos outros e todos eles merecem uma elaboração substancial, mas vamos considerar, para começar, o sentido de "tempo livre". Tempo livre não é nem tempo de lazer nem o tempo de aprendizagem, desenvolvimento ou crescimento, mas o tempo de pensamento, estudo e exercício. Poderíamos chamá-lo também de o tempo da diferença entre o que é possível e o que é real, ou entre o passado e o futuro, para usar as palavras de Arendt. A partir disso, podemos ter uma articulação direta e preliminar: educação é acerca de *fazer* com que o tempo livre ou público *aconteça*, para que a lacuna encontre (seu) lugar. Ou em outros termos: trata-se de fazer "escola" no sentido de *skholé.* Nesta linha, também podemos afirmar que o educador – professor, não só ensinando, mas educando – é quem leva à escola/*skholé* (que era o sentido grego do *Pædagogus – paidagogós*) e/ou contribui para seu acontecimento: o arquiteto da *skholé*, ou seja, aquele que inacaba, que desfaz a apropriação e a destinação do tempo. Um educador (isto é, o professor como educador) atua não apenas sobre a opinião da igualdade de inteligência (como J. Rancière afirma), que suspende as posições que são atribuídas em uma ordem social e institucional desigual (que Rancière chama de ordem policial), mas ele age sobre a opinião de tempo: há tempo livre e temos tempo livre, isto é, é sempre possível suspender um tempo definido ou destinado. O psicólogo, o terapeuta, o pastor, o facilitador da aprendizagem assumem que não há tempo livre. Seu tempo está destinado ou tem um sentido ou objetivo predefinido: o tempo do desenvolvimento ou crescimento, o tempo de aprender algo, o tempo da salvação ou progresso, o tempo de otimização e mobilização, o tempo da reforma e de inovação, de investimento e de produção (por exemplo, dos resultados da aprendizagem). *Skholé*, no entanto, é o tempo sem destino e sem objetivo ou fim.

Escola/*skholé*, então, não deve ser confundida com a instituição e, assim, pode acontecer também fora dela. Na verdade, a escola como instituição poderia ser considerada em muitos aspectos, como uma forma de apropriar-se da escola/*skholé*, de destiná-la. De uma forma mais geral, poderíamos ler a história da escola como sistema/instituição/organização (e, provavelmente, também a história da filosofia da educação que a apoiou) talvez num sentido mais amplo como uma história de apropriação ou da domesticação do "tempo livre".

Claro, pode-se dizer de certa forma que o exercício, estudo, ou pensamento são os fins da *skholé*. Mas o que queremos dizer é que o que aparece, acontece ou é feito dentro da *skholé* não é determinado por um resultado definido ou produto. Neste sentido, é o tempo que é liberado de um fim específico e, portanto, da economia habitual do tempo. O *Oxford Dictionary of English* traça o sentido original de "destino" e "destinar" de volta para o latim *destinare*, "a ação de tencionar alguém ou algo para um propósito ou fim". Tempo livre como um tempo não destinado é tempo em que o ato de se apropriar ou tencionar para um propósito ou fim é atrasado ou suspenso. Por isso, é também o tempo de descanso (de ser inoperante ou não ter o efeito normal), mas também o tempo que resta ou permanece quando o propósito ou fim está atrasado.

Tempo livre como o tempo de estudo, pensamento e exercício é o tempo que é separado da vida produtiva, é tempo em que o labor e o trabalho como atividades econômicas são colocados a uma distância. É tempo de conhecimento/matéria pelo conhecimento/matéria, da capacidade pela capacidade (conectada a exercitar-se) e da voz/toque de um evento em excesso de um sujeito e seus projetos (que está comprometido no pensamento). Uma característica típica dessa separação, então, é a *suspensão*. Apropriações econômicas, sociais, culturais, religiosas ou políticas estão suspensas, assim como as forças do passado e do futuro e as tarefas e papéis ligados a lugares específicos na ordem social. Suspender significa não destruir ou ignorar, mas "evitar temporariamente de estar em vigor ou efeito". Educação como uma *forma* de suspensão não é destruir ou negar qualquer coisa, por exemplo, o passado ou as instituições, mas é desorientar as instituições, interrompendo o passado. As necessidades e as obrigações de profissões, os imperativos do conhecimento, as demandas da sociedade, o peso da família, os projetos para o futuro, tudo está lá ou pode estar lá, mas em uma condição de flutuação (ver, também, Barthes, 1984).

Suspensão aqui poderia ser considerada, de forma mais geral, como um evento de des-familiarização, des-socialização, des-apropriação ou des-privatização: define algo livre. O termo "livre", no entanto, não só tem o significado negativo de suspensão, *livre de*, mas também um sentido positivo, isto é, *livre para*. Recorrendo à terminologia de Agamben, podemos introduzir o termo *profanação* para descrever esse tipo de liberdade. De acordo com Agamben, "[p]uro, profano, liberto dos nomes sagrados, é aquilo que está sendo substituído em vista do uso comum das pessoas" (Agamben, 2005, p. 96). Uma condição do tempo profano não é um lugar de vazio, portanto, mas uma condição na qual as coisas (práticas, palavras) são desconectadas de seu uso regular (na família e na sociedade) e, portanto, refere-se a uma condição em que alguma coisa do mundo é aberta para uso comum. Nesse sentido, essas coisas (práticas, palavras) permanecem sem fim: meios sem fim, ou inacabados.

A forma de *suspensão e profanação* é o que faz do *skholé* um tempo público: é um tempo em que as palavras não são parte (não mais, não ainda) de uma linguagem comum, em que as coisas não são (não mais, não ainda) uma propriedade e não são usadas de acordo com as orientações familiares, em que atos e movimentos não são (não mais, não ainda) hábitos de uma cultura, em que o pensamento não é (não mais, não ainda) um sistema de pensamento. Coisas são postas "em cima da mesa", transformando-as em coisas comuns, coisas que estão à disposição de todos para uso livre. O que foi suspenso é a sua "economia", as razões e os objetivos que as definem durante o trabalho ou durante o tempo regular ou social. As coisas são, assim, desconectadas do uso sagrado ou estabelecido da velha geração na sociedade, mas ainda não apropriados por estudantes ou alunos como representantes da nova geração. A escola profana/*skholé* funciona como uma espécie de lugar comum, onde nada é compartilhado, mas tudo pode ser compartilhado.

Comenius concebeu a educação (escolar) como apresentando o *mundo mais uma vez*, mas, de acordo com ele, este "mais uma vez" significa reapresentar o mundo confuso, esmagador, de forma ordenada, destinada, definida. A matéria da escola, então, refere-se a um mundo orientado (orientado para além da confusão). No entanto, de acordo com a nossa leitura de *skholé*, essa orientação implica a domesticação do *skholé*. Preferimos dizer que a apresentação do mundo mais uma vez, sem orientação ou destino, transforma algo em matéria escolar. Essa é a base para o que poderia ser chamado de "o aspecto conservador da educação". Isso não deve ser entendido no sentido político de manter o *status quo*, uma vez que é precisamente para oferecer ou apresentar o mundo mais uma vez sem tentar definir como deve ser continuado ou usado, ou seja, para oferecê-lo não destinado, para dispô-lo livre. É por isso que Arendt escreve:

"Nossa esperança sempre paira sobre o novo que cada geração traz; mas, precisamente, porque podemos basear a nossa esperança unicamente nisso, destruímos tudo se tentamos controlar o novo que nós, os velhos, podemos ditar como vai ficar" (Arendt, 1968c, p. 189). Que a educação é conservadora significa que ela conserva coisas (palavras, práticas) como coisas inacabadas, ou seja, coisas não são diretamente relacionadas a um fim, meios sem fim para que os alunos possam começar de novo *com* essas coisas, *com* o mundo. Elas podem agora obter significado novamente, ou obter um novo significado.

Skholé não é simplesmente um momento de passagem (do passado para o futuro), o tempo de projeto ou o tempo de iniciação. É o momento de atenção, que é o tempo de considerar o mundo, de estar presente nele (ou estar em sua presença), atendendo-o, um tempo de entrega para a experiência do mundo, de exposição e removendo orientações e subjetividades sociais, um tempo cheio de encontros. Michel Serres chama a nossa atenção para o nadador no meio de uma correnteza muito grande: "toda segurança desapareceu: ele abandona todos os pontos de referência... A passagem real ocorre no meio. Qualquer que seja a direção determinada pelo mergulho, o solo encontra-se dezenas ou centenas de metros abaixo da barriga ou milhas atrás e à frente. O viajante está sozinho. Deve-se cruzar a fim de conhecer a solidão, que é sinalizada pelo desaparecimento de todos os pontos de referência" (Serres, 1997, p. 5). Tomando o nadador que atravessa a correnteza, poderia parecer que ele simplesmente vai de uma margem para a outra (da terra da ignorância para a do conhecimento, por exemplo), como se o meio fosse apenas um ponto sem dimensão (como quando damos pulos). Claro, ele "chega" a um segundo mundo, mas, mais significativo é que o nadador não só alterou as margens do rio, mas também conheceu a característica que os une e que é na verdade um "lugar" que integra todas as direções, um "*milieu*" que não tem nenhuma orientação em si, ou, ao contrário, abre-se para todas as direções e orientações. E poderíamos acrescentar: os seres humanos não têm *habitat* natural, não há lugar/*milieu* adequados, nenhum destino natural, o que é o mesmo que dizer que eles podem experimentar *skholé*, e têm que ser educados (um animal que vai para a escola).

Profanação, suspensão e atenção são formas de comunizar (fazer em comum) e revelar o mundo, e colocar o tempo dos estudantes novamente em uma posição de começar (*com* as palavras, as coisas): oferecem a experiência de ser capaz, de potencialidade na frente de uma coisa em comum. As palavras "comunizar" (*communize*) e "comunização" (*communization*) existem em inglês, mas são raramente utilizadas. Elas têm sua origem na teoria comunista, em que se referem ao processo de abolir a propriedade dos meios de produção e, portanto, ressoam para a des-apropriação que queremos enfatizar aqui, porém de uma forma um pouco diferente. Comunização é, antes de tudo, e talvez, apenas, um termo educativo, não político. Como a educação apresenta o mundo, mais uma vez, inacabado, transforma o mundo em uma coisa comum, e coloca os estudantes como iguais em posição de começar. Isto é, se quiséssemos, a dimensão política da *skholé*. Não precisa de nenhuma doutrina política e orientação, comunista ou não, para se tornar política. O tempo e o espaço de *skholé* têm um fim em si mesmo ou, o que dá no mesmo, é um puro meio, um *medium*.

Skholé pode ter diferentes nomes: "a lacuna entre o passado e o futuro" (Arendt), a "bolha no tempo" (Pennac), um "refúgio" (Horkheimer), um "asilo" (Deligny), um "jardim suspenso" (Barthes). Em todos esses casos, é um tempo/espaço em que algo pode ser e tornar-se presente e em que estamos em sua presença (atentos e atendendo a ela, não só ficando sabendo, mas também nos preocupando), de forma que ele pode nos tocar, e podemos estar em sua companhia e podemos começar (a viver) com ele.

Onde esse algo pode começar a significar, tornar-se uma "res" ou "coisa", no sentido de Heidegger referindo-se a "*Ding*", a antiga palavra alemã que diz que uma coisa é um caso, é o que constitui um mundo (Heidegger, 1951). Uma coisa não é um objeto de conhecimento, mas algo que começa a (ser de) interesse, algo que se torna parte do nosso mundo, no duplo sentido de ser parte dele (e, portanto, de uma só vez acrescentando a ele e ainda dividindo-o) e ser motivo de interesse. A experiência que está envolvida é a experiência: "[...] se torna interessante", que é ao mesmo tempo uma experiência de des-apropriação e comunalidade. "Isto" sendo, como Serres o indica, a terceira pessoa que reposiciona a primeira e a segunda.

Educação não é, primeiramente, acerca de chegar a estar em presença de alguém (uma pessoa única), mas de alguma coisa como parte de um mundo comum. Alguma coisa pode comunicar e tornar-se "real" ou realizada (no sentido de ser transformada em "res", em uma "coisa"). Em outras palavras, *skholé* é onde "o mundo acontece" (uma vez mais), é dado mais uma vez, de modo que ele se torna real e os indivíduos são expostos a ele, isto é, de forma descentralizada e dessubjetivada. Descentralização e dessubjetivação não são objetivos da *skholé*, mas sim a consequência de algo se tornar "real" (de novo). É formativa e transformadora: um mundo acontece, "coisas" aparecem, mas, em sua aparição, também o indivíduo é transformado e co-aparece, e pode desenvolver um interesse no sentido de inter-esse. É por isso que *skholé* não é tanto sobre aprendizagem, identidade ou subjetividade. A questão não é saber ou aprender quem eu sou, quem você é ou quem somos nós, a questão é cuidar de si como sendo um cuidado sobre o que inter-essa. Trata-se do mundo comum e o que esse mundo tem a "dizer" a mim ou a nós, como ele me ou nos "interessa". *Skholé* é o tempo de *estar sendo expostos juntos.*

E educadores, então, não representam algo, mas pela forma como eles lidam com algo (e, assim, o comunicam) – o seu cuidado e amor pelo mundo (seu amor por palavras, textos, coisas, práticas), referindo-nos mais uma vez a Arendt – eles apresentam alguma coisa, eles dão alguma coisa para ver, ouvir, e deixam alguém viver sob a sombra dessa coisa. Eles dão autoridade para alguma coisa, trazendo estudantes ou alunos à sua vizinhança, de modo que essa coisa possa se tornar comum ou partilhada. O professor apaixonado pode fazer a matéria falar, transformar um objeto em uma coisa, que é uma parte do nosso mundo. Fazer com que os estudantes entrem em contato e sejam tocados, isso é comunicar e desvendar o mundo.

Experimentum scholae: *a experiência do acontecimento, aparecimento e comunização do mundo*

Mas como suspender o tempo? Como desvendar e comunizar o mundo? Isto não é apenas para tornar o mundo conhecido ou para oferecer uma experiência imediata de uma realidade, mas se trata da maneira pela qual certa forma ou estética obriga-nos ou incita-nos a participar de uma experiência sensorial em que alguma coisa é desvendada e comunicada de tal forma que o mundo se divide e se torna comum, de modo que uma relação puramente desligada ou uma atitude des-interessada torna-se difícil de manter e nos tornamos atentos. Trata-se de um arranjo estético e de uma forma de lidar com a matéria (o que implica arquitetura, design, gestos, palavras, disciplinas, composição, limitações, protocolos) que coloca os estudantes no silêncio do início e oferece a experiência de potencialidade na frente de alguma coisa.

Começando pela articulação do evento e da experiência de *skholé*, poderíamos começar a pensar na educação como a arte (o fazer) e a tecnologia que (ajuda a) fazer acontecer, ou seja, espacializa, materializa e temporaliza essa *skholé*. A educação como prática, então, envolve o rastreamento de *espaços*, a organização e a abordagem da *matéria* e da edição do *tempo* que fazem a *skholé* (estudo, tempo, pensamento) acontecer. Começando por esta primeira articulação, poderíamos então tentar reconsiderar e reinvestigar a rica tradição pedagógica e didática de práticas e exercícios, a fim de articulá-las em termos de formas pedagógicas de *suspensão*, *profanação* e *atenção*: a aula, a palestra, o seminário, a oficina, o diálogo educacional (as palestras de Foucault dos anos 1980 iriam oferecer um início brilhante para a tal "filosofia da educação", incluindo uma morfologia, figuralogia, tecnologia e gesturologia da educação). Essas formas incluiriam arquiteturas particulares, disciplinas pedagógicas específicas (tecnologias intelectuais e materiais da mente e do corpo) e figuras pedagógicas (*persona* caracterizada por um *ethos* particular, ou seja, uma atitude, disposição ou "postura", por exemplo, a figura do professor, mestre, estudante), que constituem o acontecimento do "tempo livre".

Existem várias maneiras nas quais o "tempo livre" é neutralizado ou imunizado nos discursos atuais e nas tecnologias educacionais que testemunham o que se poderia chamar, por analogia com Rancière, um profundo ódio da escola. A banalização da escola, que acontece na identificação do tempo da escola com o tempo (natural) de crescimento, maturação ou desenvolvimento, com o tempo (produtivo) de aprendizagem ou de projetos políticos, mascara/disfarça a separação entre "tempo útil, produtivo, econômico" e "tempo livre". A banalização da discussão e a argumentação sobre uma matéria que se coloca, reduzindo-a a uma troca de opiniões privadas e a um debate sobre as preferências, pontos de vista e perspectivas individuais, mascara o fato de que na escola o mundo (comum) é colocado em jogo (e não participações ou necessidades individuais). A banalização da professora que se coloca através da sua identificação com a profissional mascara a possibilidade de que ela é uma amadora, uma amante do mundo, que pode criar "tempo (livre)".

Mais ainda, é importante realçar especialmente que o tempo livre (como todo tempo) é sempre tecnologicamente mediado e editado e que um de seus meios básicos aparentemente foi, por um longo tempo, a escrita alfabética (que Ong chamou a tecnologização da palavra). Na verdade, como Parry, Havelock, Ong, Illich, Sanders, Rotman e outros mostraram, a gravação alfabética do discurso é a condição para o início de um "espaço pedagógico" que implica a própria vinda à existência de palavras e da diferença entre pensamento e fala. "Só o alfabeto tem o poder de criar uma 'língua' e 'palavras', pois a palavra não surge antes de ser escrita" (Illich; Sanders, 1988, p. 7). "Só então um verdadeiro assunto chega a ser, só então a sabedoria de uma geração anterior pode ser transmitida em palavras daquela geração, a ser comentada em palavras distintas e novas pelo professor" (p. 168). Sem essa tecnologização alfabética do mundo/palavra – em inglês, *wor(l)d*, não haveria "educação" e "escola". Portanto, um dos desafios cruciais parece ser a questão de como *skholé* (como desocultamento e comunização) deve ser feita ou sustentada em um momento de tecnologias de informação e comunicação, em um momento de tecnologização digital do mundo/palavra – em inglês, *wor(l) d*, em um tempo que já não é o da modernização, progresso, ou de desenvolvimento, mas da globalização e do instante.

Incomum, talvez, mas se faz necessário acabarmos com nós dois, autores deste ensaio. Experimentamos que é impossível falar, pensar e escrever sozinho sobre essas coisas. Outro, talvez o único nome para essa experiência seja amizade. Amizade não é sobre intimidade ou privacidade. É uma experiência mundana; para os amigos, o mundo torna-se algo do que se preocupar, algo para se pensar, algo que provoca a experimentação e a escrita. É uma filosofia da educação, na medida em que dá a cara para o mundo, possível sem a amizade? Claramente, ela nunca foi, institucionalmente, mais fortemente exigida para indicar e reivindicar a própria contribuição, ou pelo menos para indicar uma ordem de nomes. Isso reduz o tempo e o espaço para a amizade, constitui sua banalização. Talvez o "tempo livre" faça amigos.

Referências

AGAMBEN, G. *Profanations*. Paris: Payot, 2005.

ARENDT, H. What is Authority? In: ARENDT, H. (Ed.). *Between Past and Future: Eight Exercises in Political Thought*. New York: Penguin, 1983/1968a. p. 91-141.

ARENDT, H. The Gap between Past and Future. In: ARENDT, H. (Ed.) *Between Past and Future: Eight Exercises in Political Thought*. New York: Penguin, 1983/1968b. p. 3-15.

ARENDT, H. The Crisis in Education. In: ARENDT, H. (Ed.) *Between Past and Future: Eight Exercises in Political Thought*. New York: Penguin, 1983/1968c. p. 170-193.

BARTHES, R. (Ed.). Au séminaire. In: *Essays Critiques IV. Le Bruissement de la langue*. Paris: Seuil, 1984. p. 369-379.

HEIDEGGER, M. The Thing. In: HEIDEGGER, M. (Ed.) *Poetry, Language, Thought*. Tradução de A. Hofstadter. New York/London: Harper Colophon Books, 1975/1951.

ILLICH, Y.; SANDERS, B. *ABC. The Alphabetization of the Popular Mind*. London: Marion Boyars, 1988.

SERRES, M. *The Troubadour of Knowledge*. Ann Arbor: The University of Michigan Press, 1977.

Escola como arquitetura para recém-chegados e para estranhos: a escola perfeita como escola pública?[1]

Tradução de Nathália Campos

σχολή (Grego: skholé): tempo livre, descanso, demora, estudo, discussão, palestra, escola, prédio escolar.

1.

Em "A crise na educação", Hannah Arendt (1977) relaciona a educação à proteção tanto da criança contra o mundo quanto do mundo contra a criança. Essa descrição breve e bonita apreende, para ela, a "essência" da educação, uma essência que se revela somente em uma crise em que perdemos nosso sentido do que é educação e como conduzi-la. A crise que Arendt tem em mente é a do desgaste da autoridade e do desaparecimento da tradição nos anos 1950. Mas estamos também enfrentando uma crise hoje, uma crise sobre o papel público da educação. Assim, o objetivo do nosso artigo é duplo: é tanto um comentário sobre o breve ensaio de Arendt quanto uma tentativa de compreender a atualidade, quando se enfrenta a crise do papel público da educação, a essência da educação e, particularmente, da escola. De fato, queremos nos ater à abordagem de Arendt e, analisando suas ideias, indicaremos que hoje outro aspecto da essência da educação fica desnudado. Estamos bastante conscientes de que nas teorias e filosofias atuais sobre educação o termo "essência" é altamente questionável, se não comple-

[1] Publicado em *Teachers College Record*, v. 112, n. 2, p. 535-555, 2010.

tamente um tabu. Entretanto, da mesma maneira que Arendt, acreditamos que faz sentido descrever a essência da educação hoje – especialmente hoje. Para delinear o escopo do artigo em mais detalhes, precisamos de mais algumas palavras sobre a descrição da Arendt.

De acordo com Arendt, a proteção da criança contra o mundo é tarefa da família "da qual os membros adultos diariamente retornam do mundo de fora e se refugiam na segurança de sua vida privada entre quatro paredes" (Arendt, 1977, p. 186). Essas quatro paredes, ela argumenta, "constituem um escudo contra o mundo, e especificamente contra o aspecto público do mundo" (p. 186). A casa constitui um lugar seguro, privado, protegendo as crianças da necessidade de "se exporem à luz da existência pública" (p. 187).

Entretanto, considerando jovens em vez de crianças, a situação, segundo Arendt, é "completamente diferente". A pessoa jovem é "o recém-chegado e o estranho, que nasceu em um mundo que já existia e o qual ele não conhece" (Arendt, 1977, p. 188). O lugar para esses jovens é a escola; é o lugar onde ensino e aprendizagem estão em jogo. É a "instituição que nós interpusemos entre o domínio privado da casa e o mundo, a fim de fazer a transição da família para o mundo uma transição possível" (p. 188-189). A escola é o espaço mediador que certamente ainda continua a proteger o jovem, até certo ponto, do brilho intenso do mundo público. De acordo com Arendt, a frequência escolar é exigida "pelo Estado, que é o mundo público" (p. 189). A escola *re/apresenta* então o mundo público; por meio dessa representação, ela funciona como uma espécie de proteção do mundo (e isso é válido no mundo existente) contra os jovens como estranhos. Ao mesmo tempo, a escola é, segundo Arendt, exatamente o lugar onde "a singularidade que distingue cada ser humano do outro" (p. 189) (através da qual cada pessoa não é somente um estranho, mas também um novo estranho) pode começar a florescer e se desenvolver, e onde um *novo começo* do mundo pode tomar forma. Arendt vê os jovens como estranhos que "devem ser gradualmente apresentados" ao mundo, alertando que "cuidados devem ser tomados para que essa nova criatura possa desfrutar o mundo como ele é" (p. 189). A professora, assim, sendo parte desse lugar chamado escola (localizado entre a família e o mundo), é, de um lado, alguém assumindo responsabilidade pelo mundo (ao re/apresentar o mundo quando ensina), uma responsabilidade que se funda em ser um (adulto) representativo desse mundo. Por outro lado, a professora "mais uma vez assume responsabilidade pela criança", ou seja, pela chance de um novo começo (p. 189). Arendt se refere à professora como alguém que "ama [tanto] o mundo" quanto os jovens: permitir que eles entrem no mundo que ela re/apresenta é, ao mesmo tempo, permitir que eles sejam recém-chegados e estranhos (p. 196).

Alinhados agora a essa descrição da escola entre família e mundo, podemos olhar para a escola exatamente como o lugar onde o que Arendt chama de "o fato da natalidade" está sendo tratado. A escola, assim, é um lugar e o tempo organizados para lidar com os recém-chegados e os estranhos. Em outras palavras, a escola é uma arquitetura social que *nós* (como representantes do mundo) construímos e organizamos especificamente para "estranhos e recém-chegados". Usando o termo "arquitetura", que vamos utilizar ao longo do texto, queremos enfatizar que se refere tanto a um prédio (criando um espaço interno) quanto a uma instituição ou regime (implantando tecnologias e discursos específicos). Ambos, o prédio e o regime, criam a configuração específica de espaço/tempo chamada escola.

Com base nessa representação à primeira vista simples da escola no ensaio de Arendt, queremos explorar em mais detalhe aquela configuração e arquitetura específicas, entre a família e o mundo, chamada escola. A preocupação principal para nossa investigação é o seu significado público. De fato, para Arendt, a educação escolar, definitivamente, é uma questão pública; ainda assim, no ensaio, o termo "público" permanece um pouco ambíguo. Além disso, o ponto de partida é que o papel público da educação é uma preocupação urgente hoje – isto é, em vista dos processos atuais de privatização, e do que é criticamente descrito como "capitalização da vida".[2] Nesta

[2] Ver ROSE, 1999; MASSCHELEIN, 2001; MASSCHELEIN; SIMONS, 2002.

contribuição, vamos explorar duas formas diferentes de pensar o significado público da educação escolar. Ambas podem ser extraídas do texto de Arendt, ainda que nenhuma delas possa ser encontrada em sua forma pura. Entretanto, em vez de considerar essa ambivalência como uma deficiência de Arendt, nós a encaramos como um ponto de partida para posteriores análises. Em outras palavras – e talvez seja isso que prove a excelência do texto de Arendt –, defrontando-nos com nossa crise contemporânea, temos muito o que refletir, até mesmo além dos limites do próprio texto. Vamos então esboçar essas duas formas de pensar sobre o papel público das escolas.

2.

Na primeira linha de pensamento, a escola tem um significado público porque é considerada como a arquitetura que possibilita que as pessoas vivam no mundo, referido como a esfera pública. Aqui, o mundo é um espaço público e, para se viver ali ou para habitar essa esfera, as pessoas precisam aprender e apreender coisas específicas (por exemplo, uma língua específica ou competências básicas). Por isso, a escola nessa linha de pensamento é concebida como a "intro-dução" ao mundo como espaço público (e fora da família como espaço privado). Em outras palavras, a escola aqui é considerada como a "passagem" entre o privado e o público, e como tendo um papel público no sentido de prover acesso à esfera pública. Na segunda forma de pensamento, a escola não é uma introdução (ou passagem entre família e mundo, entre vida privada e vida pública), mas é, em si mesma, um espaço público, um espaço do que queremos chamar "exposição" e "e-duc(a)ção". A escola, aqui, sendo uma arquitetura para recém-chegados e para estranhos, é um espaço público e um tempo público, em que as coisas são colocadas à (livre) disposição como "coisas comuns" e em que os estudantes têm permissão para serem recém-chegados e/ou estranhos. Na segunda linha de pensamento, a escola não é então definida em relação a algo externo a ela (isto é, em relação ao espaço público do qual ela é uma intro-dução, ou para o qual ela prepararia), mas é definida positivamente (isto é, tendo um valor público por ela mesma). Antes de elaborarmos mais sobre ambas as linhas de pensamento, três observações preliminares devem ser feitas.

Primeiramente, e mais importante, o ensaio de Arendt é, em parte, ambíguo, e considerando-se que a interpretação dominante enfoca o papel público da escola (seguindo a primeira linha), a segunda linha de pensamento continua um tanto implícita e assim corre o risco de passar despercebida. Essas linhas de pensamento não são contraditórias, mas talvez devam ser consideradas em termos de uma mudança estrutural, lendo o texto ou em termos da escola tendo um papel público, ou sendo um espaço público por ela mesma. É esta última estrutura que queremos trazer à tona aqui, e achamos que a crise atual ajuda a fazer essa mudança. O que queremos argumentar é que a ideia de Arendt de responsabilidade educacional também exige que nos refiramos à segunda linha de pensamento. De fato, Arendt indica como essa responsabilidade implica que, como educadores e para preservar tanto o mundo (por meio da renovação) quanto o novo começo, os professores (nas escolas) têm que ser conservadores, isto é, para aceitar (amar) o mundo. Ser conservador aqui implica que temos que nos refrear de querer "preparar uma nova geração para um novo mundo" porque isso "só pode significar que se quer tirar das mãos dos recém-chegados suas próprias chances com o novo" (Arendt, 1977, p. 177). Como Arendt coloca, nossa esperança de dar continuidade ao mundo, mas também de alterá-lo

> [...] depende do novo que cada geração traz; mas precisamente porque podemos basear nossa esperança somente nisso, destruímos tudo se tentarmos controlar o novo que nós, os velhos, podemos ditar como vai se parecer. Exatamente pelo bem do que é novo e revolucionário em cada criança, a educação deve ser conservadora; ela deve preservar essa novidade (Arendt, 1977, p. 192-193).

O fato da natalidade, então, constitui a chance de um novo começo do mundo. Os recém-chegados estão oferecendo uma chance de um futuro para o mundo. Mas isso não significa que este futuro está inteiramente nas mãos das crianças e que nós devemos deixá-las com seus próprios recursos (o que parece ter sido o programa dos projetos de educação antiautoritária e parte das novas escolas que Arendt critica em seu ensaio). Renovar o mundo *comum* é uma tarefa tanto da nova geração quanto da velha. Esse mundo comum não é dado previamente; não é algo que a velha geração e a nova compartilhem (*têm* em comum nesse sentido), mas ele, precisamente, *acha (seu) lugar (comum)* entre eles, exigindo que a velha geração coloque, por assim dizer, seu mundo à disposição. Continuar e renovar o mundo pede por conservação, mas isso significa também colocar à disposição (isto é, expondo o mundo). Oferecer ou re/apresentar o mundo para a nova geração significa de fato suspender as operações vigentes do mundo (ou algo no mundo). Queremos sugerir, então, que a conservação, que Arendt chama de essência da atividade educacional no sentido de "estimar e proteger algo – a criança contra o mundo, o mundo contra a criança, o novo contra o velho, o velho contra o novo", implica "aceitar o mundo como ele é" (Arendt, 1977, p. 192). Mas aceitar o mundo implica radicalmente que é preciso também aceitar a criança como parte desse mundo comum, e isso significa colocar o mundo à disposição da criança, expor o mundo, entregá-lo. E essa exposição ou entrega inclui uma dimensão pública que não está relacionada com o pluralismo público do velho mundo. Essa entrega do mundo significa que o mundo e as coisas do mundo são liberados (do seu uso real e de sua utilidade econômica dentro do novo mundo, onde eles foram apropriados). Estar livre (para uso) significa exatamente que as coisas são tornadas públicas; isto é, elas são comuns, ou estão "em meio a". Nesta linha de pensamento, a escola, então, é precisa e literalmente esse *encontrar espaço* público, ou o comum tomando forma. De novo, sabemos que apresentamos aqui um significado de "público" que é pressuposto por Arendt e, na maioria das leituras, não é geralmente enfocado. A maioria delas, na verdade, relaciona o público com visibilidade e aparência (vir à luz) e considera a escola como a passagem para os estudantes começarem a viver uma vida visível, pública. Na nossa leitura, no entanto, entendemos o público em relação a libertar-se, à des-apropriação, des-privatização, e a coisas comuns, isto é, coisas livres do uso regular e "adulto" e assim livres para uso.

Então, e aqui vamos para nosso segundo comentário, distinguir ambas as linhas de pensamento, e particularmente elaborar a estrutura do público na segunda, pode ser interpretado como uma tentativa de discutir em mais detalhes as ideias de Arendt, mas talvez também de ir além delas. Contudo, em outra perspectiva, essa tentativa de ir além de Arendt é uma forma de permanecer leal ao seu modo de pensar. Temos que lembrar que o objetivo dela no ensaio é pensar a "essência" da educação. Essa essência, entretanto, não é para ser pensada como o produto do nosso pensamento ou imaginação; ela não é o ideal da educação (ou a educação ideal). A essência, no pensamento de Arendt, não é algo que descobrimos, nem algo que inventamos, mas o que aparece ou se revela precisamente dentro e durante uma crise. De fato, "conservação" como a essência da educação se apresenta claramente na crise de autoridade que Arendt observa no final dos anos 1950. Para o termo "essência da educação", queremos sugerir a noção da "escola perfeita" (fazendo referência ao francês "*parfait*", literalmente "de-fato"). A escola essencial ou escola perfeita tem que ser distinguida muito clara e incisivamente da escola "ideal". Uma escola ideal é uma escola que imaginamos ou inventamos, que concebemos, que desejamos ou pela qual ansiamos, que queremos construir, edificar ou promover, por causa de necessidades percebidas ou com base em ideais educacionais ou sociais. Como iremos explicar, a escola perfeita é a escola que encontramos (ou podemos encontrar), que é dada e, assim, de certa maneira, já está lá (de fato), aparecendo para nós.

Arendt tem como objetivo pensar sobre a essência da educação no mesmo momento (1950) que essa instituição, especialmente no contexto dos Estados Unidos, enfrenta uma crise profunda que ela relaciona ao desgaste da autoridade e da tradição. A essência, para ela, é então relacionada à "conservação". A elaboração da segunda linha de pensamento que considera a própria escola como um espaço público neste texto deve ser entendida como nossa própria tentativa de pensar, hoje, a essência da escola ou de descrever a escola perfeita. Em nossa visão, e vamos entrar em detalhes a seguir, a escola perfeita é uma arquitetura pública única para o novo e para o futuro serem possíveis. Em outras palavras, a essência da educação é seu caráter "público". Certamente, as ideias de "conservação" e de "público" são claramente relacionadas, mas é a problemática do público que se apresenta e se manifesta, em toda sua clareza, em relação à crise que estamos enfrentando hoje. De fato, é nossa suposição que a crise atual não é mais, em primeiro lugar, relacionada a desafios colocados num tempo de perda da autoridade e da tradição, mas ela é relacionada a desafios em nosso tempo de "privatização" e de "capitalização" (mesmo que claramente iniciados, verdadeiramente, pela perda da tradição).

Antes de brevemente esclarecermos esse desafio, talvez seja útil mencionar que Arendt escreveu seu ensaio em 1958, o mesmo ano em que *A condição humana* foi publicado. É claro que sua análise da crise da educação está diretamente relacionada à sua análise da alienação do mundo e da vitória do *Animal Laborans* (implicando o desenvolvimento de uma esfera social que tudo permeia, e uma crescente mercantilização), a qual, segundo ela, caracteriza a Idade Moderna. Entretanto, na introdução de *A condição humana*, Arendt claramente declara que a Idade Moderna não deve ser confundida com o mundo moderno, o qual ela absolutamente não discute no livro (Arendt, 1989, p. 6). Embora, talvez, pudéssemos argumentar com Arendt nesse ponto, parece-nos ser leal à sua própria atitude e diagnóstico supor que nosso presente é diferente. De fato, mesmo que alguém pudesse dizer que a crise de 1958 foi uma crise não só de autoridade e de tradição, mas também de absorção do público no social, pensamos que, hoje, podemos diagnosticar um desgaste diferente do público.

Não podemos entrar em muitos detalhes aqui, mas nos parece que o que ainda é chamado de "autoridades públicas" hoje não está mais funcionando em nome do "estado" ou da "comunidade" (limitados e instituídos por leis e normas). Em vez disso, a autoridade pública hoje se refere a uma autoridade que é baseada em cidadãos individuais e em seus interesses privados (ver Gauchet, 2002) (da mesma maneira que autoridades religiosas não funcionam mais em nome do reino de Deus, mas em nome do direito individual e da necessidade de uma religião). A transformação da "política pública" em "nova administração pública" pode ser considerada como uma articulação dessa mudança. As políticas públicas (e as políticas de bem-estar social, claramente consideradas também uma resposta à crise da autoridade tradicional) agem em nome de algo além da liberdade individual (e econômica). Em contrapartida, a administração pública, confiando em teorias de escolha pública e na ideia da democracia de mercado, age exatamente em nome das liberdades e escolhas individuais. *O público*, se ainda é discutido ou mencionado hoje, parece se referir ao que permite preferências individuais. Em outras palavras, o domínio público é uma espécie de infraestrutura formal que permite trajetórias individuais, e escolhas privadas e individuais. As escolas, então, não são mais vistas como instituições públicas – "público" se referindo a algo que transcende escolhas e preferências individuais. O termo "público" em escolas públicas agora se refere principalmente a questões relacionadas a acesso (ou financiamento) e, assim, basicamente se refere à acessibilidade da escola enquanto uma infraestrutura para indivíduos. Em outras palavras, não existe mais algo "nos" cidadãos, nem nos estudantes ou na academia, que se refira a algo (público) fora deles mesmos ou além de suas próprias escolhas, ambições e preferências individuais. Eles, como qualquer um, são definidos primordialmente em termos de sua individualidade privada, isto é, em termos de suas próprias necessidades, preferências, escolhas de vida e em como eles têm êxito em fazer de suas vidas um empreendimento bem-sucedido. Como nos lembra Gordon (1991, p. 44), "a ideia da vida de uma pessoa como um empreendimento de si mesmo implica que existe um senso no qual essa pessoa permanece sempre continuamente empregada em (pelo menos) um empreendimento, e que é parte do contínuo negócio de viver para ter os suprimentos adequados para preservação, reprodução e reconstrução de seu próprio capital humano".

Assim, o termo "público", se sequer usado, se refere a todos os espaços e procedimentos que permitem ou facilitam a contínua "capitalização da vida" como um negócio privado (Rose, 1999, p. 162). A educação e a aprendizagem ao longo da vida, que atualmente é organizada como "acumulação de capital humano", em particular, se tornou um dos negócios mais importantes hoje em dia (ver Simons; Masschelein, 2008, p. 48-60). Para expressar isso de forma paradoxal, ser privativo, ou ser um capitalista da própria vida, é a maneira de viver uma vida pública hoje. Assim, hoje em dia, encarando a privatização e a capitalização em todos os níveis e em todas as esferas, parece que o público coloca um desafio e se refere a uma crise arendtiana com necessidade de reflexão crítica.

Finalmente, e chegando à nossa terceira observação, pretendemos enriquecer a justaposição de ambas as linhas de pensamento e nossa elaboração da ideia da "escola perfeita como escola pública", com uma breve discussão da arquitetura de construção de tal escola perfeita. De fato, consideramos a escola não somente como um regime, mas como uma organização espaço-tempo particular. Uma apresentação de um projeto de escola do (ex-)arquiteto belga Wim Cuyvers ([1975], 2005) vai apoiar nossa tentativa de delinear a ideia da escola perfeita.[3]

3.

Em certo sentido, o ensaio de Arendt parece apoiar a ideia comum e difundida de que a escola incorpora um espaço de transição e iniciação – um espaço que é localizado entre a casa e o mundo público, um espaço intermediário ou de mediação, cuidadosamente formado e organizado como um espaço de (gradual) introdução (ou de condução). Lendo Arendt dessa forma, suas ideias estão alinhadas com aqueles que concebem a escola como uma espécie de "portão de entrada" *para* o mundo público ou como um tipo de lugar onde os jovens

---

[3] Ver também a apresentação de seu trabalho em VAN DEN DRIESSCHE, 2007; VAN DEN DRIESSCHE; VERSCHAFFEL, 2006.

podem se *preparar para* a vida adulta e para dela fazerem parte (como uma pessoa única) no mundo público (Masschelein; Simons, 2006). Essa concepção de escola se fia em algo fora da escola para definir seu significado público em termos de seu papel público: contanto a escola introduza os jovens ao mundo (ou sociedade) público, a instituição escolar é uma instituição pública (consequentemente implicando, claro, que a escola pode também não ser pública). Tanto como regime quanto como arquitetura, a escola se torna a forma de os jovens terem acesso ao mundo público, de se prepararem para a vida pública, adulta. Em outras palavras, é o mundo público, representado por agências como "o Estado" ou como (qualquer outro) "nós" (Arendt, 1977, p. 189), que estabelece e constrói para si uma arquitetura para organizar sua entrada e acesso. A escola é a arquitetura pública que organiza o acesso ao mundo, e que assim observa e controla a vida pública.

Essa perspectiva sobre o papel público da educação implica um modo particular de olhar para o que está acontecendo nas escolas. Mesmo nas atuais sociedades consideradas plurais e pós-modernas, frequentemente consideradas como desprovidas de uma ideia compartilhada de valores, a escola parece funcionar como uma espécie de portão de entrada, organizando o acesso para os jovens. As escolas hoje estão de fato se tornando muito flexíveis, e as trajetórias de aprendizagem são individualizadas (servindo às necessidades individuais dos alunos), mas ainda assim elas parecem continuar funcionando como uma arquitetura de entrada e como uma instituição de "portaria", de cuidar do portão de entrada. Assim, isso sugere que o mundo público, mesmo no seu estágio pós-moderno ou em sua forma pluralista, tem portões, e que os jovens necessitam do equipamento apropriado para obter acesso a ele. Para reformular isso em um nível mais geral e em termos abstratos: a suposição é que os jovens têm necessidade de aprender a linguagem ou *lógos* apropriados para fazer parte do mundo.[4] Neste nível abstrato,

[4] Esse *lógos* pode, claro, ser pensado de diferentes maneiras como cultura (comunicação), razão, lei, ordem social, competência de aprendizagem.

o termo *lógos* se refere a uma "ferramenta" compartilhada e comum, ou a um "conjunto de regras" para viver a vida como um ser humano, e seu significado de fato difere ao longo do tempo (por exemplo, o *lógos* como razão, lei divina, língua nacional e assim por diante). Em um nível geral, usaremos o termo *linguagem* para nos referir ao conceito de *lógos*. Para se tornar parte do mundo, continua o argumento, as pessoas devem (poder) falar "a linguagem desse mundo." O que é suposto aqui é que, para dizer alguma coisa e para ter a própria voz pessoal, a pessoa tem que (poder) falar e, consequentemente, deve ter aprendido ou se apropriado da linguagem. Em resumo, a pessoa deve passar pelo regime e pela arquitetura que ensina os estudantes a falar o *lógos* dominante e que representa o que é público ou comum em um mundo.

Em relação a isso, a primeira mensagem da escola aos estranhos e recém-chegados parece ser: "Aqui falamos holandês" ou "Aqui falamos português". E, para ter certeza, essa mensagem afirma, "Nós estamos *aqui*, e se você quiser fazer parte desse aqui e desse nós, então somente com a condição de aprender a nossa língua".[5] Isso é o que a escola como instituição pública (e organizada em vistas de ser um portão de entrada) parece dizer aos jovens. E, de fato, Arendt parece se referir exatamente a essa mensagem quando diz que especialmente nos Estados Unidos, terra da imigração, a (primeira) tarefa da escola é ensinar inglês aos imigrantes. Como consequência,

---

[5] É importante enfatizar aqui que esse "Aqui nós falamos holandês ou português" não deve ser confundido com essa outra frase que, de acordo com Arendt, revela a responsabilidade do professor: "Esse é o nosso mundo" (ARENDT, 1977, p. 189). A última implica que o professor assume responsabilidade pelo mundo e o aceita como é (e Arendt afirma presunçosamente que aquele que recusa essa responsabilidade "não deveria ter filhos e deve ser proibido de participar da educação de crianças" (p. 189), fazendo o mundo presente e o apresentando aos recém-chegados (isto é, tornando-o público), permitindo, assim, que ele se torne verdadeiramente comum (isto é, possivelmente alterado). Portanto, na nossa ideia, "esse é o nosso mundo" está relacionado mais à segunda linha de pensamento – e de fato aponta para isso –, o que vamos discutir mais à frente.

todas as pessoas que têm autoridade na escola (como os professores) parecem ter autoridade enquanto representam aquele mundo e a linguagem apropriada daquele mundo (isto é, aquele *lógos*). E, de outra maneira, em vista desse *lógos* e em vista daquelas pessoas com autoridade, os aprendizes são tidos como aqueles que ainda não possuem a linguagem e que têm que se apropriar dela. Eles são vistos literalmente como não-falantes (in-fantes), isto, referindo-se àqueles que (ainda) não são capazes de falar e assim têm necessidade de uma arquitetura escolar para aprender a falar. Nesse sentido, o espaço/tempo da escola é o espaço do desenvolvimento ou da transição de ser um estranho para ser um habitante que se apropriou da língua comum. E a posição dos estudantes em uma escola-como-passagem é a posição do "ainda não, mas potencialmente" (por exemplo, eles ainda não falam a língua, mas são tidos como capazes de falar). É em vista do mundo (como um espaço público onde uma língua particular é falada) que os jovens são vistos como "ainda não", e assim, ao mesmo tempo, como futuros habitantes. De fato, a estrutura geral do raciocínio pedagógico e educacional na primeira linha de pensamento parece ser, de um lado, definir um grupo de pessoas em termos de "ainda não" e, por outro lado, e ao mesmo tempo, oferecer "tratamento pedagógico". O ato acompanhando essa estrutura pode ser definido em termos de "batismo pedagógico" (ver Simons, 2004). O que acontece em escolas é que os jovens são "batizados" como aqueles que caem sob (a lei do) *lógos* e que têm necessidade desse *lógos* (para poderem se orientar na vida adulta futura), mas ainda não o têm. Estruturalmente similar, por exemplo, à prática católica do batismo (e tornar as crianças parte da comunidade religiosa), é a escola ou a professora que batiza os jovens em nome da "luz" pública do *lógos*, oferecendo a eles uma estrutura para orientar suas vidas (ou oferecendo a eles um idioma para falarem por si mesmos). Eles são batizados como "ainda não" (habitantes do mundo), mas ao mesmo tempo como "sendo capazes" de se tornarem habitantes desde que eles estejam preparados para se apropriarem do *lógos*, para entrar pelo portão e aparecer inteiramente em sua luz – isto é, tornar-se "visível" como uma pessoa (pública). Parte da atitude do batismo pedagógico é (ao menos implicitamente) a mensagem dirigida à nova geração: "sem nós (e nossa orientação pedagógica e os portões de entrada), você não tem acesso ao mundo, e você vai se perder".

Com base nessa estrutura do batismo pedagógico e impulsionada pela atitude pedagógica dos professores, por exemplo, a escola surge como uma guardiã em um duplo sentido: ela protege o mundo contra os recém-chegados (ao representar para eles a língua do mundo que eles precisam obter), mas também protege os recém-chegados contra os perigos – isto é, mantém os jovens longe dos lugares onde a luz do *lógos* não brilha, onde o *lógos* não está operando.[6] De fato, a ausência do *lógos* é tida na perspectiva da escola como um apelo por ainda mais escolarização. Em outras palavras, ao batizar os jovens como alunos e estudantes (isto é, como sendo capazes de [aprender a] falar), a escola também cria o seu próprio lado negro ("as ruas perigosas e escuras", ou, de um modo mais geral, o não civilizado e o profano),[7] justificando mais uma vez por que é importante "manter as crianças longe das ruas" e vigiá-las e protegê-las. Ao transformar os jovens em alunos e estudantes – isto é, aqueles na posição de "ainda não" e de "potencialmente capazes" – o ato do batismo pedagógico "salva" as crianças. Assim, a referência a crianças de rua é usada uma vez mais para provar como as escolas são necessárias: "Olhe, é provado mais uma vez que as crianças estão perdidas sem

---

[6] Aqui, de novo, não estamos afirmando que essa era exatamente a opinião de Arendt (já que ela é, por exemplo, a favor de uma certa "obscuridade", isto é, ausência do olhar público, para permitir o desenvolvimento), mas estamos tentando elaborar uma linha de pensamento particular sobre o significado público da escola – uma linha de pensamento que, de acordo com nossa opinião, também está presente no ensaio de Arendt.

[7] Ivan Illich (1971, p. 31) apontou, anos atrás, como as escolas dividem a sociedade em duas esferas que podem ser caracterizadas de diferentes formas: civilizada e não civilizada, acadêmica/pedagógica e não acadêmica/pedagógica. Ele alega, baseado em Durkheim, que essa divisão é em essência uma operação religiosa subdividindo o mundo em coisas, tempos e pessoas que são sagradas e outros que, em consequência, são profanos.

nossa orientação pedagógica e sem o portão de entrada que nós oferecemos a vocês".

Em resumo, nessa visão, a escola como arquitetura para estranhos e recém-chegados é uma arquitetura para estranhos que são batizados como futuros habitantes do nosso mundo – isto é, eles são transformados em seres "ainda não capazes, mas potencialmente capazes".

Entretanto, é possível abordar a noção de espaço público de forma diferente, e conceber o significado público da escola de outra perspectiva. Na perspectiva alternativa, o significado público não é derivado de sua relação com o mundo, mas está relacionado com a escola em si mesma. A escola em si mesma pode ser considerada como um espaço público onde "pessoas não batizadas" têm linguagem(ns) inapropriada(s) à sua disposição.

4.

Em nossa visão, é possível ler o trabalho de Arendt como uma preocupação por outro significado do conceito de público. Esse significado está relacionado ao que parece estar além do mundo-como-espaço-público e/ou além da esfera oficial relacionada ao estado e está suposto em sua ideia de novo começo. Aqui, a escola *é* um espaço público (e definida como tal em sua relação com a família e o mundo, ou o Estado). Espaço público nesse sentido é um lugar ou espaço de ninguém, e um tempo de ninguém, e assim um lugar e tempo para ninguém *em particular*. Na segunda concepção, a escola não é vista nem como um lugar/tempo colonizado pelo mundo e por sua atitude de batismo pedagógico (em nome de um *lógos*), nem como um espaço organizado de acordo com os princípios reconfortantes da família e da segurança do lar. De fato, a escola aqui é literalmente um lugar de *skholé*, isto é, o espaço do tempo livre. O que temos em mente é a escola como um lugar e um tempo de profanação, um lugar/tempo em que palavras não são parte de um idioma (compartilhado), em que as coisas não são propriedade (de uma pessoa) e que devem ser usadas de acordo com diretrizes (familiares), em que atos e movimentos não são ainda hábitos (de uma cultura), em que pensar ainda não é (um sistema de) pensamento, e em que estudantes não são considerados como "ainda não, mas potencialmente capazes" (ver Agamben, 2005, 2007).

A ideia de profanação está presente no trabalho de Arendt no sentido de que é pressuposta em sua ideia sobre o velho e o novo se encontrando, e pelos termos *velho* e *novo*, e *professor* e *estudante* terem significado algum. O que é pressuposto é uma arquitetura em que as coisas são de "uso livre" e, assim, desconectadas dos usos da geração velha na sociedade, mas ainda não são apropriadas pelos estudantes como representantes da nova geração. O que é pressuposto é a ideia de uma espécie de lugar comum em que nada é compartilhado, mas tudo pode ser compartilhado. Mantendo-nos atentos ao vocabulário arendtiano, a escola pode ser considerada aqui como uma mesa. Alguém se torna uma professora ao se sentar na frente de outra pessoa, colocando alguma coisa "em cima da mesa", e assim transformando algo em um assunto comum, transformando a si mesma em professora e a outra pessoa em um estudante. O que a pessoa faz ao colocar algo em cima da mesa e o que a transforma em professora é que ela fala: "É assim que *nós* fazemos isso" ou "É assim que é feito *hoje em dia*". Para colocar isso em termos mais diretos, colocar um livro na mesa acompanhando de (mesmo uma frase mínima como) "Isso é interessante" transforma essa pessoa em professora (ou representante do mundo no qual o livro circulava e era usado), e colocá-lo na mesa desconecta o livro do seu uso na sociedade. E alguma coisa sendo exatamente de uso livre transforma os outros em estudantes (isto é, pessoas que podem renovar esse uso, alguém que pode fazer novo uso dele).

Evidentemente, o que frequentemente acontece é que alguém coloca algo em cima da mesa e diz que aquilo é interessante, e imediatamente começa a explicar por que é interessante e por que os estudantes devem olhar para aquilo, como eles devem usá-lo, o que eles têm a ver com aquilo, e assim por diante. Nesse caso, a professora controla o acesso ao mundo e oferece aos estudantes o que chamamos de batismo pedagógico. Contrária a essa atitude, a escola profana oferece um tempo e um lugar onde coisas são colocadas na mesa, transformando-as em coisas que estão à disposição de todos para "uso livre". A escola-como-espaço-público ou a mesa pública nos permite pensar sobre a posição da professora e do estudante, pensar a velhice e a novidade – e não o contrário. A escola-como-espaço-público que temos em mente é o tempo e o espaço que abre a experiência de um novo começo. Nesse sentido, a escola *é* uma arquitetura além da socialização ou do batismo pedagógico.

Para explorar o campo além do batismo pedagógico (e da escola como portão de entrada), vamos pegar algumas ideias inspiradoras de Agamben na ideia de batismo como ponto de partida.[8] Novamente, não refletimos sobre o batismo como uma prática social, nem em vista de discutir seus pressupostos (religiosos). Alinhado à filosofia de Agamben, e talvez próximo do *ethos* filosófico de Arendt, o batismo e os discursos (religiosos) relacionados são discutidos aqui para iluminar as formas de raciocínio e esquemas de argumentação que ainda estão presentes em nossas sociedades "seculares".

Agamben nos lembra da posição ou condição especial, na teologia cristã, das crianças que morrem antes de serem batizadas (ver SIMONS, 2004; AGAMBEN, 1998, p. 56-61). Essas crianças permanecem para sempre no *limbo* do paraíso (o limbo do *lógos* e de sua luz, poderíamos dizer), *privadas* do olhar de Deus, da luz que ele faz brilhar. Em contraste com os condenados, entretanto, essas crianças não batizadas não sabem sobre Deus (já que elas ainda não foram batizadas), e então elas não sofrem com a ausência dele e com o fato de elas serem

---

[8] Nós adotamos essas ideias de Agamben de uma maneira diferente da exposta por LEWIS (2006) em sua análise da escola como um espaço excepcional (isto é, como campo). Aqui não estamos tão interessados na análise do funcionamento real da escola como em explorar a arquitetura escola (não ideal mas) perfeita, o que provavelmente pode ser vista como um espaço excepcional de uma maneira diferente; não como um campo, mas como um santuário (ver mais à frente).

abandonadas. Em vez de uma condição negativa ou dolorosa, de acordo com Agamben, essa condição de não ser batizado e de ser abandonado pode também ser vista como um estado de alegria. Na verdade, e mais precisamente, a posição dessas crianças é a posição "antes" de serem abandonadas, já que ser abandonada (por Deus) já pressupõe que a criança é primeiramente cuidada, que é batizada (e assim recebe uma posição particular). São as crianças não batizadas que, Agamben explica, já esqueceram Deus de uma forma absoluta (e, portanto, serem esquecidas por Deus não tem efeito algum sobre elas). Agamben (1998, p. 61) descreve lindamente que elas não são nem abençoadas (como as escolhidas são) nem sem esperança (como os condenados), mas que elas desfrutam de terem esperanças sem destino (imposto).

A condição do *limbo* pode ser considerada como a condição das pessoas "fora" ou "antes" da arquitetura escolar. Evidentemente, do ponto de vista da primeira linha de pensamento, pessoas nessa condição são frequentemente tidas como prova da necessidade de um portão de entrada: "Olhem, sem nossa orientação e portão de entrada, as pessoas estão perdidas". Entretanto, do ponto de vista da escola *como* um espaço público, essa condição profana é a condição da pessoa do outro lado da mesa, olhando o livro "para uso livre" em cima da mesa. Colocar alguma coisa na mesa, como um ato de desprivatização, cria outra condição para o estudante. Ou, mais precisamente, a posição de alguém confrontado com coisas que são para uso livre é diferente. É a posição da criança como alguém que nasce sem destino no mundo, e então em posição de dar a ele um destino. A posição de ser "não batizado" é a posição de um *começo* que (ainda) não é capturado por uma atitude de batismo e a orientação e julgamentos em vistas de alguma concepção sobre o mundo público (Simons, 2004, p. 124-125; Masschelein; Simons, 2006, p. 10-12). A escola *como* espaço público é o espaço do começo.

A condição de não ser batizado e de experienciar a ausência de destino pode soar radical. Entretanto, existem exemplos diferentes e bastante comuns do que significa ser sem destino e sem batismo: a criança brincando, imperturbável, até certo ponto desconectada, entregue à brincadeira, absorta nela, e o estudante que está completamente absorto em seu estudo – também sem destino no momento exato de ler e escrever. Essa posição ou condição de ser não batizado pode ser considerada como uma posição ou condição de um começo radical e inesperado – uma espécie de "posição sem posição" na qual as pessoas sentem que têm algo à sua disposição (como palavras, textos, figuras e gestos) que elas podem usar livremente. É o momento em que essas coisas não são mais (ou ainda não são) apropriadas, mas se tornam (são) bens comuns. "Bens" e "comuns" não devem ser entendidos aqui no sentido socialista ou econômico, porque isso sempre implica a ideia de propriedade, seja individual ou coletiva. Talvez bens comuns, no contexto da escola *como* espaço público, tenha primeiramente um significado comunista. A experiência da transformação de algo em bem comum é a experiência de ser-capaz-de (em um sentido forte, e não em termos de "*ainda* não capaz") – a experiência única e alegre de potencialidade.

Se tentarmos repensar o espaço público dessa forma, e olhar o não ser batizado como uma forma de viver a vida pública (ou de ser público), então a situação que Kafka (2002, p. 785-787) descreveu em sua parábola *Diante da Lei* torna-se esclarecedora.[9] A fábula conta a história de um homem que quer ter acesso ao Direito, mas é negado pelo guardião do portão, não obstante o portão estar aberto e, estritamente falando, o guardião não poder impedi-lo de entrar. O homem se senta com o guardião e tenta convencê-lo, sem sucesso. Ao final da história, quando o homem está morrendo, o guardião fecha o portão. Essa história geralmente é lida como o fracasso do homem, mas como sugere Agamben, talvez devamos olhar a atitude do homem de forma muito mais positiva, levando a uma espécie de vitória (Agamben, 2002, p. 63-64). Talvez a atitude de negociação "ensine" que é possível se relacionar com, ou se comportar em frente à Lei e seu porteiro de tal forma que a Lei suspenda-se a si mesma, e outra coisa possa começar. O homem então está buscando uma condição de

[9] Ver também MASSCHELEIN; SIMONS, 2006, p. 10-12.

não ser batizado, isto é, uma condição que não é definida pela Lei (nem positivamente, nem negativamente), e então é uma condição de ser antes da Lei (como antes do portão de entrada).

A concepção do mundo público de acordo com essa leitura da parábola – o espaço diante da Lei e diante do Portão – se refere à ideia de que o mundo público "não tem um portão de entrada" e por isso questiona "a escola como portão de entrada". O que é interessante é essa tentativa de pensar o mundo público como um mundo para além do batismo, onde tradição e a autoridade não estão em jogo.[10] Além disso, precisamente tal mundo público poderia ser entendido como o tempo e espaço da "escola." Como consequência, a escola não é a infraestrutura entre a família e o mundo, entre o mundo privado e o público, mas é, em si mesma, um espaço público – sendo o último a essência da escola, no sentido arendtiano da palavra. A escola é o espaço e o tempo sem propriedade e batismo, uma "infraestrutura comunista" permitindo que surjam experiências de um novo começo. A escola, então, é vista como a não batizada e, nesse sentido, pura, arquitetura na qual as pessoas são expostas a coisas para o uso livre. Diante dessas coisas, as pessoas podem ter a experiência de que a humanidade não tem destino (biológico ou trans-histórico), e exatamente essa experiência é a experiência que os enche de alegria, e uma abertura para procurar por um destino. Na escola como espaço público, uma pessoa não é aprendiz ou estudante (pelo menos não no sentido de ser batizado como "ainda não, apesar de ser capaz"), mas como um "e-ducando". O e-ducando é alguém que está sendo *levado para fora* (que é o significado da palavra *e-ducere* em latim), e, como consequência, alguém que é "exposto a coisas". Similarmente, a professora na escola como espaço público não é uma guardiã do portão (falando

[10] Apesar de isso poder soar, por um lado, como não arendtiano, por outro adota seu argumento sólido e repetido de que a educação deve prosseguir em um mundo que não é nem estruturado pela autoridade nem mantido unido pela tradição (ARENDT, 1997, p. 195). Precisamente essa última frase é muito frequentemente esquecida ou muito facilmente negligenciada em muitos comentários.

em nome do *lógos*, batizando conformemente e repetindo sem parar que, sem sua orientação, os aprendizes estão perdidos). A professora é então uma e-ducadora, isto é, alguém que coloca algo em cima da mesa (e assim re-presentando o mundo no sentido arendtiano) e transformando o mundo em "coisas para uso livre". Alinhados com essa perspectiva sobre a escola, talvez possamos repensar (o significado de) a família e o mundo ou o Estado, tendo a escola como ponto de partida e não o contrário. Em resumo, nesta linha de pensamento, a escola perfeita *é* uma escola pública. Ser pública é a *essência* da escola.

5.

É interessante observar um projeto arquitetônico em particular do (ex-)arquiteto belga Wim Cuyvers para concretizar a concepção da escola como espaço público. De fato, talvez possamos dizer que Wim Cuyvers desenhou os planos para uma escola *perfeita*, uma escola que seria *fiel* à sua essência, e essa essência é, conforme Arendt, o lugar onde a natalidade é tida como um novo começo. Antes de entrar na arquitetura de Cuyvers, vamos analisar com mais detalhes a concepção arendtiana de natalidade e começo.

A razão para Arendt (1997, p. 174), não sendo uma pedagoga, se preocupar com a escola é "a oportunidade, dada pelo próprio fato da crise [...] de explorar e investigar tudo que foi exposto da essência da questão". O que se manifesta em toda a clareza na crise que ela descreve nos anos 1950, isto é, na situação crítica para pensar escolas em ausência da autoridade e tradição, é a "escola perfeita". Ao final do seu ensaio "O que é autoridade?", Arendt (1977, p. 141) afirma que hoje nós "somos confrontados de uma nova maneira, sem a confiança religiosa em um começo sagrado e sem a proteção do tradicional e assim de padrões evidentes de comportamento, pelos problemas elementares de humanos convivendo". Arendt (1977, p. 141) lembra isso em seu ensaio sobre educação, no qual ela argumenta que, agora, a educação "deve prosseguir em um mundo que não é estruturado pela autoridade e nem mantido unido pela tradição". Uma pessoa pode ler seu texto sobre educação – como frequentemente é o caso hoje – como se ela defendesse que nós, em face dessa situação, devêssemos manter a autoridade e a tradição em relação a nossos filhos. Mas como seria isso? Isto é, como pode ser possível manter algo que desapareceu, a não ser que autoridade e tradição começassem a significar coisas completamente diferentes? Assim, em nossa visão, é muito mais interessante olhar atentamente para como Arendt de fato se relaciona à crise e seus problemas. Em vista desses problemas, Arendt não propõe mais uma vez, e seguindo todos aqueles reformistas, uma nova escola ou escola ideal para finalmente resolver todos os problemas. Em vez disso, ela sugere detectar a "escola verdadeira" na escola, isto é, a essência da escola ou a escola perfeita. Alinhados a esse pensamento da "essência", queremos refletir sobre a arquitetura escolar de Cuyvers, a arquitetura pública da escola, ou a arquitetura da escola pública perfeita.

Cuyvers projetou, ou tentou projetar, a escola perfeita ou a escola em sua essência, porque ele não quer projetar uma "escola nova", ou a "escola mais nova". Ele não quer criar uma escola para apoiar as concepções dos reformistas e, consequentemente, não é uma arquitetura com vistas a um espaço público novo, ideal, ou uma nova casa (por exemplo, ao colocar as necessidades dos pais ou das crianças no centro). Em vez disso, Cuyvers *aceita* a estrutura básica da escola como ela está cristalizada ao longo das eras – essencialmente salas de aula postas uma ao lado da outra, o que *todos* vão conhecer e reconhecer. Aceitando essa estrutura, ele tenta aperfeiçoá-la, abstraí-la, purificá-la, por assim dizer, achar a verdade nela, como se fosse uma das "pérolas" da tradição, como Benjamin, e Arendt depois dele, chamaram "os tesouros do passado".[11] De novo, o que deve ser aceito, de acordo com Arendt (1978, p. 212), é que a perda da tradição é um fato: "O que foi perdido é a continuidade do passado, que parecia ser passado de geração para geração, desenvolvendo no processo sua própria consistência". Entretanto, e assim de acordo com Arendt e claramente articulado com a arquitetura de Cuy-

[11] Ver BENJAMIN (1973), especialmente a introdução de Arendt.

vers, não devemos olhar para isso de forma negativa, e não deveríamos estar de luto pelo que foi perdido. Em vez disso, o que precisamos, e o que devemos aprender a ver ou aprender a experimentar, são fragmentos do passado que são "ricos e estranhos", como "coral" e "pérolas". Esses fragmentos são de fato as "coisas comuns" que mencionamos anteriormente, e que a escola pública perfeita coloca à disposição das pessoas. A escola e suas salas de aula, de acordo com Cuyvers, devem então virar uma dessas "coisas comuns".[12]

Queremos nos referir aqui ao projeto de Cuyvers de uma escola primária para um concurso no distrito municipal de Ypres (na Bélgica). Van Den Driessche o descreve da seguinte maneira: "O prédio consiste em uma estrutura em forma de U anexando um parquinho retilíneo. Cuyvers situou as áreas comuns (banheiros, uma sala multiuso e a sala dos professores) na ponta do edifício, enquanto as duas longas asas de sala de aula são construídas em um ritmo rigoroso de salas de aula interiores anexas e salas de aula exteriores cobertas, em forma de alcovas. A sala dos professores é totalmente envidraçada, oferecendo aos professores uma vista do parquinho, mas também para eles mesmos serem claramente vistos. Além disso, "a escola nunca pode ser totalmente monitorada. As salas exteriores servem de bastidores em relação à vista da sala dos professores... a escola não é fechada em si, mas aberta a lugares e eventos que estão fora de seu contexto material ou institucional" (Van Den Driessche, 2007, p. 81-82) (ver Figura 1).

---

[12] ARENDT, introdução a Benjamin (1973, p. 42). Em sua introdução bonita e abrangente, Arendt diz que a abordagem básica de Benjamin "não era para investigar as funções utilitárias ou comunicativas das criações linguísticas, mas para entendê-las em sua forma cristalizada e, portanto, fragmentada, como expressões sem intenção e não comunicativas de uma essência de mundo [...]. O que orienta esse pensamento é a convicção de que, embora os seres vivos estejam sujeitos à ruína do tempo, o processo de decadência é ao mesmo tempo um processo de cristalização, que... aquilo que um dia foi vivo... sobrevive em novas maneiras e formas cristalizadas que se mantêm imunes aos elementos" (p. 50-51). De certa maneira, podemos pensar na "escola perfeita" como algo que é cristalizado como uma espécie de pérola.

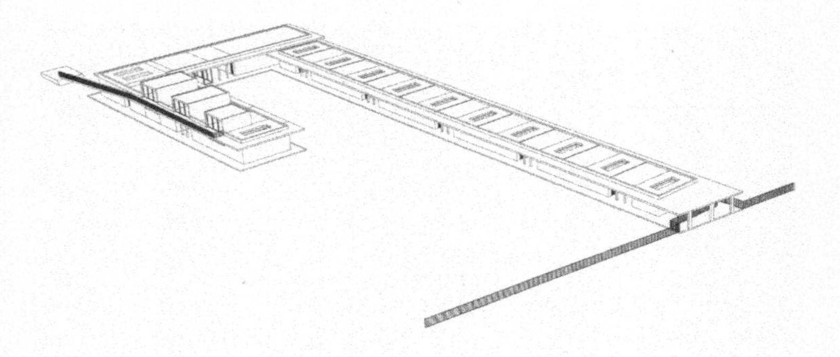

Figura 1 - Desenho de uma escola elementar
em Ieper (Flanders) 2003: Plano Geral.

Cuyvers compreende a escola como espaço público de várias formas diferentes, e usa uma sala de aula desmantelada como o principal bloco de prédios para essas realizações.[13] Ele desmantela o regime do batismo pedagógico na sala de aula, primeiro ao excluir os mecanismos de controle panóptico e sinóptico (nos quais todos são capazes de observar e controlar tudo a qualquer momento), bem como os princípios do ambiente seguro do lar (isto é, o conforto dos espaços interiores e as orientações com vistas a preparar para o mundo exterior). Segundo, e principalmente, o desmantelamento acontece através da criação de uma espécie de interior puro (ou infraestrutura sem funções exteriores) e de se projetar a escola dessa forma, de modo que a única função do interior (ou da sala de aula) seja não ser exterior. A sala de aula já não recebe um significado de, ou uma função em relação a, expectativas e demandas de fora (ver Figura 2).

[13] Aqui nós discordamos da interpretação sobre o trabalho de Cuyvers de Van Den Driessche, que ainda considera a escola que ele projetou como primordialmente um espaço "intermediário", ou um espaço-entre a casa e o mundo, ou seja, um espaço de introdução (VAN DEN DRIESSCHE, 2007, p. 84).

Figura 2 – Desenho de uma escola elementar em Ieper (Flanders) 2003: Sala de aula, vista anterior

Cuyvers, portanto, toma a sala de aula como ponto de partida. Cada sala tem um tamanho padrão: os retângulos de 6 x 9 m que parecem ter-se tornado o tamanho ideal desde o século XIX (Vanmeirhaeghe, 2007, p. 64-87). Ainda assim, ele deixa de lado o corredor e cria uma conexão direta entre interior e exterior. A sala de aula parece uma sala ou "caixa" autônoma, somente com uma janela no telhado. Tal janela não está se abrindo a um exterior particular (como um corredor, o campo, a rua...), mas se abre ao que pode ser chamado de exterior puro (o céu vazio acima). As paredes são paredes em branco, e nesse sentido, elas são chamadas de paredes "mortas". Como paredes mortas, elas podem ser usadas para representar (fragmentos de) o mundo, ou para trazer o mundo para dentro da sala de aula, e não é possível situar os estudantes como tendo a necessidade de orientação em relação aos professores. A sala de aula ou caixa que Cuyvers projeta não fornece uma posição central ao estudante (isto é, não é uma arquitetura centrada no estudante), mas também não fortalece a autoridade do professor (isto é, não é uma arquitetura orientada para o batismo). Professora e estudantes estão sendo mutuamente entregues. A caixa pura, fechada, está colocando tanto professor como estudante em uma posição desconfortável. Nessa condição, todo controle fica de fora, o espaço é desconectado, o tempo é liberado, e algo pode ser colocado "em cima da mesa". Alguém pode olhar para essa condição como uma condição parecida com uma peça de teatro, em que a peça se refere exatamente à condição em que as coisas estão desconectadas de seu uso comum (Agamben, 1993). É como se alunos e professores estivessem em uma peça; eles estão em um tempo e lugar, ou caixa, preenchido com "bens comuns", e assim expostos a uma experiência de "uso livre". O espaço projetado por Cuyvers, então, pode ser chamado de espaço não apropriado ou, simplesmente, formulado de forma direta, espaço público. As salas de aula públicas e profanas são salas provisórias além do espaço seguro da casa e do espaço do mundo e Estado (comumente referidos como público). Em vez de serem salas intermediárias para introdução, essas salas provisórias podem ser vistas como "arquiteturas públicas".

6.

A principal questão que queremos destacar neste artigo é que é impossível pensar em algo como "um novo começo em nosso mundo" sem pensar a escola *como* espaço público. A ideia da escola como espaço público é fascinante para nós nas obras de Arendt, e evidentemente precisa de mais análise e investigação, que não podemos oferecer aqui. Baseando-nos em Agamben e Cuyvers, tentamos esboçar algumas linhas para elaborar o pensamento arendtiano da "escola perfeita". Em vista da nossa crise hoje, a essência da escola que está aparecendo para nós está relacionada com seu caráter público. A escola como espaço público é um espaço real e concreto com sua própria organização, na qual, entretanto, como em um limbo, a pessoa não tem uma posição, um espaço real que ameaça e desafia o dia a dia, porque tudo é "livre". Entretanto, tal lugar é tedioso para o sonhador utópico – e as reformas que ele tem em mente. A escola como espaço público é um espaço que não é interior, porque isso presumiria um mundo exterior. A escola, ao contrário, é um espaço no qual somos expostos a coisas, e sermos expostos poderia ser considerado como sermos levados para fora (ou como e-ducação). O espaço público é um "espaço livre", que não é a mesma coisa que "lazer" (presumindo "trabalho de verdade"), mas o espaço do estudo como sendo exposto a coisas. Assim, isso é tempo livre, precisamente no sentido que o termo grego *skholé* parecia indicar – um espaço no qual o tempo (econômico, social, cultural, político, privado) é suspenso e no qual temos tempo a nosso dispor para um "novo começo". Se o museu, de acordo com Foucault (1986, p. 22-27), é tempo que se acumula, talvez possamos dizer que a escola é tempo que se suspende. A escola como arquitetura pública, então, não é um espaço/tempo de intro-dução e de "estar entre", mas um espaço/tempo de suspensão e e-ducação. Como espaço público, a escola é uma "arquitetura para estranhos e para recém-chegados", onde coisas são colocadas na mesa, onde elas podem ser usadas, e onde podem ganhar um novo significado, um significado positivo. A escola é um lugar onde as coisas podem simplesmente *achar o seu lugar (comum)* e acontecer.

Referências

AGAMBEN, G. *Infancy & History: Essays on the Destruction of Experience*. Londres: Verso, 1993.

AGAMBEN, G. *Idée de prose*. Paris: Christian Bourgeois, 1998. (Tradução em português de João Barrento: *Ideia da prosa*. Belo Horizonte: Autêntica, 2012.)

AGAMBEN, G. *De souvereine macht en het naakte leven*. Amsterdã: Boom/Parrèsia, 2002.

AGAMBEN, G. *Profanations*. Paris: Payot & Rivages, 2005. (Tradução em inglês de Jeff Fort: *Profanations*. Nova York: Zone Books, 2007.)

ARENDT, H. A crise na educação. In: *Entre passado e futuro: oito exercícios de pensamento político*. Nova York: Penguin, 1977/1958.

ARENDT, H. *The Human Condition*. London/Chicago: University of Chicago, 1989/1958.

ARENDT, H. *The Life of Mind*. San Diego/New York/London: Harcourt Brace, 1978.

ARENDT, H. What is Authority? In: *Between Past and Future: Eight Exercises in Political Thought*. Nova York: Penguin, 1977/1958.

BENJAMIN, W. *Illuminations*. Ed. e intro. Hannah Arendt, trad. Harry Zohn. Londres: Collins/Fontana Books, 1973.

CUYVERS, W. *Exhibition Catalogue*. Antuérpia: de Singel, 1975.

CUYVERS, W. *Text about Text*. The Hague: Stroom/Voorkamer, 2005.

FOUCAULT, M. Of Other Spaces. *Diacritics*, p. 22-27, primavera de 1986/1967.

GAUCHET, M. *La Démocratie contre elle-même*. Paris: Gallimard, 2002.

GORDON, C. Governmental Rationality: An Introduction. In: BURCHELL, G.; GORDON, C.; MILLER, P. (Eds.). *The Foucault Effect: Studies in Governmentality*. London: Harvest Wheatsheaf, 1991.

ILLICH, I. *Deschooling Society*. Harmondsworth: Penguin, 1971.

KAFKA, F. Voor de wet. In: *Franz Kafka: Verzameld Werk*. Amsterdã: Polak & Van Gennep, 2002.

LEWIS, T. The School as an Exceptional Space: Rethinking Education from the Perspective of the Biopedagogical. *Educational Theory*, v. 56, n. 2, p. 159-176, 2006.

MASSCHELEIN, J. The Discourse of the Learning Society and the Loss of Childhood. *Journal of Philosophy of Education*, v. 35, n. 1, p. 1-20, 2001.

MASSCHELEIN, J.; SIMONS, M. An Adequate Education for a Globalized World? Note on the Immunization of Being Together. *Journal of Philosophy of Education*, v. 36, n. 4, p. 555-584, 2002.

MASSCHELEIN, J.; SIMONS, M. (Eds.). *Europa 2006. E-ducative berichten uit niemandsland*. Leuven: ACCO, 2006.

ROSE, N. *The Powers of Freedom: Reframing Political Thought*. Cambridge: Cambridge University Press, 1999.

SIMONS, M. *De school in de ban van het leven: een cartografe van het modern en actuele onderwijsdispositief*. Tese de Ph.D, K. University Leuven, 2004.

SIMONS, M.; MASSCHELEIN, J. Our "Will to Learn" and the Assemblage of a Learning Apparatus. In: FEJES, A.; NICOLL, K. (Eds.). *Foucault and Adult Education*. London: Routledge, 2008.

VAN DEN DRIESSCHE, M.; VERSCHAFFEL, B. (Eds.). *De school als ontwerpopgave. Schoolarchictuur in Vlaanderen 1995-2005*. Bruxelas: A&TS Books, 2006.

VAN DEN DRIESSCHE, M. The Journey of the Children. *Oase: Journal for Architecture*, n. 72, p. 72-96, 2007.

VANMEIRHAEGHE, T. De school als apparaat. Een kleine geschiedenis van het Belgische schooltraktaat. In: *De school als ontwerpopgave*, 2007.

O pedagogo e/ou o filósofo? Um exercício de pensar juntos

Walter Kohan & Jan Masschelein

Tradução de Cristina Antunes

Esta conversa aconteceu por email durante os últimos meses de 2013 e os primeiros dias de 2014. Em razão de nossas agendas muito ocupadas, ela foi delineada como um exercício despretensioso e pouco exigente. De fato, era apenas isso, mas então alguma coisa sobre ela atraiu nossa atenção e interesse, de modo que ela também se tornou um encontro intenso e comovente, por meio do qual não apenas a conversa mas o nosso relacionamento floresceu. Talvez porque estivéssemos levantando tópicos que resultavam ser uma abordagem das obsessões existenciais para nós dois, ou talvez por algum outro motivo, nos tornamos profundamente envolvidos no que poderia ser chamado (não sem hesitação) um diálogo verdadeiramente filosófico e/ou educacional.

WK: Depois de ler sua caracterização da pesquisa educacional como algo que compreende três dimensões principais: a) dizer repeito a algo educacional; b) tornar algo público; e c) levar à transformação do pesquisador, me vi perguntando como isso seria diferente da pesquisa filosófica. Em sua "Apresentação para o leitor brasileiro" do presente livro, você responde a essa questão afirmando que a verdadeira pesquisa filosófica é, de fato, pesquisa educacional, e vice-versa. Acho este um tema fascinante. Por um lado, eu sempre vejo a filosofia como educação e não posso separar as duas, mas, por outro lado, não estou totalmente convencido de que não deveríamos estabelecer algum tipo de distinção entre elas – uma distinção sobre a qual não tenho qualquer clareza. Porém, eu diria que, se as questões "o que é filosofia?" e "o que é educação?" têm respostas diferentes – e eu acho que têm –, então deveria haver uma distinção entre esses dois conceitos. A questão também pode ser levantada enfocando-se a figura do professor de filosofia que, em certo sentido, está localizado entre a filosofia e a educação, e pratica a filosofia como educação. Lembro-me do último curso de Foucault sobre *parresía*, *A coragem da verdade* (Foucault, 2011), em que ele faz várias aulas dedicadas a Sócrates, e em um dos últimos momentos dessas aulas, indiretamente, caracteriza a si mesmo como um professor de filosofia. Seu tom é muito próximo de Sócrates e sugere uma espécie de identificação: ambos são parresiastas, próximos da morte, falando uma verdade que suas sociedades não querem ouvir. Ali, Foucault se inscreve na tradição inaugurada por Sócrates, na qual a filosofia não é conhecimento, e sim problematização da vida, uma maneira de viver, uma forma de "apresentar razões" (*didónai lógoi*) para seu próprio modo de vida. De acordo com Foucault (2009), Sócrates, como um professor de filosofia, ocupa uma posição singular e paradoxal: ele cuida de si mesmo não cuidando *ipso facto* de si mesmo, mas cuidando que todos os outros cuidem de si. Então, de certo modo, ele não cuida, literalmente, de si, mas, de outro modo, ele é aquele que cuida mais do que qualquer um na *pólis* porque cuida que todos cuidem de si. Isto é, de acordo com Foucault, o que torna um filósofo um educador ou Sócrates um professor de filosofia. Nesse sentido, Sócrates estaria muito longe da imagem platônica do professor de filosofia como alguém que confirma que o outro está precisando do filósofo "para sair da caverna". Eu diria, mais propriamente, que "o gesto inaugural da filosofia" num sentido socrático é, de preferência, "você precisa cuidar do que você não cuida" e isso é o que dá significado e sentido a uma vida filosófica, a qual necessita ser, ao mesmo tempo, uma vida educacional. Se Sócrates educava outros é porque, depois de falar com Sócrates, eles percebiam que não podiam mais viver a vida que estavam vivendo. Nesse sentido, acho que a crítica de Rancière a Sócrates em *O mestre ignorante* (RANCIÈRE, 2002) é interessante, porém, ao mesmo tempo, parcial e problemática. É verdade se considerarmos o *Mênon* de Platão como Rancière o fez, mas em muitos outros *diálogos* a posição de Sócrates é muito mais complexa e menos arrogante e hierárquica, e Sócrates age como se o outro fosse igualmente capaz de se empenhar em uma forma de diálogo que promete conduzir para fora da caverna. Aqui Sócrates está afirmando algo como: fique atento, você também pode viver outra vida, você também pode se cuidar. Eu me pergunto como você considera esta forma de pensar a relação entre a filosofia e a educação. O que você acha?

J.M.: Walter, permita-me começar recordando alguns pontos do que eu escrevi para você anteriormente. Apenas como um começo. Como eu disse a você então, esqueci de que Foucault chamava a si mesmo um professor de filosofia naquele curso. Você sabe que eu ouvi as gravações dessas aulas durante dias e dias no início do ano 2000 e aquele foi realmente um momento poderoso para mim, uma vez que, de fato, em algumas delas (e especialmente na *Hermenêutica do sujeito* (FOUCAULT, 2004), que eu acho ser um dos grandes livros da "filosofia como educação", juntamente, na verdade, com as aulas sobre *parresía*), ele nos mostra a possibilidade de uma leitura diferente e intrigante de Sócrates (e de alguns outros), a qual, embora Foucault tenha sido inspirado por Pierre Hadot (1993), foi de várias maneiras mais interessante e desafiadora do que a de Hadot (incluindo o modo como Foucault interpretou as últimas palavras de Sócrates, comentando a análise de Dumézil). E concordo com você que essa compreensão de Sócrates é, por assim dizer, diferente, até mesmo fortemente diferente da compreensão platônica. E, exatamente como você, nos cursos em que discuto Rancière, tento mostrar como penso que ele está comentando apenas um determinado Sócrates (incrível ver mais uma vez quão perto eu chego do seu pensamento), que, é claro, está presente em muitos dos *diálogos*, mas que também há outro Sócrates que, na verdade, pode-se dizer que está partindo da igualdade – para usar a frase dele – e que, como você diz, é muito mais complexo. No entanto, Foucault também tenta explicar nas suas aulas como esse Sócrates está, provavelmente, mais próximo dos cínicos e como essa linha da "filosofia" (se podemos chamá-la assim) manteve-se marginal e talvez, finalmente, tenha acabado mais nas artes (e possivelmente em alguns místicos) do que no que é mais comumente chamado de "filosofia". É também o caso de considerar que, na época de Sócrates, todas essas noções de "filosofia", "sofisma", "poesia", etc. ainda eram muito pouco claras e representavam um desafio. E talvez eu esteja dando muita importância ao "início" platônico da filosofia, não como uma "doutrina" ou uma "teoria" ou "convicção", mas como um *gesto* fundamental (o qual, no meu modo de pensar, é sempre um remanescente de certa aristocracia) que encontra seu lugar na academia. Na verdade, tenho dificuldade em não reconhecer esse gesto na maioria dos filósofos. É claro que gosto da filosofia e também quero continuar ligado à filosofia (e Foucault, de certo modo, ofereceu a direção em que tal relação pode ser estabelecida e mantida), no entanto, por outro lado, acho que ela muitas vezes também nos obstrui e nos torna cegos para a figura do pedagogo e até mesmo nos leva a desprezar essa figura, enquanto acredito, cada vez mais, que o pedagogo (como aquele que tira alguém de dentro de casa para a escola – nesse sentido, ele é um e-ducador – e frequenta a escola para se certificar de que esta continua a ser uma escola) é mais importante para a democracia e para a "humanidade" (que são, eu sei, palavras colossais) do que o assim chamado "filósofo", e que essa figura do pedagogo (o qual, admito, talvez também deva ser visto como um filósofo de uma maneira totalmente diferente, porém, mais uma vez, ir rápido demais para a "filosofia" nos faz esquecer outras coisas muito facilmente) oferece um melhor ponto de partida para se desenvolver uma "filosofia da/como educação" que vai além do movimento recorrente para produzir as chamadas consequências educacionais a partir do pensamento filosófico. Quanto mais penso sobre isso – e devo confessar que esse pensamento se beneficiou de minhas conversas com Maarten –, mais acredito que, de certa maneira, a filosofia tem sido uma forma não só de domar a democracia (que é de fato a fonte, para Rancière, do ódio pela democracia, mas também pode estar relacionada com a leitura de Foucault sobre o que aconteceu com a *parresía* socrática após a sua morte), mas também de domar a escola, ou, para dizer isso de uma maneira menos provocativa ou agressiva, uma forma para esquecer a escola e para negligenciar o seu caráter público fundamental (ou, colocando de uma maneira diferente, com Maarten: a escola é o impensado da filosofia). Felizmente, poderemos entender isso mais claramente em nossa conversa posterior, embora, certamente, iremos precisar de diferentes investidas e abordagens, e iremos acabar agora e depois em becos sem saída. E também quero ter em mente os estudos que não lidam com Sócrates e sim com Isócrates, que tentam mostrar que, de fato, houve uma discussão em curso sobre quem realmente podia reivindicar ser um filósofo, e o que isso significava – uma disputa que Isócrates perdeu, por assim dizer, no longo prazo, visto que ele foi cada vez mais percebido como um professor/educador. Então, deixe-me absorver o que você escreveu – ou seja, Sócrates como aquele que diz: "você precisa cuidar do que você não cuida" e Sócrates como um educador, visto que, depois de falar com ele, as pessoas percebiam que não podiam mais viver a vida que estavam vivendo. Estas frases me recordam um livro maravilhoso que você deve conhecer, publicado recentemente por Peter Sloterdijk, chamado *You must change your life* (2013) (em alemão: *Du muss Dein Leben* ändern).

Ele toma emprestadas essas palavras de um famoso poema que Rilke escreveu (1908) depois de ter visto um torso sem braços num museu de Paris. O que é interessante é que Rilke parece indicar, precisamente, que aqui existe um comando que sai da pedra – um apelo que diz que você não pode mais viver a vida que você está vivendo, que você deve mudá-la. Este comando não é uma ordem que limita ou proíbe, mas, apesar disso, envia uma mensagem que não pode ser negada. Desse modo, deriva de um tipo de autoridade que não tem nada a ver com uma posição social, papel ou função, mas é ao mesmo tempo estética e ética (não moral): Rilke diz que o torso é perfeito – "*vollkommen*" –, e Sloterdijk sugere que ele funciona como um modelo, não para imitar, mas, todavia, como um impulso. E embora eu ache que é claro que você pode falar aqui de certa experiência educacional que produz uma necessidade de mudar e de cuidar (do que você não cuida), isso é para mim, de certa forma, uma leitura já bastante ética, ou para dizê-lo de forma diferente: uma leitura ética ameaça ocultar ou dissimular a leitura e as experiências educacionais, que não têm a estrutura de um comando imediato (você *deve* mudar a sua vida), mas se refere ao des-cerramento do mundo e à des-coberta de uma (im)-potencialidade (você *não é* in-capaz). Para mim esses dois aspectos (des-cerramento do mundo, isto é, tornar público, e des-coberta da (im)-potencialidade) são essenciais para uma experiência educacional, e eu já não tenho certeza se a conversa socrática contém ou não estes dois elementos. Não sei se isso é compreensível de algum modo. Digamos que este é apenas um primeiro comentário sobre a ideia de que a filosofia e a educação são diferentes, uma afirmação com a qual, de fato, eu concordo. Meu ponto é, mais propriamente, que uma leitura filosófica da educação tende a descartar uma leitura educacional ou pedagógica, e tende a tomar diferentes experiências como seu ponto de partida. Talvez isso seja algo que poderíamos desenvolver mais adiante, relacionado com a experiência de admiração ou espanto que muitos associam com a filosofia (e estudo), enquanto eu acho que há uma experiência de ser atraído e de não ser incapaz que está associada com a educação. Porém, como eu disse, talvez eu já esteja confuso? O que você acha?

WK: Obrigado por sua resposta, Jan, que não é de modo algum confusa, e muito pelo contrário, é muito inspiradora. Você toca num ponto muito interessante sobre a filosofia que tem a ver com percebê-la como uma "estranha" espécie ou dimensão do pensamento, algo que nos faz sentir que não queremos estar fora dela, mas que, ao mesmo tempo, não permite que nos sintamos realmente confortáveis dentro dela; como se a filosofia contivesse – pelo menos na sua forma dominante – sua própria negação, isto é, o não filosófico. E é de fato irônico que esse discurso fale em nome da filosofia "real" e condene e excomungue tudo o que não fala a sua linguagem – como se algum poder estivesse falando em nome de filosofia com uma voz que inibe a própria filosofia, pelo menos a forma de filosofia iniciada por Sócrates e afirmada, entre outros, pelos cínicos. Provavelmente é por isso, como você disse, que pode ser mais fácil encontrar o filosófico nas artes do que na própria filosofia, o que é outra dimensão da sua natureza enigmática. Assim, mesmo que seja verdade que, em nome da filosofia, a democracia, a instrução e tantas outras coisas importantes tenham sido domadas, esquecidas e negligenciadas, ainda podemos questionar se temos de aceitar esta domesticação como verdadeiramente filosófica. Mas vamos focalizar na sua linha de pensamento quando você questiona se poderíamos achar nos *diálogos* de Sócrates os dois aspectos que você propôs – "des-cerramento do mundo, isto é, tornar público, e des-coberta da (im)-potencialidade – como sendo ambos importantes e "essenciais" para uma experiência educacional. Estou tentado a responder à sua pergunta afirmativamente, mas eu preferiria propor que consideremos juntos um trecho do *Lisis*, onde, me parece, a sua linha de argumentação é abordada. Sócrates esteve falando primeiro com Hipótales, apontando como é inconveniente sua tática de bajular seu amado Lisis. Quando Sócrates fala com o próprio Lisis (Platão, *Lisis*, 207b ff.), coloca sua própria tática em prática, oposta à de Hipótales, de *não ser* lisonjeiro para com Lisis, mostrando-lhe que um *phílos* verdadeiro ama alguém não por causa de sua beleza física, mas porque esse alguém pensa com precisão (*phroneîs*, 210d). E, muito curiosamente, a maneira como ele prova a Lisis que este não pensa com precisão é assinalando que ele tem um professor (*didaskálou*, 210d). Inicialmente, pergunta a Lisis se seus pais permitem que ele "conduza/governe a si próprio" (*árchein seautoû,* 208c), ao que Lisis responde negativamente, dizendo que um pedagogo (*paidagogós*), um escravo, faz isso, como você diz, conduzindo-o ao mestre. Agora me parece que ambas as suas condições estão presentes na conversação com Lisis. Na sua afirmação de que o fato de pensar com precisão e não a beleza física é o que torna a pessoa livre, Sócrates revela uma dimensão do mundo à qual Lisis não prestara atenção anteriormente e, ao fazê-lo, descobre uma (im-)potencialidade em Lisis, que ele transforma em uma tal potencialidade que, depois de falar com Sócrates, Lisis jura que vai falar com Menexenus sobre o que ele ignorava previamente. Essa passagem mostra uma clara defesa de Sócrates do papel do professor, que parece estar relacionado com a necessidade de o aluno de pensar com precisão. Esse excerto me faz pensar que, quando Sócrates diz que nunca foi um professor de ninguém – como na *Apologia* 33a de Platão –, não está fazendo uma crítica da educação a partir de fora – em nome da filosofia – mas, preferivelmente, de determinada forma de ser professor, característica daqueles que lecionavam em Atenas na época. Em contraposição a isso, Sócrates não recebe dinheiro por dialogar com outros; ele afirma que não ensina nenhum conhecimento, e que ninguém pode dizer que aprendeu com ele em particular alguma coisa diferente do que aprendeu em público, como podemos ler na *Apologia* 33a-c. Nesta passagem da *Apologia*, Sócrates diz que 1) ele não leciona, e que 2) outros aprendem com ele, o que implica pelo menos em duas coisas: a) ele está envolvido numa tarefa educativa, b) ele faz algo diferente dos professores "normais", não ensinando conhecimento mas ensinando os outros a prestarem atenção a uma dimensão do mundo que eles não veem, como ele faz com Lisis, desse modo empoderando ou potencializando as pessoas. Ao mesmo tempo, Sócrates parece estar fazendo com Lisis o que Rilke identifica como emergindo da pedra – um apelo para mudar a maneira como a pessoa está vivendo. Como a pedra de Rilke, Sócrates não fala a partir de nenhuma posição social ou papel em particular, mas como uma voz estética, que também parece conter um comando ético. Não tenho certeza de que diria "você precisa mudar sua vida", mas pelo menos diria "se você não mudar sua vida, sua vida perde algo valioso para o mundo e você perde sua própria potência/potencial", para colocar isso em suas palavras educacionais. Assim, em certo sentido, eu diria que isso é tanto uma presença pedagógica (educacional) quanto ética/estética em Sócrates, o que me faz querer saber se realmente podemos separar as duas. Há também uma interessante passagem no *Laques* de Platão em que Nícias discute com Lisímaco que, quem quer que encontre Sócrates, precisa dar conta do tipo de vida que ele vive e ter mais cuidado para o resto de sua vida, e acrescenta que é bastante familiar e agradável para ele "esfregar a pedra de toque" (*basanízesthai*, *Laques,* 188b) de Sócrates. Novamente aqui Sócrates parece promover uma espécie de energia dirigida para mudar e tomar conta da vida de alguém, como você coloca, e vemos que ambos, o educacional e o estético/ético, parecem ser tratados. Quero saber como você lê essas passagens, Jan. Eu não li Isócrates e adoraria fazê-lo se você pudesse des-cobrir essa im-potencialidade em mim oferecendo-me alguns textos que se relacionem à forma como ele concebe esta narrativa. Mas vejo Sócrates – ao menos um dos muitos Sócrates a quem podemos ler nos *diálogos* – como um educador por meio de sua vida filosófica, significando alguém que provoca no outro a impossibilidade de continuar a viver como estava vivendo antes, em termos de uma revelação do mundo e uma potencialidade em si mesmo. Se dei muita atenção a Sócrates aqui, não é ao próprio personagem, mas ao que ele nos permite pensar (ou posso dizer como ele ainda nos educa?) sobre essa relação entre a filosofia e a educação. Ele parece estar afirmando o que você considera ser uma experiência filosófica e educacional e, ao mesmo tempo, está sugerindo que não podemos deixar nenhuma delas de fora se pretendemos viver uma vida verdadeiramente educacional. Sócrates é uma figura muito mítica, excepcional, ímpar? Ou ele pode nos levar a reconsiderar como definimos o educacional e o filosófico? Gostaria de ler o que você pensa sobre isso. E com respeito ao *páthos* ligado a esta experiência educacional/filosófica, sugiro que você considere duas palavras: *questionamento* e *insatisfação*, sendo que ambas, parece-me, são fundamentais para a compreensão de Sócrates como filósofo e como educador. Estou muito confuso agora, Jan?

J.M.: Caro Walter, muito obrigado por sua maravilhosa leitura e observações. E certamente também por me fazer ler essa passagem no *Lisis* – eu deveria dizer reler, uma vez que, aparentemente, devo tê-la lido em algum momento (encontrei minhas anotações no texto e até mesmo marquei, especialmente, a seção a que você se refere), mas devo confessar que esqueci completamente, de modo que nem mesmo pude recordá-la quando li sua resposta na primeira vez. Mas é, de fato, uma passagem realmente interessante, que oferece muitas possibilidades para reconsiderar a posição (e avaliação) do "escravo" e do pedagogo/professor, e posso concordar em quase todos os sentidos com o modo que você sugere ao lê-la. Deixe-me, por enquanto, tentar levantar dois ou três pontos na sua resposta.

O primeiro diz respeito ao "amor". Seu uso da *phílos* (a *phílos* real) me fez considerar se podemos acrescentar outro elemento à nossa discussão no que se refere a essa forma de amor. Você afirma que a *phílos* real "ama alguém não por causa de sua beleza física, mas porque esse alguém pensa com precisão (*phroneîn*)". Imediatamente, muitas coisas me vêm à mente, e embora elas possam nos levar para longe de nossa questão, deixe-me dizer umas poucas coisas, apesar disso. É interessante que a combinação que você sugere aqui não seja *philosophía*, mas *philophroneîn*. É claro que a questão da *philía* é importante em si mesma (especialmente nessa época, ela parece mais do que conveniente para recordar que educação/filosofia tem a ver com certa espécie de amor), mas acho que também é importante considerar o "objeto" (ou "sujeito" – é difícil encontrar a palavra correta, uma vez que ela também se relaciona com a direção da força que está em ação aqui). Isso pode ser elaborado de diferentes maneiras, mas, para os propósitos do nosso diálogo, pode valer a pena, não apenas para entrar nessa distinção entre *sophía* e *phroneîn* (nem seria difícil mostrar como Isócrates está sempre questionando *sophía* em relação aos assuntos humanos e proclamando *phroneîn*– com a qual ele relaciona sua "escola"), mas também para considerar a possibilidade de uma "*phílo-kósmos*". Deixe-me tentar ser um pouco mais preciso. Como você sabe, Foucault se refere explicitamente ao *Alcibíades I* para discutir que Sócrates tem uma espécie particular de amor por seu "estudante" (perdoe-me se insiro um pensamento que surge agora: talvez não se possa usar esta palavra neste contexto, talvez seja melhor usar "aluno" ou .....?), explicando que Sócrates está se dirigindo a Alcibíades não por amor a sua beleza, por seu corpo, por sua riqueza, etc., mas por amor a "si mesmo" (por sua alma, por assim dizer) – e isso é também, em certa medida, o que ressoa na passagem do *Lisis*. Mas agora que você especificou que ele ama alguém por pensar com precisão, eu estaria interessado no modo como você relaciona esses dois (quero dizer, o amor por si mesmo, como tal, e o amor por pensar com precisão – e provavelmente, pode-se entender isso como alguém que está cuidando de si mesmo): o amor é condicional? Além disso, há a questão do mundo. Como você sabe, Hannah Arendt, que não queria ser chamada de filósofa, criticou quase toda a tradição filosófica (incluindo pensadores como Sêneca, a quem Foucault se refere em seus últimos trabalhos) por sua "aversão" ao mundo – ela própria sempre proclamava um "amor mundi" ("*phílo-kósmos*", se essa tradução pode ser feita). Em seu famoso texto sobre a crise na educação (Arendt, 1958), ela descreve a educação como relacionada a esse duplo amor pelo mundo e pela jovem geração (que acho que não é o amor por "meu" filho ou filha, mas sim por qualquer "filho" ou "filha"). Devo dizer que ainda não tenho certeza se ou, pelo menos, até que ponto o "*phílos*" que Sócrates é, é um *phílos* do mundo; e se o *phílos* não é antes de tudo um *phílos* de si mesmo (o que implica que talvez *phílos* de *sophía* – mas talvez não de *phroneîn*? – seja, finalmente, também uma forma de autoamor). Você se lembrará que Rancière (1987) acusa o Sócrates da *Apologia* da arrogância – pelo menos no que concerne ao final: que ele começa com a suposição da desigualdade, e que prefere salvar sua própria virtude, o que você pode interpretar no sentido de que ele ama a si mesmo (a sua própria alma e *sophía*) mais do que ao mundo, e é desdenhoso ou despreza os outros ("*le mépris*") (e é interessante notar que Isócrates, em sua apologia ficcional, o *Antídosis*, ao se defender perante um tribunal imaginário, está se dirigindo ao público de uma maneira totalmente diferente). Ou, mais diretamente relacionado à questão da "revelação do mundo", não estou realmente convencido de que esse conceito é uma questão na passagem do *Lisis*. É claro que podemos discutir o que isso significa, mas tenho a impressão de que o que você chama de "uma dimensão do mundo à qual Lisis não prestou atenção antes" não é tanto uma dimensão do mundo (alguma "coisa" – no sentido Heideggeriano de "coisa" – fora de si mesmo), mas uma dimensão de si mesmo. Estou ciente de que Foucault estava sempre tentando, conscientemente, conectar cuidado de si com cuidar do mundo, mas devo dizer que continuo a ter dificuldade em ver isso em ação em Sócrates, embora muitas vezes ele confirme, explicitamente, seu papel (mas é isso também por amor?) na *pólis*. É claro que ele afirma na *Apologia* que está cuidando da cidade, que é uma "bênção" para a cidade, mas isso é a mesma coisa? Eu simplesmente não sei ou não tenho certeza.

No entanto, concordo com você que essa figura da "pedra de toque" é muito forte e continua fascinante, e sim, como você disse, talvez ali ele seja um educador (e sim, ele parece também revelar algo, que tem mais a ver com *phroneîn*do que com *sophía*); mas então a pergunta surge novamente: qual é a diferença entre o educador e o filósofo, e nós estamos talvez discutindo duas maneiras de concepção de filosofia como educação? Talvez devêssemos explorar um pouco o que você chama de vida "filosófica", a qual, uma vez que ofereceria uma pedra de toque, seria em si mesma educacional. Acho que essa é, certamente, uma ideia muito interessante (embora ainda não tenha certeza de em que medida e em que sentido ela discute a questão do "mundo"), e essa ideia pode estar relacionada com o tipo de autoridade sobre a qual Rilke estava falando. E talvez devêssemos também pensar o que a vida filosófica tem a ver com a escola?

Permita-me deixar isso de lado por ora, depois de apenas uma nota sobre Isócrates: eu mesmo não sou um especialista, e muitas coisas são obscuras, discutíveis, contraditórias, etc. (como é, claro, o caso com muitos textos e figuras interessantes), mas o pequeno texto *Against the sophists* e seu The *Antidosis* me parecem ser boas maneiras de entrar no seu pensamento, que está preocupado em reavaliar sofisma e discurso público – embora, de modo surpreendente, precisamente, por afirmar a importância da escrita.

WK: Caro Jan, obrigado por me fazer ler Isócrates, o qual é realmente interessante e surpreendente! Segui seu conselho e li *Contra os Sofistas* e *Antídosis*. Sua escrita é muito reflexiva e provocante. Eu, particularmente, gostei muito do último, que tem paralelos claros com a *Apologia* de Platão,

Sócrates e Isócrates, igualmente identificando a acusação deles como uma acusação da filosofia (*Antídosis*, 170) e defendendo a si mesmos na velhice em nome da verdade contra as acusações de "injustos" (real, no caso de Sócrates, ficcional para Isócrates). Curiosamente, como Sócrates, Isócrates torna explícito na última parte da introdução que seu discurso mostrará a verdade sobre si mesmo. Mesmo as acusações contra ele são muito similares àquelas feitas contra Sócrates, não somente em seu conteúdo, mas também no espírito de suas réplicas. Até mesmo o tom arrogante é similar (por exemplo: "Agora, por isso, eu merecia louvor em vez de preconceito", *Antídosis*, 152). Isócrates também está muito próximo de Sócrates numa forma importante no que diz respeito à nossa conversa: ele se coloca em uma posição superior a todos os seres humanos, não por causa da *sophía*, mas porque se considera o "mais inteligente" ou "mais experiente" (*deinótatos*) e porque ele é um escritor de discursos (*sungraphés tôn logôn*). Ele até mesmo se identifica como naturalmente superior no discurso e na prática (para Isócrates, ao que parece, a natureza vem antes de tudo, *Antídosis*,189), e seu sentimento de superioridade parece ainda mais forte do que Sócrates. Na seção 162, ele dá razões para isso: "Pensei que, se eu pudesse adquirir uma competência maior e atingir uma posição mais elevada do que os outros que começaram na mesma profissão, eu deveria ser aclamado tanto pela superioridade do meu ensino quanto pela excelência de minha conduta". Note que a palavra para "profissão" é *bíos* e para "ensino", *philosophía.* Assim, não quero pressionar você a voltar para Isócrates agora, mas gostaria muito se algum dia você pudesse tornar mais explícito em que sentido Isócrates se dirige à audiência "numa maneira completamente diferente" da de Sócrates. Isso não é para negligenciar as diferenças: como você apontou, Isócrates está escrevendo sua defesa, ao passo que Sócrates não escreveu absolutamente nada. Isócrates reconhece ter tido muitos discípulos (*mathetás*, *Antídosis*, 87, 98) e, ao contrário de Sócrates, ele se descreve como alguém que ensina (*didásko*, *Antídosis*, 89). Ele estabelece algumas condições para aceitar alunos: aptidão natural, formação prévia e conhecimento das ciências (*epistéme*) e de sua prática (*empeiría*, *Antídosis*, 187). Sua compreensão da filosofia é complexa, porém muito diferente da de Sócrates, associada, como ela é, à oratória. Ele parece ter uma noção muito específica e particular da filosofia. Estou ciente de que realizei uma leitura muito superficial e poderia estar falando bobagem, no entanto, para ser sincero, parece-me que Sócrates está muito mais perto de sua concepção de filosofia como educação do que está Isócrates. Mesmo o "amor" não parece desempenhar um papel tão especial em Isócrates como faz em Sócrates. A respeito de sua questão sobre o amor, Foucault e o *Alcibíades*, Foucault enfatiza que o amor de Sócrates não é pelo próprio Alcibíades, mas pelo modo de ser de Alcibíades no mundo (se é que podemos dizer isso) enquanto guiado pelo cuidado. Em outras palavras, o "objeto" (como você disse, a palavra aqui é difícil) do amor de Sócrates não é Alcibíades em si mesmo, mas Alcibíades cuidando de si ou se ocupando consigo mesmo: Alcibíades vivendo determinado tipo de vida ou existência (ver, por exemplo, Foucault, 2001, p. 38). No *Alcibíades I* Platão assinalou esse amor como um amor da alma de alguém, sendo a alma o que caracteriza mais propriamente um ser humano (129e-130a). Porém, como Foucault também apontou em alguns outros *diálogos* como o *Laques*, está claro que Sócrates estava mais apaixonado por um modo de vida. Como Alcibíades não está vivendo esse tipo de vida, o amor de Sócrates tem essa dimensão pedagógica na qual o amante cuida do amado, cuida de seu cuidado, relaciona-se com ele de uma forma que o encoraja a cuidar daquilo com o que ele realmente não cuida. Isso é o que Foucault chama de "déficit pedagógico" sob o qual Sócrates inscreve sua tarefa – em outras palavras, isso é filosofia como pedagogia, amar como a força geradora de um tipo de existência ou da vida. Novamente, estou ciente de que Foucault distinguiu duas possibilidades presentes nos *diálogos* de Platão no que diz respeito ao cuidado de si mesmo. Em um caso – *Alcibíades I* –, o cuidado de si mesmo é compreendido como conhecimento de si mesmo e, mais precisamente, da parte mais importante do eu, que para Platão é a alma. Em outro caso – o *Laques*, ao qual já nos referimos –, o cuidado de si mesmo é entendido como ser capaz de dar conta de certo modo de vida. Foucault opõe essas duas possibilidades porque, de acordo com ele, elas produzem dois caminhos diferentes para compreender e praticar a filosofia: um como atividade cognitiva ou intelectual e outro como estética da existência ou *askesis*, como você mencionou antes. A leitura dele é muito significativa e determina o ponto de partida dessa dualidade em Platão. Contudo, no caso de Sócrates, acho que a distinção não funciona bem. Como pedagogo ou filósofo ou *philophroneîn*, o amor de Sócrates por Alcibíades está preocupado com que ele viva uma vida mais atenciosa. Ambas as dimensões parecem estar presentes na sua prática. Não é uma questão de utilidade ou objetivo, mas de significado e sentido. O sentido da filosofia e da pedagogia de Sócrates é que os outros cuidem de si mesmos em sua vida em comum. O mesmo argumento poderia ser feito sobre Nícias em *Laques*: a fim de viver uma vida que merece ser vivida, Nícias e todos os outros precisam cuidar de si mesmos pensando criteriosamente. Então, as duas possibilidades diferenciadas por Foucault não estão desconectadas em Sócrates; de fato, uma não pode funcionar sem a outra. Nesse sentido, acho que o *Alcibíades I* e o *Laques* estão apenas enfatizando dois lados da mesma moeda filosófica ou educacional para Sócrates, embora possamos sugerir que talvez Platão precisasse fazer essa distinção. Também não é um fato trivial que o contexto de ambos os *diálogos* seja a vida política de Atenas. Tanto Alcibíades quanto Nícias são, foram ou serão figuras públicas, homens da cidade. Então não vejo nenhuma autotarefa sendo sugerida por si mesma ou para si mesma, ou qualquer domínio privado desconectado do público nestes *diálogos*, ou também no *Lisis*. Eu ainda questionaria isso no caso de

Sócrates, o eu e o cuidado consigo mesmo são sempre (ou na maior parte do tempo) eus vivos, isto é, ambas as vidas, individual e pública, são aquilo com que Sócrates parece estar preocupado. A questão do amor ao mundo, *philokósmos*, que você levanta é realmente fascinante e não tenho certeza com relação a isso. Não sei. Talvez possamos estudar esse aspecto na medida em que aparece tanto em Sócrates quanto em Isócrates. Além disso, a questão permanece sobre o que significa viver uma vida filosófica e sua relação com a escola. Sócrates é aqui, mais uma vez, fascinante, porque é um pedagogo e um filósofo sem escola institucional, ou cuja "escola" é *skholé* – ou seja, uma experiência com forma de tempo livre e espaço. Ele diz isso no começo de *Fedro*: para fazer filosofia com outros precisamos amizade e *skholé*. Ele não encontra outros na *skholé* para lecionar ou para fazer filosofia, em vez disso, cria ou constrói *skholé* enquanto filosofa ou a fim de filosofar. Meu amigo Giuseppe Ferraro (2012, p. 12) diz isso lindamente: não é que nos tornamos amigos porque fazemos filosofia, mas é porque somos amigos que fazemos filosofia. Desse modo, essa enigmática e impossível figura de Sócrates, paradoxal e autocontraditória, cria escola (como *skholé*) enquanto faz filosofia. Por meio de sua *askésis* pedagógica e filosófica, ele abre a vida para a escola e faz escola fora da vida ou, para dizer mais provocativamente, faz da vida uma escola. Entrementes, se estou perdido numa *mania* socrática, não hesite em me dizer! E tenho certeza de que você será capaz de me ajudar a pensar através dessa relação entre vida filosófica e escola.

J.M.: Caro Walter, como se passou algum tempo antes que eu pudesse responder, tive que reler o que escrevi até agora. E, como era de se esperar, há muitas coisas que abordamos e que valeria a pena continuar. Gostaria de levantar apenas duas ou três coisas.

Deixe-me começar com Isócrates. Concordo com a maior parte do que você escreveu sobre esses dois textos (inclusive a questão da arrogância), e também concordaria que, para a oratória de Isócrates (isto é, uma espécie de discurso público em que você não está se dirigindo a ninguém individualmente, mas a todos, por assim dizer), é muito mais importante do que para Sócrates. Acho que essa diferença é importante, pelo fato de que Isócrates se dirige a sua audiência partindo da ideia de que pode convencê-los e, como tal, eles são iguais; ao passo que o Sócrates da *Apologia* parece conter o oposto – embora não a todo momento –, e, certamente, a defesa de Isócrates no *Antidosis* é uma defesa ficcional. Também acredito que é importante que Isócrates, embora esteja perto dos sofistas, escreve contra eles no sentido de que é radical em sua convicção de que não há verdade final (ou sabedoria) para ser atingida com relação aos assuntos humanos, e que suas pretensões de ser capaz de lecionar tal verdade (ou sabedoria) e para conceder felicidade são inúteis e falsas (o que ele reivindica estar falando é *parresía*, novamente muito similar a Sócrates – ver, por exemplo, *Antidosis,* 43). Agora, devo dizer que minha compreensão do papel de Isócrates no pensamento sobre educação (e escola) também é influenciada pelos comentários estendidos sobre sua vida e trabalho por pessoas como Takis Poulakos (1997) e Yun Lee Too (2003), e não é limitada aos dois textos sobre os quais estamos falando aqui. É claro que diferentes leituras são possíveis (como, obviamente, sempre acontece), mas parece haver um acordo entre os estudiosos de que o próprio Isócrates está de fato constantemente alternando entre uma postura preferivelmente aristocrática e uma verdadeiramente democrática, bem como entre uma espécie de "nacionalismo" ateniense (e uma ideia de superioridade de Atenas) e argumentos a favor do "cosmopolitismo". Não quero defender Isócrates ou inferir que ele é mais "correto" do que Sócrates, mas acho muito interessante o fato de que ele oferece (de vez em quando e em algumas partes) uma visão diferente da relação entre filosofia e educação. Ou para formular de outra forma, há alguns elementos realmente interessantes em sua obra que me ajudam a pensar não apenas em filosofia como educação, mas também no papel da educação como tal. Seria preciso muito mais espaço do que temos para elaborar isso (e de fato talvez possamos considerar no futuro algum seminário onde seja possível introduzir essa discussão), mas deixe-me resumir algumas das questões.

Primeiro, a visão que ele tem sobre juízo e conhecimento é completamente contrária à de Platão (e provavelmente mais próxima de pelo menos vários "Sócrates"). Como ele escreve em *Against the sophists*: "os que seguem suas opiniões (*dóxai*) vivem mais harmoniosamente e têm melhor êxito do que aqueles que se gabam de possuir a ciência (*epistèmè*)", *Against the sophists* 8 (estou usando a tradução recente de Mirhady e Too, 2000), mas você encontrará a outra tradução abaixo).[1] Isto está de acordo com sua ênfase sobre a necessidade de deliberação dentro da democracia, a importância da opinião na elaboração de julgamentos, e é com base no ponto de partida de que "não está em nossa natureza saber com antecedência o que vai acontecer" (*Against the sophists* 2) e, por essa razão, estudar/ensinar "não pode fazer os jovens ... conhecerem o que eles precisam fazer e por meio desse conhecimento ... se tornarem felizes." (*Against the sophists* 3). Ele enfatiza o papel do debate e do discurso (falar bem) repetidamente, mas "ensinar" o jovem nesse contexto (que é sempre uma "atividade criativa") não é "como ensinar o alfabeto": "enquanto a função das letras é imutável [...] a função das palavras é totalmente o oposto ... discursos não podem ser bons, a menos que eles reflitam as circunstâncias, a decência e a originalidade [...] (*Against the sophists* 12-13).[2]

---

[1] "[...] que aqueles que seguem seus julgamentos são mais consistentes e mais bem-sucedidos do que aqueles que professam possuir conhecimento exato".

[2] "Pois, com exceção desses professores, que não sabem que a arte de usar letras permanece fixa e inalterada, que continuamente e, invariavelmente, utilizam as mesmas letras para os mesmos fins, enquanto exatamente o inverso é verdadeiro para a arte do discurso ... que a oratória só é boa se ela tiver as qualidades de aptidão para a ocasião, adequação de estilo e originalidade de tratamento."

Por conseguinte, o ensino não é relacionado com a *epistéme*, mas é a formação da *dóxa* (relacionada ao julgamento correto, que é criativo no que diz respeito à ocasião) e esta formação também é dependente da troca dos próprios discursos – na deliberação. "Estas coisas requerem muito estudo e são a obra de uma alma corajosa e imaginativa. Além de ter o requisito da capacidade natural, o aluno deve aprender as formas de discursos e praticar seus usos. O professor deve passar por esses aspectos tão precisamente quanto possível, de modo que nada que se possa ensinar seja deixado de fora, mas, quanto ao resto, ele deve se oferecer como um modelo (*parádeigma*, e não *básanos* ou pedra de toque – e talvez isso também seja algo que pudemos aspirar)." (*Against the sophists*, 17).[3] Então, a primeira coisa importante para mim é essa ênfase na formação da *dóxa*, o que implica o reconhecimento da importância do discurso e da troca de opiniões. Isso significa que os filósofos não podem transcender ou ir além do domínio da opinião (ao contrário de Platão), e que o filósofo é, fundamentalmente, um homem de opinião. [4] E essa opinião é sobre o governo da casa de alguém, mas também e, especialmente, sobre a comunidade e o bem comum, sobre os assuntos da cidade: "[...] aqueles que aprendem e praticam o que lhes permite gerir bem as suas próprias casas e a comunidade da cidade – para o que é preciso trabalhar duro –, se envolvem em filosofia, e fazem tudo o que for necessário" (*Antidosis*, 285).

[3] "Estas coisas, afirmo, exigem muito estudo e são a tarefa de uma mente vigorosa e imaginativa: para isso, o aluno deve não apenas ter a aptidão requerida necessária, mas ele tem que aprender os diferentes tipos de discurso e praticar a sua utilização; e o professor, por sua vez, deve então expor os princípios da arte com a máxima exatidão possível, para não deixar de fora nada que possa ser ensinado, e, além disso, deve, se definir como um exemplo de oratória".

[4] Além disso, Isócrates estava perto dos sofistas no ponto em que eles eram materialistas, refutando explicações míticas – ver também sua defesa da Anaxágoras e Damon em *Antidosis* (235).

Tal ideia me leva ao segundo ponto que considero importante: você precisa trabalhar arduamente e *fazer* filosofia, o que é "praticar e estudar". É a importância da formação da opinião (o que permite a alguém participar) por meio da filosofia, que é, em primeiro lugar, a prática (ou exercício – frequentemente chamado "*epiméleia*") e estudo das palavras (poesia, história, política – que são as palavras não de deuses, mas de "homens") e não o estudo de (ideais) formas (matemática, geometria), embora Isócrates aceite este último como uma forma de trabalho preparatório (ver *Antidosis*, 261-268). Nesse contexto, é verdade que Isócrates também se refere à "habilidade natural", mas acho que não se deve enfatizar isso, uma vez que em alguns pontos esse aspecto parece não implicar muito mais do que a afirmação genérica de que a pessoa tem de ser capaz de falar. E ele escreve que até a própria capacidade natural da pessoa pode ser subestimada – o que talvez ecoe a falta de autorrespeito de Rancière – (ver *Antidosis*, 244). Concordo que há também outras passagens em que a "habilidade natural" parece ser mais do que isso (por exemplo, *Antidosis*, 138) e até esse enunciado geral pode ser questionado, mas eu preferiria evidenciar sua ênfase recorrente em "trabalho árduo" e "estudo" (ou "labor" e "exercício"), o que, no final do *Antidosis*, ele também afirma ser necessário mesmo para aqueles que parecem ser "naturalmente aptos". Além disso, em 291 ele escreve: "Fico maravilhado com os homens que felicitam aqueles que são eloquentes por natureza por serem abençoados com um dom nobre, e ainda criticarem aqueles que desejam se tornar eloquentes, em virtude de desejarem uma educação imoral e degradante. Orar, o que é nobre por natureza, torna-se vergonhoso e ignóbil quando a pessoa alcança isso pelo esforço? Perceberemos que não existe tal coisa, mas que, pelo contrário, louvamos, pelo menos em outros campos, aqueles que por sua própria dedicada labor são capazes de adquirir alguma coisa boa, mais do que louvamos aqueles que herdam isso de seus antepassados" (tradução de Perseus). E em 292: "Os homens que foram dotados com eloquência pela natureza e pela sorte são governados no que dizem por acaso, e não por qualquer padrão do que é melhor, ao passo que aqueles que ganharam esse poder pelo estudo da filosofia e pelo exercício da razão nunca falam sem pesar as suas palavras, e por isso são menos frequentemente sujeitos a erro quando em um curso de ação" (tradução de Perseus). Assim, parece-me que Isócrates, embora em alguns momentos aparente evidenciar a "natureza" e a "habilidade natural", está muito mais enfatizando a importância do estudo e da prática. E ele, explicitamente, chama isso de uma forma de *epiméleia*: em 290, afirma que: "[...] se alguém deve governar a sua juventude com retidão e dignidade e bem construir o começo na vida, deve dar mais atenção (*epiméleian*) a si mesmo do que aos seus bens, não deve se apressar e procurar comandar os outros antes que tenha encontrado um mestre para dirigir seus próprios pensamentos", e continua: "e não deve se alegrar nem se orgulhar muito de quaisquer outras vantagens que não as coisas boas que são asseguradas à sua alma por uma educação liberal" (*Antidosis*, 290 – tradução de Perseus). Isto é, acho eu, muito próximo do que Sócrates está dizendo a Alcibíades sobre "cuidar de si mesmo", mas Isócrates refere essa *epiméleia* diretamente ao estudo e à prática, e ao trabalho duro e ao labor. "E acho que isso implica uma ruptura com a ideia de um destino natural e ordem natural (a ordem aristocrática arcaica), porque parece não haver nenhum privilégio, seja a respeito de "conhecimento" – uma vez que não existe tal coisa quando se fala de assuntos humanos – seja sobre estudo – visto que se naturalmente aptos no sentido de não serem deficientes, todos podem praticar e estudar. Se houver superioridade é graças a "serem educados, como nenhuma outra pessoa o foi, na sabedoria (*phrónesis*) e no discurso (*lógous*)" (294). Yun Lee Too (2003) observa, além disso, que o fato de que alguém pudesse também obter educação/ensino ("tempo livre") por meio de pagamento, dava a entender que a ordem aristocrática arcaica, em que apenas aqueles que por privilégio/natureza tinham "tempo livre" poderiam fazer isso, foi interrompida. É claro que também podemos questionar esse fato, e que isso é, certamente, diferente de Sócrates (Platão) o qual, explicitamente, afirma que não recebe nenhum dinheiro por seu ensino, porém o que é interessante para mim é justamente essa interrupção da ordem arcaica e a invenção de novas maneiras de lidar com o estudo e a prática.

Isócrates enfatiza tanto o ensino (*didaskeîn*) quanto o cuidado (*epiméleia*), e aponta ambos: as possibilidades e os limites do ensino. Este último não se refere a (transmitir) conhecimento, mas a contribuir para a formação da opinião por meio de orientação e estudo e prática sustentados a fim de atingir a *phrónesis* e o *eulegeîn* (falar bem). Desse modo, ele reconhece que o julgamento e o discurso são sempre parte de um "processo criativo" relacionado com a ocasião, e que é preciso real expressão (escrita ou oral) a fim de "completar" uma opinião. O ato de escrever ou falar bem não é apenas um registro de um pensamento/opinião que existia antes, mas a sua conclusão – e isso implica sempre um "público/audiência". Além disso, ensinar não exige que abandonemos o mundo das *doxai* para alcançar um reino iluminado de conhecimento (para sair da caverna), mas exige que estudemos esse mundo e, especialmente, as palavras (e a arte das palavras) em sua relação com as questões do bem comum. Eu acho que isso também é um ponto importante, porque Isócrates se esforça para afirmar, repetidamente, que a oratória na qual ele está interessado não se relaciona com assuntos particulares e com o uso de palavras no contexto de disputas jurídicas, mas com disputas públicas sobre o bem comum. Enquanto os sofistas ensinavam, principalmente, para sustentar as ambições individuais e não estavam preocupados com o bem público e sim com a influência privada e o ganho pessoal, e enquanto eles estavam interessados no impacto psicológico, Isócrates estava interessado em cultivar e considerar o ensino como uma prática, não em virtude de um estado ideal, mas relacionado com "essas questões públicas que são importantes e nobres e promovem o bem-estar humano" (*Antidosis*, 276).

Há mais coisas que tornam Isócrates interessante para mim, mas só posso mostrá-las muito brevemente. Uma delas é que ele estava realmente tentando se esquivar do tribunal bem como da ágora, exatamente a fim de ser capaz de estudar e praticar (para formar opinião). Um comentarista observou que Isócrates ofereceu o "dom de tempo" para a oratória. Fez isso tirando as palavras de sua inserção prática imediata (quando alguém está se defendendo ou acusando nos tribunais, ou quando está defendendo uma decisão no Conselho, *boulé*) e fazendo delas objeto de estudo (não apenas ouvindo, mas lendo, comentando) e de prática, como tal, e ele fez isso não somente por instaurar (talvez até se possa dizer inventar) escolas como uma estrutura formal, mas também por fazer da escrita uma operação central. De fato ele próprio estava, principalmente, escrevendo discursos, não realmente proferindo-os (se, de certa forma, ele é famoso, não é por causa de seus desempenhos orais como a maioria dos sofistas, mas por causa de seus escritos), mas seu estudo e prática também estavam diretamente relacionados com a escrita (ele é o inventor do ensaio escolar), que acho ter sido também uma poderosa maneira tanto de "desacelerar" (para dar tempo para as palavras dos homens, para ler e reler) quanto de "tornar público" – e, como eu disse antes, creio que isso também tem a ver com seus discursos não serem dirigidos a um indivíduo em particular ou conjunto de indivíduos, mas com o fato de serem discursos públicos. Ele também é muito claro sobre o fato de o propósito desse estudo de palavras não ser somente para conhecê-las e saber como usá-las, mas ser também relacionado com a formação de um bom caráter (o "cavalheiro"), uma vez que "o homem que deseja persuadir pessoas não será negligente com a questão de caráter; não, pelo contrário, ele próprio se empenhará acima de tudo para estabelecer uma reputação mais honrosa entre seus concidadãos; para quem não sabe que as palavras carregam maior convicção quando ditas por homens de boa reputação do que quando ditas por homens que vivem sob uma nuvem, e que o argumento que é feito pela vida de um homem tem mais peso do que aquele que é fornecido por palavras?" (*Antidosis*, 278).

Eu deveria dizer também que há muitas passagens em ambos os textos (e certamente na primeira parte do *Antidosis*) sobre as quais tenho inúmeras perguntas e até mesmo me sinto inquieto; no entanto, como já disse, minha questão não é entrar em debate sobre a escolha entre Sócrates e Isócrates, mas, em vez disso, se nós buscamos compreender "escola" e pensar em educação e filosofia começando pela escola, há vários elementos interessantes a serem encontrados em Isócrates. Esses podem estar mais próximos do que eu estou reconhecendo daqueles que você menciona em relação a Sócrates, mas eles são, certamente, muito diferentes de Platão.

Assim sendo, deixando Isócrates por um momento, vou novamente reiniciar uma das principais preocupações em que estivemos envolvidos até agora: a relação/distinção entre filosofia e educação (filosofia e/ou/da/com/como/através ... educação). Nesse contexto, você mencionou bem no início de nosso "diálogo duplo conosco mesmos" (você vê, a partir do momento em que tento escrever algo, todos os tipos de questões novas, embora relacionadas, aparecem como o tipo de exercício em que ambos estamos envolvidos e como podemos concebê-lo (pensei primeiro em escrever "conversa", mas será esta uma boa palavra, é ela, em si mesma, filosofia?) (e assim por diante...) – você mencionou que devemos focar "na figura do professor de filosofia, que, em certo sentido, está entre a filosofia e a educação e pratica filosofia como educação". Você se referiu a Foucault inserindo-o na tradição inaugurada por Sócrates, na qual o professor de filosofia ocupa uma posição singular e paradoxal: ele cuida de si mesmo por não cuidar *ipso facto* de si mesmo, mas por cuidar que todos os outros cuidem de si mesmos. Agora, o que eu estava querendo saber é se você sempre poderia separar "ser um filósofo ou filosofar como ação" de "ser um professor/instrutor/mestre" de uma maneira ou de outra. De fato, estive relendo alguns outros textos (Kant, Lyotard, Stiegler) que podem ser úteis aqui. Na verdade, todos eles parecem concluir que a filosofia não pode ser separada do ensino (ou instrução). Stiegler (2008, cap. 7), que se refere ao início do *Hípias Menor* de Platão, 363a, afirma, igualmente: "a primeira questão colocada pela filosofia, [...], não é o ser [...] é o ensino" e acrescenta: "o ensino não é simplesmente a primeira questão da filosofia: é a prática da filosofia" (2008, p.195-196). E Kant, no contexto de sua discussão da diferença entre o "conceito escolástico da filosofia" e o "conceito cósmico da filosofia" (na última parte da *Crítica da razão pura*) afirma que não se pode aprender filosofia, mas apenas aprender a filosofar, e que o conceito cósmico sempre formou o fundamento real daquilo a que foi dado o título de filosofia. Ele escreve: "O matemático, o filósofo natural e o lógico, por mais que os dois primeiros possam ter sido bem sucedidos em seus avanços no campo do conhecimento racional ainda são apenas artífices no campo da razão. Há um professor, (concebido) no ideal que estabelece a eles suas tarefas e os emprega como instrumentos para promover os fins essenciais da razão humana. Somente a ele devemos chamar filósofo" (*Crítica da razão pura,* A839/B867). Sua ideia é que o ideal do filósofo implica o professor como aquele que busca promover os fins essenciais da humanidade. Assim, de vez em quando, encontramos a relação entre o filósofo e o professor (de filosofia?), e estou imaginando mais e mais como exatamente compreender essa relação. Você pode ser um filósofo sem ensinar? Você pode filosofar sem ensinar? Em seu pequeno livro *O pós-moderno explicado às crianças*, Lyotard (1993) também inclui um texto "Dirigido ao sujeito do curso filosófico",[5] no qual afirma que a "filosofia" está

[5] No original, *Adresse au sujet du cours philosophique.* (N.T.)

sempre somente "em ação" ("*en acte*") e precisa ser oposta a qualquer capacidade/poder ("*puissance*"). Escreve: "Confesso a você que educar e instruir não me parecem nem mais nem menos 'atos filosóficos' que se banquetear ou armar um navio". Aqui ele parece concluir que cada ato pode ser um ato filosófico, mas se eu tento compreender o que ele que dizer com "atos filosóficos", me parece que esses são filosóficos porque são educacionais (que dizer formar, no sentido de problematizar). Desse modo, ele discute "À primeira vista, portanto, não se vê nenhuma diferença de natureza entre filosofar e ensinar a filosofia".

Talvez você possa me ajudar aqui? Sempre tive a impressão de que ser um professor é considerado uma característica adicional do filósofo (também significando, com Kant, que a pessoa é, inicialmente, iluminada por meio da filosofia, e depois ela ensina), mas pode ser que isso esteja errado – pode ser que devêssemos pensar sobre ensinar como uma característica essencial da filosofia no sentido de que você não pode filosofar sem ensinar (no sentido mínimo de expor seu conhecimento e habilidades)?

Devo confessar que estou realmente confuso sobre esse assunto, do mesmo modo que estou confuso sobre a relação entre filosofia e amizade. Na verdade, quando penso por outro ângulo na relação entre filosofia e educação, e aderindo à ideia frequentemente mencionada de que não há filosofia sem amigos, eu queria saber como isso pode ser associado a "infância" e "crianças": você pode dizer que não há educação sem amigos? Nós (como professores) podemos ser amigos que filosofam com crianças? E, claro, caro Walter, estou confiante de que, como você está à vontade na "filosofia com crianças" (se isso é uma descrição aceitável), você pode me ajudar neste aspecto.

Desculpe-me por este final provavelmente muito decepcionante, mas temo que eu já tenha criado muitas confusões, de tal forma que uma perspectiva diferente seja necessária para recuperar o sentido de nossa escrita recíproca.

WK: Caro Jan, o tempo que você levou para responder é consistente com uma intervenção tão forte e cuidadosa. Muito obrigado pela oportunidade de compartilhar seu pensamento de maneira tão vívida. Muito obrigado também por me deixar ver um pouco mais claramente por que você acha Isócrates tão interessante. E obrigado pela sugestão de que compartilhemos um seminário sobre essas questões. Seria um privilégio e uma oportunidade para continuar pensando juntos. Com relação a Isócrates, só posso dizer que me sinto compelido a lê-lo e aos seus comentaristas mais cuidadosamente. Sua ênfase na *dóxa*, sua concepção de filosofia e/ou educação como estudo e prática, e sua invenção de novas maneiras de estudar bem como de praticar – tudo isso soa fascinante e promissor. A descrição que ele faz do professor como modelo ou "paradigma" me lembra do uso de Sócrates da mesma palavra na *Apologia* (23b) para aludir à maneira como o Oráculo o escolheu como representante de um tipo de relação para o conhecimento humano: o homem sábio, ele descobre por meio da sua escolha, é aquele que reconhece que ninguém é realmente sábio. É por isso que Sócrates é um paradigma. Isso é interessante, entre outras razões, porque o contexto parece ser um contexto pedagógico; ou seja, o Oráculo ensinou os atenienses por meio do exemplo de Sócrates, o que significa ser verdadeiramente sábio. Também é interessante, visto que, até onde me lembro, nenhuma distinção está presente na *Apologia* entre diferentes espécies de conhecimento, tais como *dóxa* e *epistéme*. Há ainda, no entanto, alguma coisa na sua apresentação de Isócrates que não me convence. Pelo fato de ele se dirigir à sua audiência partindo da ideia de que pode convencê-los, não tenho certeza de que os considera como iguais. Acho que isso está relacionado a uma das interessantes implicações de *O mestre ignorante* de Rancière: que uma boa parte da história da pedagogia podia ser considerada como baseada na prática do embrutecimento, tanto por parte daqueles professores que confiam em sua capacidade de convencer seus alunos de algo como não. Mas eu realmente preciso ler mais de Isócrates para ser capaz de oferecer qualquer tipo de argumento sério sobre sua prática. E você me convenceu de que, para compreender "escola" e para pensar educação e filosofia como práticas que se iniciam na escola, há vários elementos interessantes a serem encontrados em Isócrates. As últimas duas questões que você colocou são realmente fascinantes e complexas. Estou tentado a não separar ensinar de filosofar – não me deixa mais confortável ver o ensinar como uma característica adicional do filósofo que ver o filosofar como uma característica adicional de um professor. Eu não diria que isso está errado, mas diria que isso não reconhece o poder (para o pensamento e a prática) que pode ser derivado da imagem do filósofo-professor ou do professor-filósofo. Para dizer isso de outra maneira, um professor que não filosofa não é (e aqui a palavra é realmente difícil!) um verdadeiro, real e genuíno professor mais do que um filósofo que não ensina não é um verdadeiro, real e preciso filósofo. Como você sabe, filosofia e educação são multiplicidades, e há muitas maneiras de concebê-las e às suas relações. De fato, se passarmos para a história canônica da filosofia, é possível encontrarmos muitos filósofos que não só não ensinaram, mas que consideravam o ensino como algo muito longe da filosofia; eu não diria que eles estão errados ou que não são filósofos por causa disso. Mas eu diria que eles não são verdadeiramente, realmente, filósofos no sentido mais interessante do termo, se pensamos em "filósofo" num sentido que nós, certamente, teremos que tornar mais preciso. E o mesmo pode ser dito da história da pedagogia. Certamente, uma história mais completa da filosofia como educação e uma história da educação como filosofia precisa ser escrita, mas isso parece uma tarefa de Sísifo. De qualquer modo, há muitos elementos aqui, e lhe agradeço pelos que você ofereceu. Os três exemplos que você propôs (Kant, Lyotard e Stiegler) são muito significativos, e parece bastante claro para mim a partir de nossa conversa que agora estamos numa posição de começar a esboçar aquela história, pelo menos no que se refere a Isócrates e Sócrates. E deixe-me sugerir a você que, mesmo que ele não seja um dos nossos favoritos, acho que Platão também deveria ter um lugar nessa história da filosofia como educação ou da educação como filosofia. Deixe-me justificar essa inclusão – embora eu possa imaginar sua expressão de espanto ao ler estas palavras – ou deixe-me tentar. Vamos formular uma hipótese de que essa história da filosofia como educação tenha sido iniciada por Isócrates e Sócrates (e talvez alguns outros também). E me parece que Platão estava muito descontente com esses filósofos/educadores na forma como a sua prática da filosofia/educação contribuiu para a crise política de Atenas. O caso de Sócrates parece claro, e muitos dos *diálogos* de Platão combinam esta mistura de admiração e denúncia que Platão sente por seu mestre. Além disso, muitos comentaristas testemunham encontrar Isócrates atrás de muitos dos *diálogos*. *A República* é um claro exemplo disso: filósofos (educadores) são considerados inúteis ou perversos e eles precisam ser recolocados como filósofos-reis, como é afirmado no livro VII. Talvez Sócrates seja uma boa imagem da inutilidade do filósofo, enquanto Isócrates é um exemplo de um de seus personagens perigosos. De qualquer modo, a alegoria da caverna termina com uma grande antítese ao que Sócrates afirma na *Apologia*. Nesta última, Sócrates está feliz por não ter tomado parte nos assuntos políticos da cidade, porque, se ele tivesse feito isso, teria sido morto muitos anos antes. Em *A República*, Sócrates afirma que a cidade não encontrará sua verdadeira forma até o rei filosofar ou os filósofos governarem. Em outras palavras, enquanto para o Sócrates da *Apologia* há uma oposição hostil entre a prática da filosofia e da vida política, para o Sócrates (Platão) d'*A República*, o filósofo só pode realizar sua prática como um político. E podemos incluir Isócrates nesse triângulo como alguém que, do mesmo modo que Sócrates, concebeu a filosofia como uma prática. Então, em certo sentido, era oposto a Platão, mas assumiu um lugar preciso na vida política, como fez Platão – o discípulo de Sócrates. De modo que, se ambos, Sócrates e Isócrates, conceberam a filosofia como prática (de novo, muito diferentemente um do outro), ambos, Isócrates e Platão, consideravam que a filosofia tinha o seu lugar na vida política da cidade. Isso é precisamente o que Cálicles critica sobre Sócrates no *Górgias* de Platão (485d-486b), argumentando que a filosofia é boa para praticar na infância, mas não quando se entra na vida política da cidade. E vale a pena notar que, em *A República*, o filósofo não tem chance de *não* fazer o que ele deve fazer: uma vez que foi educado pela cidade, ele vai voltar para educar toda a cidade, governando-a, quer voluntariamente ou sendo forçado a fazê-lo. De modo que, para Platão, o filósofo é ao mesmo tempo um educador e um político, e não pode ser um verdadeiro filósofo sem ser também ambas as coisas. Podemos discordar sobre como ele considera cada uma delas – filosofia como conhecimento das formas, pedagogia como liberação da caverna, e política como uma aristocracia na qual todos realizam sua função natural – mas a relação entre as três continua muito próxima e, a esse respeito, Isócrates parece mais próximo de Platão do que de Sócrates, visto que ele considera filosofia como educacional por ser essencial para fins políticos. É claro que ambos parecem conceber a natureza da filosofia como educação, mas concebem seus fins políticos de modo muito diferente, como você apontou: Isócrates identifica a filosofia como o estudo e a prática da *dóxa* em favor da opinião, do julgamento e da deliberação dentro de um contexto democrático, enquanto Platão concebe a filosofia/educação como verdadeiro conhecimento teórico (*epistéme*) no contexto de uma ordem aristocrática. O que estou tentando sugerir aqui, Jan, é que poderia estar lá não apenas uma, mas várias histórias da filosofia como educação, e que precisamos considerar filosofia não apenas como a educação, mas como prática, e como ocupando um determinado lugar em relação à ordem política. Se nós consideramos a filosofia como prática, um nome que poderia desempenhar um papel interessante nessa história é Matthew Lipman, o criador do que ele chamou de "filosofia para crianças". Lipman argumenta que o fazer filosofia, a praxis filosófica, é essencial para a experiência educacional por causa da forma, em suas palavras, que ela encarna a "razoabilidade". Dado que a filosofia e a educação compartilham razoabilidade como o mesmo objetivo, ele conclui que "toda verdadeira filosofia é educacional e toda verdadeira educação é filosófica" (1988, p. 43). Como Isócrates, ele identifica a prática da filosofia educacional como essencial para o desenvolvimento do julgamento dos cidadãos democráticos. Desse lado do oceano, outro nome precioso nessa história é Simón Rodriguez, o inventor da educação popular na América Latina. De fato, Jan, parece haver nomes em todos os lugares! Podemos precisar (re)ler Montaigne, Spinoza e muitos outros. De qualquer modo, parece-me que (re)escrever a história da filosofia/educação como prática requer a (re)escrita não apenas de sua história prática, mas também de sua relação com a política (democracia) e, a partir dessa perspectiva, Isócrates e Sócrates parecem inaugurar duas rotas opostas. Muito ambicioso para um seminário?! Outra figura que poderia contribuir para questionar esse empreendimento é Derrida, especialmente seu *Du droit à la philosophie* (1990). Muito do que ele chama de "As antinomias da disciplina filosófica" tem a ver com nossa questão. Veja, por exemplo, a terceira antinomia:

> Por um lado, nos sentimos no direito de exigir que a pesquisa ou o questionamento filosóficos nunca sejam desvinculados do ensino. [...] Mas por outro lado, também nos sentimos no direito de lembrar que, talvez na essência, alguma coisa da filosofia não se limita, nem está sempre limitado aos atos de ensino, aos eventos escolares, às suas estruturas institucionais, ou até mesmo à própria disciplina filosófica. Ela sempre pode ser sobejada, às vezes

> provocada pelo que não pode ser ensinado. Talvez ela deva se submeter a ensinar o que não pode ser ensinado, se produzir renunciando a si mesma, excedendo sua própria identidade (1990, p. 518).

Mesmo que possa parecer um desafio, gosto muito dessa passagem e realmente considero que a tarefa da filosofia é ensinar o que não pode ser ensinado. E nós poderíamos escrever uma antinomia paralela, centrada na educação, afirmando que, por um lado, podemos exigir que todas as dimensões da educação devem ser submetidas à filosofia, à experiência filosófica, mas que, por outro lado, deve haver algo essencialmente educativo que não está sujeito à filosofia. A educação pode então ser entendida como filosofar o que não pode ser filosofado e pensar o impensável. Então, mais uma vez, a filosofia e a educação estão ficando muito parecidas – na verdade, talvez este seja o lugar onde nós estamos agora em nossa jornada dialógica. Felizmente, caro Jan, as dificuldades que estamos encarando em pensar claramente o que estamos tentando pensar têm a ver com o caráter antinômico da relação em discussão. Na verdade, longe de inibir o pensar, esta condição torna ainda mais necessário continuar procurando por seu lugar. Talvez, como Heráclito, precisemos esperar o inesperável. E sim, fui envolvido em levar a sério o relacionamento entre a infância e a filosofia pelo menos nos últimos vinte anos. No início fui muito influenciado por Matthew Lipman, e desde então tentei, gradualmente, desenvolver minha própria perspectiva no campo, que inclui uma problematização da ideia de infância e uma mudança de uma abordagem cronológica para uma mais "aiônica" – uma que inclua crianças, mas não esteja limitada a elas. Enquanto *khrónos* é o tempo das instituições, da escola e da psicologia, *aión* é o tempo da *skholé*, do pensamento e da amizade. Se *khrónos* é o momento de ensinar a disciplina institucionalizada da filosofia, *aión* é o momento da filosofia como educação. Então, nesse sentido, a prática de fazer filosofia com crianças é uma prática de fazer *skholé*, criando tempo livre, tempo aiônico fora do tempo cronológico da escola. Por filosofar com crianças cronológicas em instituições pedagógicas, tenho sido levado a tentar pensar uma infância aiônica da filosofia como educação, ou uma educação infantil por meio da experiência da filosofia. É nesse sentido que eu acho que a amizade é uma condição de filosofia. Na minha intervenção anterior me referi à inversão da etimologia da filosofia (sabedoria da amizade ou amor em vez de amor da sabedoria) de Giuseppe Ferrari. Para um determinado Sócrates, essa é a única coisa que a filosofia pode saber, é, na verdade, a única coisa sobre a qual Sócrates se declara sábio (*tà erotikà, Symposium* 177d). O que quero dizer é que se há alguma coisa que um filósofo pode saber para além de sua própria falta de conhecimento, trata-se de *philía*, porque esta emerge da dimensão afirmativa da ignorância: enquanto professar não saber, o filósofo como educador é apaixonado pelo saber, é um amigo do saber, está enamorado do saber. Então a amizade parece estar no âmago da filosofia como educação, exatamente como sinto que estamos praticando nesse diálogo. Você não acha, caro Jan?

J.M.: Caro Walter, embora não tenhamos, é claro, resolvido qualquer questão e nem alcançado um fim, acho que pegamos um caminho maravilhoso, e chegamos a um ponto em que podemos procurar uma maneira diferente para continuar a nossa caminhada por meio de (um pouco da história da) filosofia e/ou/da educação. Gosto muito das observações que você faz sobre o "triângulo" entre Platão, Sócrates e Isócrates, especialmente a implicação para a política que você está sugerindo. Eu acho que poderíamos tomar essas observações como um ponto de partida para um seminário, simpósio ou colóquio; e, desde que a segunda opção parece também oferecer a oportunidade para alguns compartilhamentos de "alimento" não limitados à comida para o pensamento, podemos considerá-la? Que tal se fôssemos organizá-lo por algum tempo e em algum lugar nos próximos meses? Enquanto isso, deixe-me fazer um breve último comentário relacionado a este elemento da "política" em nossas reflexões, uma vez que acho que pode nos ajudar a explorar ainda mais a relação entre filosofia e educação e a evitar o perigo do que eu chamaria de colonização "ética" ou ainda "moral" da prática e da teoria da educação (o que poderia ser está de certa forma relacionado com a nossa herança filosófica). No início de nossa troca, você escreveu que o que Sócrates está fazendo é provocar "a impossibilidade de continuar a viver como se vivia antes", e eu tenho estado relacionando isso ao comando de Rilke que emerge do torso de pedra: "você precisa mudar sua vida". Bem, deixe-me sugerir que esse "imperativo para mudar" e o discurso sobre mudar de modo mais geral (e talvez também sobre "transformação"), para o qual eu próprio também sou, repetidamente, atraído, está de fato sempre nos levando para um entendimento eticamente (moralmente) "colonizado" da educação, no qual "mudar sua vida" está sempre envolvido e, portanto, sempre inclui um tipo de julgamento como seu ponto de partida (ou seja, que algo, seja o que for, está "errado" ou "insuficiente" ou necessitando de "iluminação" ou "clareza", e que a mudança é desejada, necessária, buscada, aspirada, sugerida, requerida, desejável). Mas e se a educação não for sobre mudança, ao menos não nesse primeiro impulso, ou, para dizer isso mais precisamente: é claro que a mudança ocorre ou pode ocorrer e está envolvida no processo da educação, e é até, provavelmente, seu resultado, mas a educação é, acima de tudo, sobre "adicionar" ("dar", "oferecer" – "receber") algo – uma adição que é uma forma de permissão e que não é baseada numa suposição ou atribuição ou revelação ou "falta" (de qualquer modo que entendamos "falta") e não uma simples acumulação. Talvez isso possa ser relacionado com a maravilhosa coisa que você escreveu há pouco sobre "filosofar" como "criar escola" ou "fazer escola enquanto faz filosofia", porque isso parece significar claramente que ambos (filosofar e fazer escola) não são a mesma coisa, que você pode filosofar sem "fazer escola" e que "escola" está acrescentando algo – e que esse "algo", eu sugeriria, é acrescentado pelo dom do tempo. Passar para a política, embora possa nos levar para outras versões de "colonização", pode nos ajudar a explorar a questão das "coisas" ou do "mundo", uma questão na qual já tocamos antes. Deixe-me concluir do meu lado expressando minha profunda gratidão por esta mais que maravilhosa experiência e pela oportunidade que você me deu de participar nesta grande "correspondência", que eu acho que, em cima de uma sugestão feita aqui em Leuven por Tim Ingold, é a melhor palavra para ela. Co--responder *com* o outro, mas também, e com certeza, *com* a filosofia e/ou educação.

WK: "A adição de algo pelo dom do tempo" – que bela e forte maneira de dizer a que a educação (e/ou a filosofia?!) se refere! Concordo inteiramente com os seus comentários sobre o risco e a dimensão de colonização do discurso da "falta-mudança", e acho que você expressa muito claramente o que parece ser o nosso caminho para continuar a pensar uma educação e/ou filosofia politicamente não colonizadora(s). E, enquanto escrevo isso, lembro de outro risco e estou tentado a escrever uma "educação não colonizadora e (ao mesmo tempo) não conservadora". Estou ciente de que esta palavra "conservadora" necessita de uma análise mais cuidadosa, mas estou tentando concentrar a nossa atenção em um caminho que dá origem à filosofia e/ou educação. Deixe-me tentwar colocar isso de forma mais clara. Normalmente, os sentimentos associados com a origem da filosofia são admiração, dúvida e perplexidade, e a consciência de estar perdido (como referido, por exemplo, por JASPERS, 1959). Mas também acho que a insatisfação ou descontentamento com o nosso mundo comum, com a maneira como vivemos e pensamos e nos relacionamos em comum ou em comunidade é um sentimento fundamental para o nascimento da filosofia como escola – para fazer escola por meio da filosofia ou para filosofar como educação. E se é verdade que este impulso originário deu lugar a um discurso dominante politicamente colonizador na educação e na filosofia, também é verdade que ele pode encontrar o seu lugar como uma origem de uma filosofia não colonizadora como educação. Há muito a pensar sobre isso, caro Jan, e eu realmente agradeço a você por tal oportunidade maravilhosa de co-rrespondência, como Tim Ingold magnificamente expressou. E agradeço a você por adicionar, oferecer e fazer nascer em mim uma nova palavra, "tornar comum" (*commoning*) – uma bela maneira de indicar o ato de colocar algo dentro de um espaço comum, que, em certo sentido, simboliza sobre o que trata a filosofia como/e educação. De fato isso nos traz de volta (ou adiante) a Heráclito em no mínimo alguns sentidos (na verdade, talvez precisemos voltar até um pouco antes de Sócrates, Platão e Isócrates!), especialmente sua ênfase – com palavras como *xynos* e *koinos* – no comum como uma marca do mundo. E eu me lembro agora mais algumas palavras de Heráclito, com as quais vou terminar: em primeiro lugar, seu brilhante fragmento 103, "Em um círculo, começo e fim são comuns (*xynòn*)" (2001, tradução de M. Marcovich), que me faz sentir que o final desta correspondência é também o início de outra, novas correspondências; e segundo, o velho provérbio "*koiná tà tôn philôn*" (comum, coisas de amigos), que, em certo sentido, simboliza não só a nossa correspondência, mas sobre o que é educação como/e filosofia: uma experiência única que emerge por meio das palavras de amigos que estão percebendo, realizando e dando total atenção ao mundo em comum, à vida comum. Deve ser por isso que é tão difícil terminar uma correspondência como esta, porque, em certo sentido, é como finalizar um caminho no pensamento – a menos que nós percebamos que um fim é sempre um começo em nosso "tornar comum" o mundo. Aguardo ansioso o simpósio!!!

Referências

ARENDT, H. The Crisis in Education. In: *Between Past and Future*. New York: Penguin Classics, 1958.

DERRIDA, J. La pharmacie de Platon. In: Platon, *Phèdre*, Traduction L. Brisson. Paris: GF- Flammarion, 2000. p. 255-403.

DERRIDA, J. *De l'hospitalité.* Anne Dufourmantelle invite Jacques Derrida à répondre. Paris: Calmann-Lévy, 1997.

DERRIDA, J. *Du droit à la philosophie.* Paris: Gallimard, 1990.

FERRARO, G. *La scuola dei sentimenti*. Napoli: Filema, 2011.

FOUCAULT, M. *L'herméneutique du sujet*. Cours au Collège de France, 1981-1982. Paris: Gallimard; Seuil, 2001.

FOUCAULT, M. *Le courage de la vérité.* Le gouvernement de soi et des autres II. Cours au Collège de France, 1983-1984. Paris: Gallimard; Seuil, 2009.

HADOT, P. *Exercices spirituels et philosophie antique*. Paris: Les Belles Lettres, 1993.

HERACLITUS. *Heraclitus*. Miroslav Marcovich (Ed.). Sankt Augustin: Academia Verlag, 2001.

ISOCRATES. *Against the Sophists.* Engl. Transl. Mirhady and Too. Austin: University of Texas Press, 2000.

JASPERS, K. *Introduction to Philosophy,* New Haven: Yale University Press, 1959.

KANT, I. *Critique of Pure Reason*. Translation by Norman Kemp Smith. London: MacMillan, 1929.

LEE TOO, J. *The Pedagogical Contract.* Ann Arbor: University of Michigan Press, 2003.

LIDDELL, H.; SCOTT, R. *A Greek English Lexicon*. Oxford: Clarendon Press, 1966.

LIPMAN, M. *Philosophy Goes to School.* Philadelphia: Temple University Press, 1988.

LYOTARD, J.-F. *Le Postmoderne expliqué aux enfants.* Paris: Gallimard, 1988.

PLATO. *Platonis Oper.* John Burnet (Ed.) Oxford: Oxford University Press, 1990. Trad. Ingl. *The Dialogues of Plato.* Translated by B. Jowett. New York: Oxford University Press, 1989.

POULAKIS, T. *Speaking for the Polis. Isocrates' Rhetorical Education*. Columbia: University of South Carolina Press, 1997.

RANCIÈRE, J. *Le maître ignorant*. Paris: Fayard, 1987.

RILKE, R. M. Archaïscher Torso Apollos. In: *Der Neuen Gedichte Anderer Teil*. Leipzig: Insel Verlag, 1908.

RODRÍGUEZ, S. *Obra Completa*. Tomos I-II. Caracas: Presidencia de la República, 2001a.

SLOTERDIJK, P. *You Must Change your Life*. Cambridge: Polity Press, 2013.

STIEGLER, B. *Prendre soin, de la jeunesse et des générations*. Paris: Flammarion, 2008. Engl. Transl.: *Taking care of youth and the generations*. Stanford: Stanford University Press, 2010.

OUTROS TÍTULOS DA COLEÇÃO

A invenção de si e do mundo: Uma introdução do tempo e do coletivo no estudo da cognição
Virgínia Kastrup

Acontecimento e experiência no trabalho filosófico com crianças
Maximiliano Valerio López

Artistagens: Filosofia da diferença e educação
Sandra Mara Corazza

Biopolítica, governamentalidade e educação: Introdução e conexões, a partir de Michel Foucault
Sylvio Gadelha

Desobedecer a linguagem – Educar
Carlos Skliar

Em defesa da escola
Jan Masschelein

Infância, estrangeiridade e ignorância: Ensaios de Filosofia e Educação
Walter O. Kohan

Infância. Entre educação e filosofia
Walter O. Kohan

Infantis: Charles Fourier e a infância para além das crianças
René Schérer
Tradução: Guilherme João de Freitas Teixeira

Letras canibais: Um escrito de crítica ao humanismo em educação
Rui C. Mayer

Linguagem e educação depois de Babel
Jorge Larrosa

O mestre ignorante: Cinco lições sobre a emancipação intelectual
Jacques Rancière
Tradução: Lílian do Valle

O mestre inventor. Simón Rodríguez
Walter O. Kohan

Os Enigmas da educação: A paideia democrática entre Platão e Castoriadis
Lílian do Valle

Para além da aprendizagem
Gert Biesta

Quem educa quem? Educação e vida cotidiana
Eulàlia Bosch

Tremores. Escritos sobre experiência
Jorge Larrosa

Este livro foi composto com tipografia Bembo Std e impresso
em papel Pólen Bold 90 g/m² na Formato Artes Gráficas.